DARKLOVE.

Organizado por Claudia Tate
Prefácio de Tillie Olsen

Tradução para a língua portuguesa: Alice Walker, Audre Lorde, Gayl Jones, Kristin Hunter, Nikki Giovanni e Ntozake Shange © Ana Cunha Vestergaard, 2023; Alexis De Veaux, Sherley Anne Williams e Toni Cade Bambara © Dandara Palankof, 2023; Gwendolyn Brooks, Maya Angelou, Introdução e Prefácio © Lubi Prates, 2023; Margaret Walker, Sonia Sanchez e Toni Morrison © Valéria Lima, 2023

Apresentação à edição brasileira © Cidinha da Silva, 2023

Diretor Editorial
Christiano Menezes

Diretor Comercial
Chico de Assis

Diretor de Novos Negócios
Marcel Souto Maior

Diretor de Mkt e Operações
Mike Ribera

Diretora de Estratégia Editorial
Raquel Moritz

Gerente Comercial
Fernando Madeira

Coordenadora de Supply Chain
Janaina Ferreira

Gerente de Marca
Arthur Moraes

Gerente Editorial
Marcia Heloisa

Editora
Nilsen Silva

Capa e Projeto Gráfico
Retina 78

Coordenador de Arte
Eldon Oliveira

Coordenador de Diagramação
Sergio Chaves

Finalização
Roberto Geronimo
Sandro Tagliamento

Assistente Editorial
Carolina Pontes

Preparação
Monique D'Orazio

Revisão
Francylene Silva
Retina Conteúdo

Impressão e Acabamento
Gráfica Geográfica

DADOS INTERNACIONAIS DE CATALOGAÇÃO NA PUBLICAÇÃO (CIP)
Jéssica de Oliveira Molinari – CRB-8/9852

Vozes Negras: A Arte e o Ofício da Escrita / editado por Claudia Tate; tradução de Ana Vestergaard...[et al] — Rio de Janeiro : DarkSide Books, 2023.
400 p.

ISBN: 978-65-5598-343-2
Titulo original: Black Women Writers at Work

1. Literatura americana – Escritores negros 2. Mulheres 3. Negras
I. Tate, Claudia II. Vestergaard, Ana

23-5343 CDD 809.892

Índice para catálogo sistemático:
1. Literatura americana

[2023]

DarkSide® *Entretenimento LTDA.*
Rua General Roca, 935/504 — Tijuca
20521-071 — Rio de Janeiro — RJ — Brasil
www.darksidebooks.com

Organizado por Claudia Tate

Vozes Negras
A Arte e o Ofício da Escrita

Apresentação de Cidinha da Silva
Prefácio de Tillie Olsen

Traduzido por
*Ana Cunha Vestergaard, Dandara Palankof,
Lubi Prates e Valéria Lima*

DARKSIDE

Para os meus pais e para a minha avó.
E para Harold, Read e Jerone.

Vozes Negras

Sumário

Apresentação
à edição brasileira

Vozes Negras: A Arte e o Ofício da Escrita nos apresenta um rico mosaico de ideias, procedimentos estéticos e reflexões artísticas e filosóficas sobre o fazer literário de escritoras negras estadunidenses, por suas próprias vozes.

Ainda que a obra chegue ao Brasil com mais de quarenta anos de atraso, fato ratificador da lentidão de reconhecimento da escrita das mulheres negras como sujeito político nestas terras de pindorama, o material recolhido por meio de entrevistas concedidas a Claudia Tate pode constituir-se como apontador de caminhos para que também nos debrucemos sobre a produção das escritoras negras daqui, analisando seu crescimento, sua consolidação e, principalmente, sua diversificação.

Ao responderem a um grupo de questões genéricas aplicado a todas as entrevistadas e a outro grupo de temas específicos sobre a visão e o estilo de cada escritora, a partir da leitura atenta de sua obra, as autoras, além do pensamento crítico elaborado, demonstram que se leem, se conhecem, se apoiam, se respeitam, dialogam e interagem ao longo das trajetórias.

Emergem deste livro análises profundas e bastante factuais sobre a operacionalidade interseccional de racismo, sexismo, classismo e lesbofobia. Oxalá iluminem os caminhos analíticos dos críticos daqui para que leiam melhor (ou pelo menos leiam com alguma atenção) nosso trabalho. Aliás, as escritoras em tela assinalam as chaves de leitura generalizantes e viciadas utilizadas por críticos de literatura (todos nominados) para abordar o trabalho das escritoras negras.

As autoras não deixam de problematizar e corrigir enfoques da própria entrevistadora que às vezes não ultrapassa a primeira camada da complexidade de um tema. Nossas heroínas, numa ginga respeitosa, provocam: vamos mais fundo nesse mergulho?

Uma leitura atenta desta obra nos oferecerá dicas preciosas de livros importantes que merecem tradução para o português, não só textos em gêneros bem definidos pelo cânone, mas também "artefatos literários", num empréstimo da terminologia de Rosa Montero. Uma mistura de ensaios, autobiografia não confiável, biografia, ficção, poemas, tão presentes na produção de mulheres que escrevem hoje, mas que já mostrava o rosto quarenta anos atrás nesse contexto de publicações ao qual nos referimos, em que pese podermos notar esse fenômeno em outras temporalidades e territórios geopolíticos e culturais.

Por fim, ainda como questão geral do livro, as entrevistadas não fogem à regra quanto à autorreferência no campo literário, ou seja, não são mencionados diálogos substantivos com autoras caribenhas, mesmo com o caribe anglófono, ou africanas (com exceção de Audre Lorde). Da América Latina nem esperávamos citação nesse mapa de ausências, dado seu desprestígio junto aos Estados Unidos. Por tudo isso, surpreende que Maya Angelou se declare leitora de Machado de Assis e discípula da técnica narrativa do Bruxo do Cosme Velho. Pela leitura de Dom Casmurro, ela aprendeu a não forçar a discussão de determinados assuntos; em vez disso, ela puxa o leitor para dentro do tema. Gayl Jones, por sua vez, escreveu e publicou um longo poema lírico sobre uma revolta de escravizados no Brasil do século XVIII.

Finda a viagem, voltamos à introdução do livro, quando Claudia Tate afirma que: "As entrevistas também foram estruturadas para que as escritoras comentassem como aspectos de suas vidas pessoais se inserem nas obras. Além disso, fornecem uma plataforma sobre a qual elas desempenham um papel raramente visto: o de críticas de seus próprios trabalhos, incluindo tanto a criticidade aos seus críticos quanto as práticas convencionais da crítica literária". Ora, trata-se de mulheres negras, suficientemente conscientes do desprezo sociocultural e racista a que sua intelectualidade e sua obra são relegadas. Desse modo, autodeterminam-se a fazer o que precisa ser feito, pois se sabem sozinhas num mundo que não as tratará com o amor e o respeito necessários e merecidos.

Cidinha da Silva, escritora
Outubro de 2023

NOTA DA EDITORA

Ao ler as entrevistas que compõem esta edição, é importante ter em mente que alguns trechos podem parecer datados à luz do contexto atual. No entanto, optamos por preservar a integridade do conteúdo original, fazendo ajustes mínimos e pontuais a fim de oferecer uma leitura autêntica e imersiva que transporta os leitores para a época em que as entrevistas foram realizadas.

Prefácio

Entrevistas com escritores, o mais recente dos gêneros literários, tornaram-se um marco no nosso tempo.

Tudo que torna essas coleções fascinantes e úteis, encontramos nesta edição. As catorze autoras, cada uma a seu próprio modo e com sua própria voz, nos levam ao cerne do processo criativo.

Com precisão, clareza e, muitas vezes, musicalidade — que por si só exemplificam o amor e o cuidado das autoras pela linguagem —, elas iluminam origens, fontes motrizes; como estas se tornam substância, visão; formas variadas de trabalhar, de ser produtiva. Há discussões sobre uso de materiais autobiográficos; influências, predecessores; o lugar e o poder da imaginação; a faculdade autocrítica; a crítica. As questões mais amplas também estão presentes. Por que e para quem escrevo? Qual é a responsabilidade da escritora com sua obra, com os outros, com a sociedade? A que ela aspira?

O resultado é um daqueles raros e ricos livros para escritores, leitores, professores, estudantes — todos que se interessam pela literatura e por seu processo de criação.

E, ainda assim, como se já não fosse ampla o bastante, esta coleção transcende seu gênero. Torna-se um livro precursor, uma obra de revelação, de desafio assombroso, abrindo-se para as preocupações centrais, não apenas da escrita, mas da vida e do viver.

Cada uma dessas escritoras honraria qualquer antologia com a abrangente palavra "escritora", sem qualificação em seu título; cada uma dessas catorze é apaixonadamente individual, complexa, original, de diversas origens e culturas. No entanto, elas cabem, reunidas aqui no que é considerado uma categoria redutora, menor: escritoras *negras*, escritoras *mulheres*, *mulheres negras* escritoras.

É lamentável que a associação com uma categoria — povos originários, asiático-americano, qualquer americano hifenizado, a classe trabalhadora, negros, mulheres, étnicos, minoria, "subcultura" — tenha, com ocasionais exceções, relegado autores a um status inferior, resultando também na ignorância ou na falta de reconhecimento pleno do trabalho e das conquistas de um escritor.

Mas é esse mesmo agrupamento, essa mesma justaposição de escritoras distintamente individuais que são negras, que são mulheres, que ampliou e transformou esta edição.

Mulheres negras, filhas e netas — muitas vezes ainda parentes de sangue de trabalhadores cujas vidas foram, e ainda são, consumidas sobretudo pela luta a favor da manutenção da vida humana — têm uma proximidade fundamentada no que se chama de condição humana, o que Toni Cade Bambara chama de "a verdade sobre a natureza humana, sobre o potencial humano".

Como em suas obras, somos levados a compreensões significativas e crucialmente diferentes das que prevalecem na maior parte da literatura e do comportamento social do nosso país na atualidade. O funcionamento humano é revelado no seu mal ou no seu verdadeiro valor; o valor é atribuído ao lugar a que pertence humanamente; grandes aptidões são reconhecidas, mapeadas em seu uso diário. Elas nos tornam profundamente conscientes do que prejudica, degrada, nega e destrói o desenvolvimento, do quanto não é feito, não é vivido; em vez de "vítimas oprimidas", elas falam dos caminhos da resistência.

Como foi dito de Tchékhov, elas enxergam e escrevem seus seres humanos com amor e angústia, contemplando não apenas como suas vidas as impactaram (e elas impactaram suas vidas), mas também como poderiam ter sido, como poderiam ser se as circunstâncias fossem outras. Em um sentido mais doloroso do que Emily Dickinson, elas "residem na possibilidade, uma casa mais justa do que a prosa".

Essa visão continua sendo a visão curativa e entusiasta da vida que escritoras podem oferecer no nosso tempo, quando a maioria de nós é menos do que deveria ser, pois inerente à vida está a necessidade de agir para transformar as circunstâncias para que não firam; a crença de que isso é possível e necessário. Elas nos permitem compreender, moldar e mudar a realidade e o destino humano.

Para experimentar o que esbocei aqui, mergulhe nas entrevistas nas quais essas escritoras retratam a si mesmas e tanto mais. E a partir dessas páginas, vocês, leitores, que ainda não tiveram a sorte de conhecer suas obras, vão descobrir como elas são capazes de abrir caminhos.

Tillie Olsen

Introdução

Vozes Negras: A Arte e o Ofício da Escrita não é uma coleção de textos que revelam e expõem ao público a vida pessoal de escritoras negras. Tampouco é tão puramente literário a ponto de as experiências e os interesses dessas escritoras serem divorciados de suas obras. As preocupações extraliterárias — questões sociais e políticas, assim como os aspectos íntimos de suas vidas pessoais — têm influência direta no processo criativo. Esse ponto de vista não é de forma alguma revelador e surpreendente. Desde que os críticos existem, eles insistem que a vida e a criação do artista estão intrinsecamente ligadas. Essa relação um tanto previsível, no entanto, assume contornos técnicos e temáticos especialmente vibrantes quando um artista está criando em um ambiente de tradições sociais diversas e, muitas vezes, conflitantes. E em nenhum outro lugar dos Estados Unidos o terreno social é mais complexo, controverso e contraditório do que aquele onde uma raça marginalizada e o gênero "frágil" se cruzam.

Este livro constrói sua base literária sobre o conceito de interseção. As entrevistas foram formuladas para que as autoras compartilhassem seus motivos conscientes para selecionar personagens, situações e técnicas específicas com o objetivo de expressar suas ideias.

Toni Morrison, por exemplo, descreve a inspiração para as suas histórias como ideias comuns. Em outras palavras, banalidades familiares e sentimentos requentados. Clichês.

Gwendolyn Brooks justifica a fúria que domina "Ballad of Pearl May Lee" [*A Street in Bronzeville*] nos termos da sua própria raiva em relação aos afro-americanos que preferem negros de pele clara:

> Espero que você sinta raiva ao ler "Ballad of Pearl May Lee". O eu lírico é uma pessoa muito enfurecida. Eu sei porque fiz uma autoavaliação sobre como eu me sentia. Por exemplo, por que diabos nossos homens preferiram [...] aquela pigmentação que é a mais próxima possível do branco?[1]

As entrevistas também foram estruturadas para que as escritoras comentassem como aspectos de suas vidas pessoais se inserem nas obras. Além disso, fornecem uma plataforma sobre a qual elas desempenham um papel raramente visto: o de críticas de seus próprios trabalhos, incluindo tanto a criticidade aos seus críticos quanto as práticas convencionais da crítica literária. As entrevistas são, portanto, um meio direto para que cada escritora compartilhe uma avaliação sobre seu próprio trabalho e os comentários que ele gerou, e para que essa análise seja compreendida no contexto da literatura contemporânea.

Em virtude de sua raça e gênero, as escritoras negras se encontram em dois pontos de interseção: onde a cultura ocidental atravessa os vestígios da herança africana e onde as atitudes masculinas e femininas estão harmoniosamente paralelas, sutilmente

1 Todas as passagens na introdução, salvo indicação em contrário, são citações das entrevistas deste livro. (Nota do original, de agora em diante N. O.)

divergentes ou em colisão violenta. Suas obras tratam do que significa ser humano, uma condição não totalmente determinada pela composição genética, mas que também inclui uma vontade consciente. Como resultado, suas personagens fictícias se envolvem em lutas desconcertantes para manter a dignidade humana e sua sensibilidade emocional em um mundo impessoal, estranho e, muitas vezes, ameaçador. Por serem mulheres negras, essas autoras escrevem de um ponto de vista único. Lançam sua visão do mundo, da sociedade, da comunidade, da família, de seus amores e até de si mesmas, na maioria das vezes, através dos olhos de personagens e personalidades poéticas femininas negras. Tal ângulo de visão permite que elas enxerguem o que as pessoas brancas, sobretudo os homens, raramente veem. Com um olhar penetrante, cortam camadas de racismo e sexismo institucionalizados e revelam o núcleo das contradições sociais e dos dilemas íntimos que afligem todos nós, independente de raça ou gênero. Através de sua arte, elas compartilham a visão de uma resolução possível com aqueles que não conseguem vê-la.

Ao estabelecer como base desse estudo uma correspondência entre a vida e a arte, não estou sugerindo que haja uma ligação simples entre uma história, um poema ou uma peça teatral e as situações da vida real, onde essas criações podem ter se originado. Na verdade, a arte raramente imita a vida. Um processo intermediário que envolve reflexão, destilação, organização e, acima de tudo, imaginação, separa as duas esferas. A escritora projeta seu entendimento sobre a vida, sua visão, por assim dizer, em um mundo imaginário. Ela pode, se assim preferir, usar seu reservatório de experiências pessoais como auxílio para descrever uma cena. Se o ingrediente pessoal ou o imaginário é predominante no produto final, isso depende de cada artista. Toni Morrison, por exemplo, afirma que suas histórias tomam forma nas profundezas de sua imaginação, e não em situações da vida real. Ela diz: "Escrever tem a ver com a imaginação. Com estar disposto a abrir uma porta ou pensar o impensável, por mais bobo que pareça".

Quando um conteúdo autobiográfico é usado como base para uma obra criativa, ele em geral assume uma configuração muito diferente e, às vezes, irreconhecível. Por isso não se pode dizer que exista uma correspondência clara entre os detalhes reais da vida de um artista e um episódio retratado. Assim, quando Alice Walker diz que "'To Hell with Dying' [...] [é sua] história mais autobiográfica [...], embora, na verdade, nada disso tenha acontecido", nós entendemos que o termo "autobiográfico" está sendo redefinido para indicar algum aspecto que originou a obra e não é, de forma alguma, um relato substancial ou total dele. Nikki Giovanni nega de forma veemente que a experiência seja a base para a arte: "Desvalorizamos qualquer texto ao considerá-lo uma experiência. Pois se é a experiência de outra pessoa, não precisamos levá-la a sério. [...] Os escritores escrevem porque têm empatia pela condição humana em geral".

Ntozake Shange, por outro lado, reconhece que sua poesia reflete um profundo conhecimento de si mesma:

> Vejo minha autoconsciência em termos da luta comigo mesma para me desprender de algo. [...] Enfrentei percalços emocionais muito difíceis para me permitir dizer: "Ok, por mais estranho que *isso* seja, é *assim* que me sinto. Portanto, se eu escrevesse qualquer outra coisa, seria mentira". [...] Em outras palavras, minha autoconsciência não tem nada a ver com as outras pessoas. Tem a ver com se vou ou não confrontar o que estou sentindo.

O modo como Shange aborda sua obra é bastante pessoal. No entanto, isso apenas indica que seu trabalho é oriundo do encontro consigo mesma e não que retrate experiências pessoais.

Embora os termos "autoconsciente", "pessoal" e "autobiográfico" tenham significados semelhantes no uso cotidiano, já que indicam um ponto de origem comum, eles têm também, como insistem essas escritoras, significados distintos quando se referem à criação artística. É importante ter isso em mente, sobretudo quando se examina as obras de autoras de forma crítica, uma vez que duas falácias parecem prevalecer. Por um lado, as escritoras são muitas vezes identificadas, ou, em outros termos, mal-identificadas, com suas personagens femininas. Por outro lado, as próprias obras são frequentemente negligenciadas em favor de discussões *blasés* e, muitas vezes, presunçosas sobre a vida pessoal das escritoras. Como resultado, essas obras geralmente não recebem resenhas críticas genuínas.

Se o assunto de um livro nasce da experiência pessoal, da observação, da empatia ou da projeção criativa, isso não é tão importante quanto o grau de veracidade e sinceridade com que esse livro é feito. Se uma autora descreve de forma honesta o que sente, vê e acredita, em vez de apenas retratar o que pode agradar a um público específico ou o que pode compensar em termos financeiros, então uma obra respira com sua própria vitalidade autossustentável. Ela possui, então, uma verdade que ultrapassa a experiência limitada descrita e é, portanto, aplicável à vida. A obra, apesar disso, ou talvez justamente por conta de seus detalhes únicos e particulares de raça e gênero, é capaz de atingir as pessoas como um todo. É responsabilidade do crítico determinar seu grau de sucesso.

Em geral, as autoras negras não escrevem por dinheiro ou reconhecimento. Elas escrevem para si mesmas como uma forma de manter a clareza emocional e intelectual, de sustentar seu desenvolvimento pessoal e sua instrução. Cada uma escreve porque é levada a fazê-lo, independentemente de haver um editor, um público ou nenhum dos dois.

Vozes Negras: A Arte e o Ofício da Escrita não se direciona apenas ao assunto da visão da escritora e seu ponto de vista para, em seguida, sugerir a aplicação ficcional dessa visão ou estado em termos complexos, como "a moral da história". Fazer isso isolaria uma obra do âmbito comum das preocupações sociais e psicológicas ou da esfera pessoal da consciência da escritora. Esses são aspectos importantes da escrita e da crítica literária, e as entrevistas os abordam. Este estudo analisa e avalia a qualidade dessa visão artística — clareza, exatidão da tonalidade e excelência da textura. Como consequência, cada entrevista é um diálogo cuidadosamente controlado, elaborado para incitar a escritora em uma discussão analítica sobre sua obra no que diz respeito à temática e à técnica, assim como sobre as atmosferas intelectuais e sociais de onde a obra surgiu. Cada autora apresenta uma compreensão da sua própria sensibilidade e explica aspectos do seu ofício, apresentando-os em detalhes retóricos, dramáticos e líricos particulares. Assim sendo, as entrevistas fornecem relatos em primeira mão para se apreciar um corpo específico da literatura e o processo criativo em geral.

Com isso em mente, selecionei dois tipos básicos de perguntas. O primeiro é um grupo de perguntas centrais que abordam questões mais genéricas. Por exemplo, como ser negra constitui uma perspectiva particular no trabalho delas, para quem escrevem, o que desperta seu interesse na hora de escrever e se há diferença entre os tipos de acontecimentos, personagens, temas etc. que escritores e escritoras, negros e brancos, selecionam para dramatizar suas histórias.

O segundo tipo aborda aspectos específicos da visão e do estilo de cada escritora enquanto indivíduo. Nikki Giovanni explica por que sentiu urgência em mudar seu tom de militante negra sem rodeios para uma pessoa reservada e introspectiva que faz análises líricas de assuntos que vão desde relacionamentos íntimos a eventos internacionais. Kristin Hunter identifica a fonte do seu humor infalível. Alexis De Veaux relata o impacto que ser uma mulher lésbica tem em sua seleção de temas.

Com as minhas perguntas sobre *For Colored Girls Who Have Considered Suicide/ When the Rainbow Is Enuf*, de Ntozake Shange, não pretendo sugerir que o trabalho em questão representa algum tipo de critério literário a ser seguido por escritoras negras. As entrevistadas apenas refletem sobre o fato inegável de que essa obra atraiu muita atenção e, como resultado, teve efeitos profundos na mídia literária, visto que afetou mulheres e pessoas negras. Portanto, quis discutir seu impacto social e literário.

Minhas descobertas sobre as características da escrita de mulheres negras, que eu descrevo nos parágrafos seguintes, advêm de duas fontes: de uma pesquisa sobre grande parte da escrita criativa das autoras negras e das informações fornecidas nas entrevistas. Ambas indicam uma preponderância de certos temas, muitos dos quais típicos da literatura norte-americana, em geral, e da literatura afro-americana, em particular, e alguns parecem ser únicos em meio aos escritos de mulheres negras. Um exemplo disso é a temática da busca, a procura pessoal de uma personagem por uma identidade significativa e por uma dignidade autossustentável em um mundo de crescente isolamento, falta de sentido e decadência moral. Esse tema assume uma dimensão especial quando é descrito por escritores negros e estadunidenses, já que sua sensação de isolamento e hipocrisia moral sempre esteve condicionada ao preconceito racial. As escritoras negras, é claro, são confrontadas pela mesma atmosfera racial de seus colegas homens, mas em virtude de seu gênero, suas representações muitas vezes refletem diferenças — às vezes sutis e às vezes óbvias — no tom, na seleção de personagens, no cenário e no enredo.

As escritoras negras costumam projetar sua visão para um ponto de vista de personagens femininas. Indiferente ao gênero literário, a incorporação criativa da perspectiva feminina dessas escritoras na "protagonista negra" tem características distintas, algumas originadas no gênero e em seus papéis sexuais associados, enquanto outras refletem o processo de observação de um ponto de vista diferente daquele determinado pelo sexo. Por exemplo, a protagonista negra raramente escolhe encenar o papel de uma forasteira alienada ou da aventureira solitária em sua busca por autoafirmação. Isso não significa que ela não tenha preocupações com autoestima e em alcançar uma posição social expressiva; significa que sua busca pela autodescoberta tem prioridades diferentes e ocorre em uma paisagem distinta. Ela não viaja, por exemplo, pelo Nordeste dos Estados Unidos como Cross Damon, de Richard Wright, em *The Outsider*, nem explora as regiões *underground* da civilização urbana, como o homem invisível de Ralph Ellison. Pelo contrário, a personagem está, em linhas gerais, literalmente amarrada aos filhos e, portanto, a um determinado lugar. Ou ela está abrigada em sua comunidade, dependendo de amigos e parentes para ter força durante os momentos difíceis e, nos momentos de relaxamento, para se divertir. Os heróis negros mais memoráveis, por outro lado, na maioria das vezes não são sobrecarregados com o peso de dependentes ou com laços fortes com a comunidade. Por isso são livres para começar ou se libertam para viajar com pouca bagagem.

Por causa das restrições impostas ao movimento físico da protagonista negra, ela deve conduzir sua busca dentro de limites estreitos. Muitas vezes, dentro de uma sala, como é o caso de Sula Peace, em *Sula*, de Toni Morrison, ou dentro das fronteiras de duas cidades próximas, como é o caso de Ursa Corregidora, no romance *Corregidora*, de Gayl Jones. Mesmo quando a protagonista negra percorre longas distâncias, como Meridian Hill faz em *Meridian*, de Alice Walker, não é sua movimentação que exige nossa atenção, porque isso não é de suma importância. É mais pertinente sabermos que Meridian vive no Sul dos Estados Unidos e, como as quatro paredes de uma sala, as fronteiras geográficas representam somente os limites físicos da sua busca. O destino de Meridian, assim como o de suas irmãs, não é um lugar, mas um estado de espírito. Os protagonistas negros compartilham a mesma busca à medida que ambos almejam níveis cada vez mais elevados de percepção emocional e intelectual, de si mesmos e do mundo exterior. O destino do protagonista costuma ser um lugar real e uma projeção externa da sua consciência. A consciência emergente da heroína toma a forma de abstrações conceituais, que muitas vezes são incorporadas e comunicadas por meio de símbolos. Assim, sua busca não termina com a chegada em um novo destino; na verdade, ela permanece estacionária. A jornada é interna e raramente feita sobre a terra.

Enquanto as limitações físicas confinam a busca da protagonista negra dentro de uma determinada área, sua forte inclinação para formar relacionamentos pessoais complexos acrescenta profundidade à sua procura por identidade em vez de amplitude geográfica. Esses relacionamentos, que não devem ser confundidos com o contato comum entre pessoas baseado na familiaridade superficial, caem em duas categorias fundamentais: aquela na qual a heroína é uma participante confusa ou problemática, e aquela que ocorre depois que ela alcançou alguma compreensão de si mesma e dos outros, tornando o vínculo mutuamente benéfico. O primeiro tipo de relacionamento pode não amadurecer para o segundo, pois pode ser encerrado por ser abusivo. Ou pode terminar em um impasse emocional e, como resultado, desintegrar-se, se a heroína for incapaz de resolver seu conflito central. Se ela quiser alcançar o objetivo da busca, deve obter uma compreensão e consciência de si mesma e do outro.

Obra após obra, vemos a protagonista como participante desses dois tipos básicos de relacionamento, em vez de uma forasteira planejando seu próprio destino isoladamente. Isso não sugere que sua autoconsciência e seu destino sejam controlados ou subordinados a outras pessoas; pelo contrário, a heroína está ciente de que ela sozinha deve estar determinada a compreender as condições de sua vida, primeiro por meio da introspecção intensa, para só depois poder estabelecer relacionamentos significativos com outras pessoas. Alexis De Veaux chama a atenção para o cumprimento desse requisito pela heroína negra:

> Vejo um compromisso cada vez maior entre as escritoras negras de entender o ego multiplicado em termos de comunidade, a comunidade multiplicada em termos de nação, a nação multiplicada em termos de mundo. Você tem que entender qual é o seu lugar enquanto indivíduo e o lugar da

> pessoa que está próxima de você. Você tem que entender o espaço que há entre vocês antes que possa compreender grupos maiores ou mais complexos.

Se os relacionamentos forem benéficos, aumenta para a protagonista a probabilidade de afirmação de sua autoestima. Porém, se forem exploradores, ela enfrenta um grande perigo.

A autoestima é uma questão tão importante nos escritos de mulheres negras que merece atenção especial. Muitas dessas mulheres sofrem com a perda do orgulho e do mérito pessoal. Na maioria dos casos, é difícil saber a origem dessa perda, ou seja, se resultou da formação de relacionamentos destrutivos ou se a levou a formar tais relacionamentos. No entanto, uma vez que essas duas forças letais estão ligadas, a protagonista é emaranhada por uma situação cada vez pior. Uma reação em cadeia se inicia: à medida que sua autoestima se deteriora, ela se vê cada vez mais presa em relacionamentos destrutivos, que corroem ainda mais sua autoestima. Desespera-se mais e mais até o ponto em que consegue ter vigor suficiente e exercer um esforço furioso para romper o relacionamento nocivo e restaurar sua autoconfiança, ou pode continuar na espiral descendente para a infelicidade completa. Esta última situação é dramatizada em "After Saturday Night Comes Sunday", de Sonia Sanchez. Neste conto, a heroína se deteriora até chegar ao limiar da insanidade, onde deve ou recuperar o controle de sua vida ou possivelmente perdê-lo para sempre. Sanchez elabora ainda mais essa situação na entrevista e pontua que as pessoas, em geral, e as mulheres, em especial, tendem a se colocar em segundo plano quando estão em um relacionamento tóxico. Mas isso não significa que devam olhar para si como vítimas: "O melhor caminho é identificar o que precisa ser feito e tentar seguir em frente, porque está além de seu poder mudar a situação". Ntozake Shange, em *For Colored Girls*, chama a atenção para o fato de as mulheres colocarem o bem-estar dos homens acima do seu. O nível de autoestima de muitas das personalidades do coreopoema[1] é resultado direto do relacionamento homem-mulher ser explorador. As mulheres enfim percebem que seu sentimento de orgulho e bem-estar deve, antes de mais nada, emanar de dentro delas, antes de poder ser compartilhado com outra pessoa. Shange é enfática sobre esse viés: "Quando eu morrer, não serei culpada de ter deixado para trás uma geração de garotas que acreditam que existe alguém que pode cuidar de sua saúde emocional além delas mesmas".

Basear a autoestima no sacrifício individual, cuidando exclusivamente dos outros, seja a pessoa amada, os filhos ou a família como um todo, em vez de cuidar do próprio bem-estar, é uma situação autodestrutiva. De forma alguma as escritoras deste volume estão defendendo que as mulheres sejam egocêntricas e vivam isoladas, ou apenas entre si. Em outros termos, sem homens, como alguns críticos sugeriram. Essa interpretação é míope e beira o ridículo. O que essas autoras estão dizendo é que as mulheres devem assumir a responsabilidade de fortalecer sua própria estima, aprendendo a amar e apreciar a si mesmas — em suma, celebrar sua feminilidade. Só então elas seriam capazes de se envolver em relacionamentos mutuamente satisfatórios.

1 Coreopoema é uma forma de expressão dramática que combina poesia, dança, música e canto. O termo foi cunhado pela própria Ntozake Shange em razão da descrição de *For Colored Girls Who Have Considered Suicide/ When The Rainbow Is Enuf*. (Nota da editora, de agora em diante N. E.)

Outra característica da protagonista negra é que ela, assim como suas contrapartes da vida real, não apenas carrega o duplo fardo do racismo e do sexismo, mas deve também se manter firme sob o peso deles. Ela deve andar, correr e até lutar. É uma guerrilheira, "lutando", como De Veaux insiste, "contra a opressão de todas as pessoas racializadas, bem como contra a misoginia".

Ela empreende essa batalha com autoconfiança, coragem e convicção, e sua principal estratégia é a afirmação autoconsciente da feminilidade negra. Seu grito de guerra dá o tom e o timbre para as inúmeras vozes inéditas dos exércitos de mulheres negras. Ouvimos suas palavras surgirem da região mais central da consciência individual e se reunirem no coro coletivo da autoproclamada irmandade. As palavras podem variar, mas o significado é o mesmo. É preciso sobreviver com dignidade.

Quase sempre, a protagonista negra vive cada dia acreditando que a vida não deve ser enxergada como um problema a ser solucionado, pois, diversas vezes, não há respostas. Ela insiste que a vida é uma experiência a ser vivida, um processo. Portanto, aprende que os conflitos são resolvidos, mas raramente solucionados. Com frequência, sua resolução nada mais é do que mudar.

Existem dois tipos de mudança. Um é o resultado de uma decisão voluntária e sua ação consequente, e o outro é, como Audre Lorde define, "[quando a] mudança vai surgir de forma endêmica da experiência plenamente vivida e discutida". Assim, esse último tipo não ocorre como resultado direto de uma decisão deliberada; não é precipitado pelo uso do poder e da dominação sobre outra pessoa. Com isso, tão válida quanto aquela decorrente de uma ação intencional, a mudança ocorre porque a heroína reconhece e, mais importante, respeita sua incapacidade de alterar determinada situação. No entanto, não significa que ela esteja circunscrita por suas limitações. Pelo contrário, ela aprende a ultrapassar os limites anteriores, mas apenas como resultado direto de saber onde eles estão. Nesse sentido, ela ensina muito aos seus leitores sobre como construir uma vida significativa em meio ao caos e às contingências, munida apenas de seu intelecto e de suas emoções.

A consciência de si mesma da protagonista negra, primeiro como ser humano e depois como mulher, está assegurada em sua constituição psicológica. A busca por autoafirmação quase sempre se inicia a partir desse nível de consciência e se desenvolve conforme ela qualifica seu caráter individual, nutre sua autoestima, reconhece seus desejos e define a natureza de seus relacionamentos com outras pessoas. Ao fazer isso, a protagonista negra deve se relacionar consigo mesma, com os outros e com o mundo ao seu redor com uma clareza crescente. Pode parecer algo simples e comum, mas, na verdade, é bastante complexo e exige muita introspecção. Esses são os temas tratados nas obras de escritoras negras — conflitos e aspirações que constituem a luta da mulher negra para traçar seu destino e lhe atribuir algum significado.

Enquanto muitos escritores negros, homens e mulheres, se encaixam na ampla tradição da literatura afro-americana de celebrar a sobrevivência negra que supera os obstáculos raciais, outros escritores prestam atenção naqueles que tombam em batalha, insistindo que a luta, embora malsucedida, é valente e, portanto, merece atenção artística. De modo geral, as escritoras negras têm essa voz divergente na literatura. Pecola em *The Bluest Eye*, de Toni Morrison, De Witt Williams em *A Street in Bronzeville*, de Gwendolyn Brooks, Eva em *Eva's Man*, de Gayl Jones, Beau Willie em *For Colored*

Girls, de Ntozake Shange. Elas nos lembram de que, para cada vencedor das guerras raciais norte-americanas, existe o vencido, que é esquecido com facilidade.

As escritoras negras celebram a vitória racial, mas também reconhecem a derrota, não com o propósito de reforçar esse sentimento ou a vitimização, mas para garantir que aprendamos a reconhecer o que constitui a vulnerabilidade a fim de evitar suas consequências no futuro. Esse reconhecimento se origina em identificar a fonte da dor e se reconciliar com a responsabilidade que se tem por ela. Então encontramos como um tema recorrente nas obras de mulheres negras a ideia de que as pessoas negras devem assumir a responsabilidade pelo seu comportamento, apesar dos obstáculos raciais e sociais que enfrentam. O racismo não alivia seu compromisso em manter seu senso de dignidade humana, o que pode proteger ou explorar aqueles que estão ao seu redor.

Como muitas anseiam por acreditar, não foi de repente que as autoras negras começaram a escrever na década de 1970, no despertar do movimento feminista. Há atividade literária contínua entre mulheres afro-americanas desde Phillis Wheatley, no século XVIII. A verdade é que grande parte das obras, como acontece com as mulheres em geral, ficou escondida dentro de baús em sótãos, longe da vista do mundo por escolha e por azar. Muitas escritoras não compartilharam seus pensamentos mais íntimos porque sentiam que seus esforços eram muito particulares ou que poderiam ser mal-interpretadas. Outras sentiam que seu trabalho ultrapassava os limites dos costumes sociais convencionais, da moral tradicional, do conteúdo racial aceitável. Outras temiam encontrar a imprensa dominada por homens ou críticos hostis. Todos esses motivos pertencem à obra de Audre Lorde, mas ela decidiu expor seu trabalho diante do público mesmo assim. Os resultados eram previsíveis: "Escritores Negros que cruzam os limites daquilo que deveriam escrever ou de como deveriam ser são condenados a silêncios nos círculos literários Negros, silêncios tão absolutos e destrutivos quanto qualquer outro imposto pelo racismo. Isso acontece particularmente com escritoras Negras que se recusam a ser delineadas pelos modelos de feminilidade estabelecidos pelos homens e que lidam com sua sexualidade como uma parte aceita de sua própria identidade".

Mesmo quando suas obras são publicadas, essas escritoras ainda permanecem sem reconhecimento, pois raramente recebem a mesma atenção do mercado ou o mesmo apoio da comunidade acadêmica que os colegas do gênero masculino. É um fenômeno recente que os livros de escritoras negras estejam vendendo mais do que algumas poucas cópias por ano. Isso induziu algumas pessoas a crerem que estão testemunhando algum tipo de conspiração por parte das autoras negras a fim de ofuscar os escritores negros ou minar a tradição celebrativa da literatura afro-americana. Nenhuma das suposições é verdadeira, é claro. O que nós estamos testemunhando é o acesso gradual das mulheres negras ao mercado editorial e, com isso, cada vez mais livros de e sobre mulheres negras estão aparecendo na imprensa.

As escritoras e críticas negras estão agindo de acordo com o velho ditado que diz que cada um deve falar por si mesmo, se deseja ser ouvido. Estão percebendo que ninguém mais pode ou vai dizer o que elas têm a dizer, e que o silêncio condena o silencioso à má representação e à negligência. Langston Hughes imortalizou essa ideia em versos, e suas palavras são mais que apropriadas para a protagonista negra, suas criadoras e seus críticos:

> *[...] someday somebody'll*
> *Stand up and talk about me,*
> *And write about me—*
> *Black and beautiful—*
> *And sing about me,*
> *And put on plays about me!*
> *I reckon it'll be*
> *Me myself!*
> *Yes, it'll be me.*[2]
>
> — "Note on Commercial Theatre"
> *Selected Poems of Langston Hughes*

Este livro foi criado a partir da crença de que ninguém pode promover o bem-estar literário da escritora negra melhor do que ela mesma.

2 "... algum dia, alguém vai/ Se levantar e falar sobre mim,/ E escrever sobre mim.../ Negra e bela.../ E cantar sobre mim,/ E fazer peças teatrais sobre mim!/ Eu concluo que esse alguém vai ser/ Eu mesma!/ Sim, serei eu." (Nota da tradutora, de agora em diante N. T.)

Vozes Negras

Maya Angelou

Maya Angelou, escritora, poeta, dramaturga, artista dos palcos e das telas, diretora e ex-cantora de boate, nasceu Marguerite Johnson, em 1928, em St. Louis, Missouri. Frequentou escolas públicas no Arkansas e na Califórnia e, mais tarde, estudou dança com Martha Graham e teatro com Frank Silvera.

Iniciou sua carreira literária como poeta. Suas coletâneas publicadas incluem Just Give Me a Cool Drink of Water 'Fore I Diiie *(1971),* Oh Pray My Wings Are Gonna Fit Me Well *(1975) e* And Still I Rise *(1978), que se destacam por sua alegria espontânea e pelo espírito inexorável para sobreviver e ser bem-sucedida.*

As quatro obras autobiográficas de Angelou descrevem períodos sequenciais de sua infância. I Know Why the Caged Bird Sings *(1969) é sobre Marguerite Johnson e seu irmão, Bailey, crescendo no Arkansas no Missouri e na Califórnia. É a história de uma menina negra vivendo aos tropeços em uma sociedade que desvaloriza sua beleza e sua ambição.* Gather Together in My Name *(1974) cobre o período após o nascimento do filho de Marguerite, Guy, e sua corajosa luta como mãe solo para sustentá-lo.* Singin' and Swingin' and Gettin' Merry Like Christmas *(1976) descreve a estreia de Maya nos palcos e conclui com o retorno da turnê internacional de* Porgy and Bess. *Já* The Heart of a Woman *(1981) mostra uma Maya mais madura e mais acostumada à sua criatividade e ao seu sucesso.*

Maya Angelou faleceu em 2014, aos 86 anos. Ao todo, escreveu 23 livros de poesia e sete autobiografias, além de ter dirigido o longa Down in the Delta, *em 1998, e de ter ganho três Grammys na categoria Melhor Álbum Falado com* "On the Pulse of Morning", "Phenomenal Woman" *e* "A Song Flung Up to Heaven. Each" *em 1993, 1995, e 2000, respectivamente.*

Entrevistando Angelou

MAYA ANGELOU: A criação de imagens é muito importante para todo ser humano. É especialmente importante para as mulheres afro-americanas, porque somos, enquanto negras, uma minoria nos Estados Unidos e, enquanto mulheres, o gênero frágil. Por isso, temos duas áreas às quais devemos nos direcionar. Se olharmos para o mundo ao nosso redor, veremos pessoas brancas e homens nos papéis dominantes. Precisamos ver nossas mães, tias, irmãs e avós. Precisamos ver Frances Harper, Sojourner Truth, Fannie Lou Hamer, mulheres da nossa cultura. Precisamos ter essas mulheres preservadas. Precisamos de todas elas, de Constance Motley, de Etta Moten... Todas essas mulheres são referências importantes. E, dependendo da nossa profissão, algumas podem ser ainda mais notáveis. Zora Neale Hurston é muito importante para mim como escritora. Josephine Baker também, mas não da mesma maneira, porque sua profissão não está diretamente relacionada à minha. No entanto, imagino que para alguém como Diahann Carroll ou Diana Ross, a srta. Baker deve ser importantíssima. Imagino que Bessie Smith e Mamie Smith, embora sejam pessoas muito estimadas por mim, sejam ainda mais admiradas por alguém como Aretha Franklin.

Significa também, de uma forma mais atávica e intrínseca, que eu nunca poderei morrer.

Se eu fosse um escritor negro homem, pensaria em Frederick Douglass, que era um político e um escritor impressionante. No século XIX, pensaria em William Wells Brown, Martin Delany e David Walker, que não mostraram apenas propósito, mas também método. No século XX, pensaria em Richard Wright, Jean Toomer e assim por diante... Eles representam muitas coisas para mim. Sou negra e eles vivenciaram os Estados Unidos como negros. Esses escritores podem ser mais importantes para o escritor negro homem, assim como acho que Jack Johnson seria muito importante para Jesse Owens, e Jesse Owens muito para Arthur Ashe.

CLAUDIA TATE: Ao escrever, você busca preservar certos tipos de imagens de pessoas negras?

ANGELOU: Bom, busco faz algum tempo, embora não possa dizer exatamente quando isso ocorre na criação da obra. Faço da escrita uma parte da minha vida, assim como me alimentar ou ouvir música. Certa vez, saí da igreja e, enquanto caminhava pela rua, três jovens negras me pararam e me perguntaram se eu gostaria de tomar uma taça de vinho com elas. Eu respondi: "Sim". Uma é pintora, uma é atriz, e a outra, cantora. Conversamos e, quando comecei a me preparar para ir embora, tentei expressar para elas o que significava para mim ver jovens negras unidas. Tentei dizer, mas mal conseguia explicar. Meus olhos se encheram de lágrimas. De certa forma, significa que todo o trabalho, toda a solidão e toda a disciplina que meu ofício exige não é em vão. Também significa, de uma forma mais atávica e intrínseca, que eu nunca poderei morrer. É como viver através das crianças. Então, quando abordo uma obra, é *isso* que está no meu enfoque, seja um poema que pode parecer frívolo, ou uma obra séria. Na minha abordagem, meu trabalho permanecerá. É assim que vejo as coisas.

C.T.: Você imaginou a jovem Maya como uma personagem simbólica para todas as meninas negras que crescem nos Estados Unidos?

ANGELOU: Sim. Depois de um tempo, sim. É uma situação estranha ser autobiógrafa e poeta. Tenho que estar imersa no meu íntimo e, no entanto, enquanto escrevo, tenho que me afastar da história para não cair na complacência. Sempre que falo sobre os livros, penso a partir das condições da personagem Maya. Quando escrevi o roteiro de *I Know Why the Caged Bird Sings* para a televisão, me referia à personagem Maya para não me referir a mim. Acho muito difícil preservar esse distanciamento, mas é extremamente necessário.

C.T.: Qual tem sido o efeito do feminismo negro?

ANGELOU: As mulheres negras e as mulheres brancas estão em posições de opressão em suas respectivas comunidades. Nos encontros de pessoas negras, as mulheres sempre foram predominantes. Ou seja, é sempre a irmã Hudson, a irmã Thomas e a irmã

Witheringay que mantêm a igreja viva. Em encontros informais é sempre a Lottie que cozinha e a Mary que vai ao Bonita's, onde uma festança acontece. Além disso, as mulheres negras são as cuidadoras das crianças na nossa comunidade. As mulheres brancas estão em uma posição diferente em suas esferas sociais. Os homens brancos que, na verdade, são seus pais, maridos, irmãos, filhos, sobrinhos e tios, dizem para essas mulheres ou insinuam em qualquer circunstância: "Eu não preciso de você no meu convívio social. Eu preciso de você em certos lugares, e nesses lugares você deve ser mantida — no quarto, na cozinha, no quarto das crianças e me apoiando.". Para as mulheres negras isso nunca foi dito. As mulheres negras historicamente não ocupavam os púlpitos, mas isso não destruiu o fato de terem construído as igrejas e os preservado. Os responsáveis por liderar instituições nas comunidades negras ao longo da história nunca disseram para essas mulheres: "Não precisamos de você nas nossas relações". E eles também são os pais, maridos, irmãos, filhos, sobrinhos e tios delas. Há uma diferença fundamental.

Um dos problemas que vejo serem enfrentados pelas mulheres negras nos anos 1980, assim como nas duas décadas anteriores, foi muito bem descrito em *Black Macho and the Myth of the Superwoman*, de Michele Wallace. Muitos homens negros, nos anos 1960, caíram em uma terrível artimanha. Eles acharam que, para serem completos, livres, independentes e poderosos, precisavam ser como os homens brancos com as mulheres deles. Então houve uma época terrível em que eles diziam às suas mulheres que, se elas realmente os amassem, deveriam andar três passos atrás deles.

Tento viver o que considero ser uma "existência poética". Isso significa que assumo a responsabilidade pelo ar que respiro e pelo espaço que ocupo. Procuro ser ativa, estar totalmente presente em todo o meu trabalho. Eu *tento*. Esta entrevista com você é um excelente exemplo disso. Afasto a dor que me espera pela morte de alguém querido para poder estar presente para você, para mim, para o seu trabalho e para as pessoas que o lerão. Assim poderei dizer exatamente como me sinto e o que penso, e tentar responder às suas perguntas da forma mais alegre, se é que me sinto alegre, que eu puder. Isso é poético para mim. Tento obter a consciência plena que perdi parcialmente. Estou tentando.

C.T.: Como você encaixa a escrita na sua vida?

ANGELOU: Escrever faz parte da minha vida, cozinhar faz parte da minha vida. Fazer amor faz parte da minha vida, andar na rua faz parte dela. Escrever demanda mais tempo, mas requer todas essas outras atividades. Todas elas alimentam a escrita. Acho perigoso alguém se preocupar demais com "ser artista". É mais importante fazer o que precisa ser feito. Você não precisa se preocupar com o trabalho, só fazê-lo. A pose pensativa é bobagem. As pessoas passam mais tempo posando do que trabalhando. O trabalho é tudo. Quando terminar, você pode rir, comer feijão, afagar a cabeça de alguma criança ou saltitar na rua.

C.T.: Qual é sua responsabilidade como escritora?

ANGELOU: Minha responsabilidade como escritora é ser a melhor que posso no meu ofício. Então o estudo. Não fico escrevendo o que sinto, não fico deixando tudo fluir. Isso é bobagem; não é um ofício. Aprender o ofício, entender o que a linguagem pode fazer, ganhar o controle dela, faz com que as pessoas chorem, riam e até mesmo vão para a guerra. Você pode fazer isso aprendendo a manejar as rédeas do poder da palavra. Portanto, estudar meu ofício é uma das minhas responsabilidades. A outra é ser um bom ser humano, para que, uma vez que tenha alcançado o controle da língua, eu não empurre minhas fraquezas para um público que pode pegá-las e maltratar a si mesmo.

Durante os anos 1960, alguns professores foram para as universidades e tomaram liberdades imprudentes com os jovens. Eles lhes disseram: *"Turn on, tune in, drop out"*.[1] As pessoas ainda fazem isso. Elas vão para as universidades e os estudantes perguntam: "Sr. Fulano, dona, senhorita, com esses professores aqui nesta instituição não está rolando, o que devemos fazer?". Muitos respondem: "Não aceite! Vá embora! Deixe seu protesto ser visto". E então essa pessoa pega um voo de primeira classe, bebe um uísque duplo com gelo enquanto parte rumo a San Juan, Porto Rico, para passar alguns dias de descanso, depois viaja para algum outro lugar onde vai receber 2 ou 3 mil dólares para falar. Esses jovens arriscam sua vida acadêmica e, às vezes, a perdem nessa situação porque alguém foi irresponsável. Detesto isso. Eu não vou agir assim. Eu *sou* responsável. Estou *tentando* ser responsável.

Então, antes de mais nada, estou sempre tentando ser um ser humano melhor e, em segundo lugar, continuo aprendendo meu ofício. Logo, quando tenho algo positivo a dizer, posso dizê-lo lindamente. Essa é minha responsabilidade.

1 "Se liga, sintoniza, caia fora" é um bordão da contracultura popularizado em 1966 nos Estados Unidos pelo professor e psicólogo Timothy Leary. Era um chamado para os jovens prestarem atenção à nova forma de viver, olharem para dentro de si mesmos usando drogas psicodélicas, abandonarem os costumes estabelecidos e pararem de se conformar. (N. E.)

C.T.: Você percebe alguma distinção na maneira como os autores negros, homens e mulheres, dramatizam suas temáticas e selecionam os acontecimentos significativos? Esta é uma pergunta bem geral, mas talvez haja alguma base para análise. Gayl Jones respondeu a ela dizendo que achava que as mulheres tendiam a lidar com eventos relacionados à família, à comunidade, a acontecimentos pessoais que, em geral, não eram considerados importantes pelos escritores homens. Ela disse que os autores homens tendem a selecionar eventos "representativos" para os acontecimentos significativos em suas obras. Toni Bambara afirmou acreditar que as escritoras estavam preocupadas em desenvolver um lugar circunscrito a partir do qual a história se desdobraria. Você observou tais padrões em suas leituras?

ANGELOU: Acho essas observações interessantes, assim como a questão em si. Acho que os escritores homens negros lidam com o particular, mas estamos tão condicionados por uma sociedade sexista que tendemos a pensar que, quando eles fazem isso, querem agir de forma representativa, e que, quando as mulheres negras lidam com o particular, elas só querem que signifique aquele determinado elemento em específico. Quer olhemos para as obras de Richard Wright, James Baldwin ou John Killens — estou pensando nos romancistas —, imediatamente dizemos que isso é uma generalização, que é uma visão geral, uma visão microcósmica do mundo como um todo. No entanto, se observarmos as obras de Toni Morrison ou Toni Bambara, o trabalho de Alice Walker ou Hurston, Rosa Guy, Louise Meriwether ou Paule Marshall, devemos dizer que essas obras são entendidas como declarações universais. Se *Daddy Was a Number Runner* [de Louise Meriwether] não for um microcosmo de um macrocosmo, eu não sei o que é.

Se *The Chosen Place, the Timeless People*, de Paule Marshall, não é um microcosmo, eu não sei o que é. Não sei o que é *Ruby* [de Rosa Guy] se não for um microcosmo de um mundo maior. Vejo o trabalho de todos como um exemplo do particular que é indicativo do todo. Não vejo nenhuma diferença, seja Claude Brown ou Gayl Jones. Posso olhar para *Manchild in the Promised Land* e para *Corregidora* e ver que esses escritores estão falando sobre situações particulares e, ainda assim, sobre a condição humana. São instrutivos para as generalidades das nossas vidas. Portanto, não vou ceder às distinções inerentes entre escritores homens e mulheres.

C.T.: Você considera seus quatro livros romances autobiográficos ou autobiografias?

ANGELOU: São autobiografias. Quando escrevi *I Know Why the Caged Bird Sings*, não estava pensando tanto na minha própria vida ou na minha identidade. Eu tinha em mente uma época específica que vivi e na influência dessa mesma época em várias pessoas. Fiquei refletindo: "E aquela época? O que as pessoas ao redor da jovem Maya estavam fazendo?". Usei a figura central, no caso, eu mesma, como foco para mostrar como uma pessoa pode sobreviver em tempos como esses.

Fiquei muito investida na escrita de *I Know Why the Caged Bird Sings*. Naquela época, eu só me preocupava com poesia, embora tivesse escrito uma série de televisão. Até que James Baldwin me levou para uma festa na casa de Jules Feiffer. Éramos apenas nós quatro: Jimmy Baldwin, eu, Jules Feiffer e sua esposa na época, Judy Feiffer. Ficamos acordados até às 3h ou 4h da madrugada, bebendo uísque e contando histórias. Na manhã seguinte, Judy Feiffer ligou para uma amiga dela na Random House e disse: "Você conhece a poeta Maya Angelou? Se conseguir fazer com que ela escreva um livro...". Então Robert Loomis, da Random House, me telefonou e respondi: "Não, não estou interessada". Fui para a Califórnia e produzi minha série para a WNET. Loomis me ligou duas ou três vezes. Eu disse: "Não, não estou interessada. Muito obrigada". Tenho certeza de que ele falou com Baldwin, porque ele usou uma armadilha cujo controle — não me orgulho em dizer — ainda não ganhei. Ele me ligou e disse: "Srta. Angelou, foi bom falar com você. Estou bastante feliz por você ter decidido não escrever uma autobiografia, porque escrever uma autobiografia literária é a coisa mais difícil que alguém poderia fazer". E aí eu respondi: "Eu faço". Mesmo agora, essa é uma área da qual eu ainda não tenho controle. Na hora em que alguém diz que não sou capaz, minha energia se intensifica e eu digo: "O quê? O QUÊ?". Ainda não consigo responder que você pode ter se enganado e ir embora. Isso não me deixa satisfeita. Eu quero ir além.

C.T.: Como você selecionou os acontecimentos que apresentaria nas autobiografias?

ANGELOU: Alguns acontecimentos me marcaram mais do que outros. Alguns, porém, nunca foram registrados, porque eram tão ruins ou tão dolorosos que não havia como escrever sobre eles de forma honesta e artística sem torná-los melodramáticos. Eles teriam tirado o livro do seu caminho natural. Todo o meu trabalho, toda a minha vida, tudo gira em torno de sobreviver. Todo o meu trabalho tem o objetivo de dizer: "Você pode se deparar com muitas derrotas, mas não deve ser derrotado". Na verdade, o encontro pode ser a própria experiência que cria a vitalidade e o poder para resistir.

C.T.: Você é escritora, poeta, diretora, compositora, letrista, dançarina, cantora, jornalista, professora e palestrante. Pode dizer qual é a fonte de toda essa diversidade criativa?

ANGELOU: Eu não danço mais. O resto, eu tento. Acredito que o talento é como a eletricidade. Não a entendemos; nós a usamos. A eletricidade não faz julgamentos. Você pode conectá-la e acender uma lâmpada, manter uma bomba cardíaca funcionando, iluminar uma catedral ou eletrocutar uma pessoa. Ela fará tudo isso sem nenhum julgamento. Acho que o talento é assim.

Acredito que toda pessoa nasce com talentos. Acredito que qualquer um pode aprender o ofício de pintar e, então, pintar. Creio que todas as coisas são possíveis para um ser humano e não acho que haja algo no mundo que eu não possa fazer. Claro, não posso ter 1,74 m, porque tenho 1,80 m de altura. Não posso ser um homem porque sou uma mulher. Os presentes físicos são dados a mim, assim como ter dois braços é um deles. Na minha fonte criativa, onde quer que seja, não vejo por que não poderia esculpir. Por que não deveria? Os seres humanos esculpem. Eu sou um ser humano. Eu me recuso a ceder a quaisquer diferenças criadas pelo homem entre mim e outro ser humano; não vou fazer isso. Não vou viver muito tempo. Se eu viver mais cinquenta anos, não é muito tempo. Por isso eu deveria ceder ao preconceito de outra pessoa por capricho e não para a minha própria conveniência? Nunca! Sem chance!

C.T.: Como você integra o protesto no seu trabalho?

ANGELOU: O protesto é parte inerente do meu trabalho. É impossível deixar de escrever sobre temas de protesto ou não cantar sobre eles. Faz parte da vida. Se eu não concordo com uma parte da vida, meu trabalho tem que lidar com isso.

Eu me lembro de que, no início dos anos 1950, li um livro chamado *Dom Casmurro*. Foi escrito por Machado de Assis, um autor brasileiro do século XIX. Achei muito bom. Um mês depois, pensei no livro, voltei e o reli. Dois meses depois, li novamente e, seis meses depois, percebi que a sensação que eu tinha ao ler o livro era como se tivesse caminhado até uma praia para assistir ao pôr do sol. Eu havia admirado o pôr do sol e me virado só para descobrir que, enquanto estava ali, a maré tinha subido tanto que cobrira minha cabeça. Decidi escrever assim. Eu nunca forçaria a discussão de determinados assuntos; em vez disso, eu atrairia o leitor. Meu trabalho tem o intuito de ser lentamente absorvido em níveis cada vez mais profundos.

C.T.: Como você descreveria seu processo de escrita?

ANGELOU: Normalmente, acordo por volta das 5h30 e estou pronta para tomar café às 6h, quase sempre com o meu marido. Ele sai para o trabalho por volta das 6h30, e eu vou para o meu. Eu alugo um quarto de hotel para trabalhar. É minúsculo e sem graça, com apenas uma cama e, às vezes, se consigo encontrá-lo, um lavabo. Tenho um dicionário, uma Bíblia, um baralho e uma garrafa de xerez ali dentro. Tento chegar por volta das 7h e costumo trabalhar até umas 14h. Se o trabalho vai mal, fico até 12h30. Se estiver indo bem, ficarei enquanto estiver assim. É solitário e maravilhoso. Eu edito enquanto estou trabalhando. Quando chego em casa às 14h, leio o que escrevi naquele dia e tento tirar aquilo da cabeça. Tomo banho, preparo o jantar, para que, quando meu marido chegar em casa, eu não esteja totalmente absorvida pelo trabalho. Nossa vida é bem normal. Nós bebemos e jantamos. Às vezes, depois do jantar, eu leio para ele o que escrevi naquele dia. Ele não comenta. Não solicito comentários de ninguém além do meu editor, mas é bom ouvir o que produzi em voz alta. De vez em quando ouço alguma dissonância, mas deixo para consertá-la no dia seguinte. Quando termino o trabalho criativo e a edição e tenho seiscentas páginas manuscritas, envio para o meu editor. Então nós começamos a trabalhar. Mantive o mesmo editor em seis livros. Temos um uma boa relação entre as editoras, já que muitas vezes os escritores mudam de uma para a outra, para obter resultados melhores. Prefiro manter meu próprio editor; a ideia é ficarmos juntos enquanto estivermos vivos. Ele entende meu ritmo de trabalho. Eu entendo o dele. Respeitamos um ao outro, mas as críticas surgem. Ele diz coisas como: "Isto está me incomodando. Na página doze, linha três, por que você colocou uma vírgula ali? Quer interromper o fluxo?".

C.T.: Como você se sente sobre seus trabalhos anteriores?

ANGELOU: Eu costumo me esquecer deles. Sou totalmente independente. Eles têm sua própria vida. Fiz o melhor que pude por eles, e isso é tudo que posso dizer. Não sou mais arrogante com o trabalho do que sou em me sentar aqui com você, cozinhar uma refeição ou limpar minha casa. Tento estar inteiramente presente, de maneira que, quando eu terminar um trabalho, terminei. Eu me lembro de uma ocasião em que estávamos na cidade de Nova York, no Waldorf Astoria, alguns anos atrás. Acho que estava com as minhas amigas mais próximas, Rosa [Guy], Paule [Marshall] e Louise [Meriwether]. Estávamos sentadas à uma mesa perto do coreto durante uma homenagem a alguém e senti as pessoas me encarando. Alguém estava cantando, pelo que me lembro, do lado esquerdo do palco, e algumas pessoas estavam dançando. Estava muito bom, mas senti as pessoas me olhando, então me virei e vi que elas realmente estavam. Minhas amigas sorriam. Me perguntei o que estava acontecendo. Eu estava acompanhando a performance. Bom, aconteceu que o cantor estava cantando uma obra minha e eles a haviam coreografado. Eu havia me esquecido completamente daquele trabalho. O trabalho, uma vez concluído, não precisa de mim. A obra em que estou trabalhando precisa da minha concentração total. O que acabou não me pertence mais. Pertence a si mesmo.

C.T.: Pode comentar como funciona a escolha dos títulos?

ANGELOU: Como você provavelmente sabe, o título *I Know Why the Caged Bird Sings* é de "Sympathy", de [Paul Laurence] Dunbar. *Gather Together in My Name*, embora tenha uma origem bíblica, vem do fato de eu ter visto muitos adultos mentindo descaradamente para vários jovens, dizendo coisas como: "Sabe, quando eu era jovem, nunca teria feito tal coisa. Porque eu não podia, eu não deveria...". Mentindo na cara dura. Os jovens sabem quando você está mentindo, então decidi que, para todos aqueles pais e adultos que mentiram sobre seu passado, eu iria contar a verdade.

Singin' and Swingin' and Gettin' Merry Like Christmas veio de um momento dos anos 1920 e 1930 em que a população negra costumava fazer festas de aluguel. Do sábado à noite, por volta das 21h, quando começavam essas festas, passando pela manhã seguinte, quando iam à igreja e faziam a refeição dominical, até o início da noite de domingo, quando todos eram encorajados a cantar, dançar e se divertir como se fosse Natal, para que tivessem algum combustível para viver o resto da semana.

Just Give Me a Cool Drink of Water 'Fore I Diiie refere-se à minha crença de que nós, como indivíduos de uma espécie, ainda somos tão inocentes que pensamos que poderíamos perguntar ao nosso assassino, pouco antes de ele dar o último aperto na nossa garganta: "Você poderia, por favor, me dar um copo de água gelada?". E ele daria. Isso é inocência. É adorável.

A melodia de *Oh Pray My Wings Are Gonna Fit Me Well* originalmente vem de uma cantiga de trabalho na lavoura do século XIX, e as letras, de uma canção *spiritual*:[2]

Oh, pray my wings are gonna fit me well.
I'm a lay down this heavy load.
I tried them on at the gates of hell.
I'm a lay down this heavy load.[3]

Planejei colocar naquele livro todas as coisas que me incomodavam, minhas memórias, e deixá-las passar.

And Still I Rise, o poema que dá o título ao livro, refere-se à resistência das pessoas negras. Aqui está um trechinho dele:

2 As cantigas de trabalho eram uma forma de comunicação rítmica usada por afro-americanos escravizados enquanto trabalhavam nas plantações. Essas músicas, além de facilitar a comunicação, ajudavam os escravizados a coordenar as atividades e a manter o ritmo. Já *spiritual* é um gênero de canções religiosas que surgiu na comunidade afro-americana na época da escravidão. As músicas eram usadas como ferramenta política, mas também como uma maneira de expressar fé e esperança. (N. E.)

3 "Oh, reze para que minhas asas me caiam bem./ Eu vou abrir mão desta carga pesada./ Eu as provei nos portões do inferno./ Eu vou abrir mão desta carga pesada." (N. T.)

You may write me down in history
With your bitter, twisted lies,
You may trod me in the very dirt
But still, like dust, I'll rise.[4]

C.T.: As escritoras negras podem ajudar a elucidar ou a resolver o debate sexista negro que foi reacendido por *For Colored Girls Who Have Considered Suicide/ When the Rainbow Is Enuf*, de Ntozake Shange, e *Black Macho and the Myth of the Superwoman*, de Michele Wallace?

ANGELOU: A srta. Shange e a srta. Wallace não iniciaram o diálogo, então eu não posso sugerir que nenhuma mulher negra deva interrompê-lo. Se há alguma coisa que pudesse ter elucidado o debate, seria *Song of Solomon*, de Toni Morrison. Eu não sei se as escritoras negras deveriam assumir essa tarefa, esse objetivo. Se alguém se sentir disposta, então deve prosseguir e fazer por onde.

Tudo de bom tende a ser elucidado. E por "bom" eu quero dizer bem escrito e com muita pesquisa. Não há nada tão forte quanto uma ideia cujo momento chegou. O escritor, seja ele homem ou mulher, que pretende elucidar essa questão o fará. Eu mesma não tenho nenhum encorajamento para fazer nesse sentido. Muito ainda não foi dito. Pode ser necessário ouvir a visão masculina de *For Colored Girls* em um livro. Talvez alguém precise subir em um palco para falar sobre isso. Pode ser necessário, e sei que será muito doloroso.

C.T.: Que escritores influenciaram o seu trabalho?

4 "Você pode me difamar na história/ Com suas mentiras amargas e distorcidas,/ Você pode me esmagar na própria terra/ Mas mesmo assim, como a poeira, eu vou me levantar." (N. T.)

ANGELOU: Houve dois homens que provavelmente fomentaram minha ambição de escrever mais do que quaisquer outros. São eles Paul Laurence Dunbar e William Shakespeare. Eu os amo. Eu amo o ritmo e a doçura do verso em dialeto de Dunbar. Eu amo *Candle-Lightin' Time* e "Little Brown Baby". Também adoro "The Creation", de James Weldon Johnson.

Escritores vivos também me marcaram. Estou impressionada com James Baldwin. Continuo enxergando não apenas sua habilidade, mas também sua coragem. Isso é muito importante para mim. A coragem pode ser a mais valiosa de todas as virtudes, pois sem ela não se pode praticar nenhuma outra virtude com consistência. Toni Morrison também me impactou muito. Aguardo ansiosamente por seus novos trabalhos. O crescimento de Rosa Guy me marcou. Ann Petry me marcou. O trabalho de Joan Didion me marcou. Sua primeira coletânea, *Slouching Toward Bethlehem*, contém textos curtos surpreendentes. Eu andaria cinquenta quarteirões de salto alto para comprar as obras de qualquer um desses escritores. Sou uma garota do interior, então isso diz muita coisa.

C.T.: Alguma das suas obras foi mal-interpretada?

ANGELOU: Várias pessoas me perguntaram por que eu escrevi sobre o estupro em *I Know Why the Caged Bird Sings*. Elas queriam saber por que eu tinha que contar que estupros acontecem na comunidade negra. Eu queria que as pessoas vissem que o homem não era totalmente um ogro. O difícil de escrever, dirigir ou produzir é não fazer a pessoa negativa ser totalmente negativa. Tento dizer a verdade e preservá-la em todas as formas artísticas.

Vozes Negras

Toni Cade Bambara

Nascida em 1931, em Nova York, e formada nos Queens e City Colleges [da Universidade de Nova York], bem como em várias instituições europeias, Toni Cade Bambara atuou, em diferentes momentos de sua vida, como investigadora da assistência social da cidade de Nova York, escritora autônoma, instrutora de língua inglesa, integrante de vários programas de estudos sobre negritude, incluindo os das universidades Rutgers e Duke, consultora de estudos femininos nas universidades Emory e Atlanta e escritora residente no Spelman College.

Foi uma das primeiras escritoras a abordar a questão da consciência negra e do feminismo, o que fez em uma longa antologia editada por ela própria, intitulada The Black Woman *(1970). Na sequência, publicou outra antologia,* Tales and Stories for Black Folks *(1971) e duas coletâneas de contos de sua autoria,* Gorilla, My Love[1] *(1972) e* The Sea Birds Are Still Alive *(1977).* Gorilla, My Love *apresenta histórias sobre juventude negra, família e comunidade, geralmente contadas pelo ponto de vista de uma garota.* The Sea Birds Are Still Alive *foca nas intensas interações psicológicas entre pessoas, sobretudo mulheres, envolvidas em relações íntimas. Já o primeiro romance de Bambara,* The Salt Eaters *(1980), descreve a fusão do poder psíquico e da tecnologia moderna como um modo de confrontar questões sociais e ambientais que ameaçam a sobrevivência da humanidade nos últimos anos do século XX.*

Toni Cade Bambara, que passou os últimos anos de sua vida escrevendo roteiros, faleceu em 1995. Duas obras suas foram publicadas postumamente, ambas editadas por Toni Morrison: a coletânea de contos, ensaios e entrevistas Deep Sightings and Rescue Mission *(1996) e o romance* Those Bones Are Not My Child *(1999).*

> A revolução começa com o eu dentro do eu. O indivíduo, a unidade revolucionária básica, deve ser purgado do veneno e das mentiras que atacam o ego e ameaçam o coração, que põem em perigo a unidade maior seguinte — o casal ou par, que põe em risco a unidade ainda maior —, a família ou a célula, o que pode comprometer todo o movimento.
>
> — "On the Issue of Roles",
> de *The Black Woman*

1 Publicado no Brasil como *Gorila, Meu Amor* (DarkSide® Books, 2022). (N. E.)

Entrevistando Bambara

CLAUDIA TATE: O que houve com o fervor revolucionário da década de 1960?

TONI CADE BAMBARA: A energia dos anos 1970 é muito diferente do alvoroço da década anterior. Há objetivos diferentes e um modo de luta diferente. A desmistificação do estilo norte-americano de "democracia", a análise ousada e a atenção passional à nossa condição, ao nosso status e ao nosso processo, a experiência como um todo daquela era nos levou a um ponto peculiar no tempo, os anos 1970. Há quem diga que foi um período de recuo, de amnésia, de recolhimento ao narcisismo. Não tenho muita certeza. Eu diria que os anos 1970 são caracterizados por um redirecionamento do foco no eu, o que é, afinal de contas, o principal instrumento para a transformação do eu, do grupo e da sociedade.

Viajo muito pelo país e vivo sendo impactada pelas diferenças entre as duas décadas. Há uma diferença entre a caracterização de apatia/recolhimento dos anos 1970 e o que está de fato acontecendo, ao menos como venho vivenciando nos campi, nas prisões, nos grupos comunitários. Segundo os termos que definimos nos anos 1960, não *parecemos* estar em um período de intensa atividade política. Fomos treinados por essa década para perceber a

Escrevo para me manter em contato comigo mesma.

atividade, para avaliar o movimento e o progresso de formas muito particulares, como confronto, retórica inflexível, demonstrações de força, coletivas de imprensa, manifestos, grupos visíveis, grupos semiclandestinos, tomada de ruas, canto, manifestações etc. Por outro lado, as dinâmicas dos anos 1970 foram menos visíveis, menos audíveis e mais difíceis de perceber, identificar e definir, mas isso não significa que foram menos passionais ou imbuídas de propósito. As pessoas tentaram transformar a si mesmas, célula por célula, para organizar quarteirão por quarteirão. As duas mecânicas me parecem pré-requisitos para organizações abrangentes e estratégias lúcidas.

Infelizmente, fizemos poucos avanços quando se trata de estabelecer um partido político negro independente. Ainda não elucidamos a questão das alianças ou da luta independente. Ainda não identificamos os imperativos sociais e políticos deste momento, nem chegamos a um consenso quanto à nossa política doméstica e externa. E os anos 1980 estão diante de nós. Um período de conflitos devastadores e caos, um período que clama por uma organização de alto calibre e por um compromisso mais aderente, um período para o qual os anos 1960 foram um mero ensaio, e os anos 1970, uma breve folga, um momento para recuperar o fôlego. A maioria de nós ainda está tentando resgatar dos criadores de mitos os anos 1960 — aquele período atordoante e bastante complicado de 1954 a 1972 —, ainda está tentando pagar o resgate dos nossos guerreiros e teóricos para aqueles malucos que querem enjaular todos eles, quebrar seus ossos e, no lugar da verdade, nos oferecer uma ficção midiática altamente seletiva. Os anos 1980... Temos muito trabalho pela frente.

Você olha para o que os criadores de mitos fizeram em espetáculos sofisticados como *Roots* e *King*,[1] brincando com o sangue e com os ossos das pessoas. Mas não podemos ser sobrepujados pela imensa ignorância que caracteriza esta sociedade racista, cabeça-dura e negligente. É uma responsabilidade tremenda, uma responsabilidade e uma honra, ser uma escritora, uma artista, uma profissional da cultura... Ou seja lá como queira chamar essa vocação. A pessoa precisa ver o que o trabalhador de fábrica vê, o que o presidiário vê, o que as crianças na assistência social veem, o que o acadêmico vê. Ela tem que ver o que os criadores de mitos da classe dominante veem, de modo a dizer a verdade e não cair em armadilhas. É preciso ver mais e ousar mais.

Eu leio muito. Muito mesmo. Livros de grandes editoras, jornais da imprensa independente, manuscritos em *offset* de oficinas de escritores locais. Ainda não vejo o destemor ferrenho que esperava ver neste período. Muita gente talentosa, brilhante e sagaz está escrevendo por aí. Mas temos muito trabalho pela frente.

C.T.: De que maneira ser uma mulher negra constitui uma perspectiva particular na sua obra?

1 *Roots* foi uma minissérie televisiva baseada no livro de Alex Haley, publicado em 1976. Foi lançada nos Estados Unidos em 1977 e chegou a ser exibida no Brasil, com o título *Raízes*, pela TV Globo. Já *King* é outra minissérie para a TV, ainda inédita no Brasil. (N. T.)

BAMBARA: Ser negra e mulher em uma sociedade sistematicamente orquestrada para oprimir tanto um quanto o outro faz com que tenhamos uma perspectiva muito particular e, sendo assim, uma contribuição especial a fazer para a inteligência coletiva, para as literaturas deste momento histórico. Sou desastrada e incoerente quando se trata de definir essa perspectiva em termos mais específicos e concretos. Sou pior ainda em estimar o valor das minhas propostas, seja no âmbito particular, seja no coletivo. Deixo isso para os nossos críticos, para os nossos professores e estudantes de literatura. Sou uma nacionalista. Sou uma feminista, pelo menos. Isso está claro, tenho certeza, na minha obra. Meu conto "Medley" não poderia ter sido escrito por um irmão negro,[2] assim como "A Tender Man" não poderia ter sido escrito por uma mulher branca. Essas duas histórias são feitas com um corte em viés, por assim dizer, de uma costureira que está por dentro do tecido. Meu interesse é o empoderamento e o desenvolvimento das nossas irmãs e da nossa comunidade. Esse senso de cuidado e de celebração certamente se reflete na minha obra e tem sido destacado de modo consistente por outros escritores, resenhistas, críticos, professores e estudantes. Mas, como eu disse, deixo a difícil tarefa da análise para os críticos. Faço meu trabalho e tento não cometer nenhum equívoco.

C.T.: Como você encaixa a escrita na sua vida?

2 Na comunidade negra dos Estados Unidos, "irmão" e "irmã" são termos usados para se referir aos homens e mulheres que dela fazem parte. Em sua obra intimista *Sisters of the Yam*, bell hooks versa sobre as conexões diaspóricas firmadas sobretudo entre mulheres negras, refletindo que o processo de cura da saúde emocional conta com o apoio dessa irmandade sem, contudo, deixar de lado a luta coletiva. O título desse livro, a propósito, é inspirado no aqui mencionado *The Salt Eaters*, de Toni Cade Bambara. (N. E.)

BAMBARA: Até pouco tempo atrás, eu nunca havia reconhecido a angústia dessa questão. Nunca soube de que diabos as pessoas estavam falando quando me perguntavam: "Como você dá conta de equilibrar as exigências da maternidade, do ensino, do trabalho comunitário, da escrita e de todo o resto?". Escrever nunca havia sido uma atividade central na minha vida. Era uma das coisas que eu fazia quando tinha tempo, ou quando a compulsão me agarrava e me obrigava a me sentar. O conto, o artigo, a resenha de livro, afinal de contas, são textos curtos. Eu simplesmente separava um tempinho, espaço, papel e caneta, fechava a porta, desligava o telefone, soltava os cachorros com os aspirantes a invasores e me punha a trabalhar por alguns dias. Porém, de uns tempos para cá, trabalhando em um romance e alguns roteiros de filmes... Puxa! Agora sei o que significa aquela pergunta e isso me deixa desesperada. Tive que renegociar uma boa quantidade de relações que se despedaçaram ao meu redor. O romance me tirou de combate por quase um ano. Fiquei incapaz de trabalhar. Não conseguia rascunhar um simples memorando de escritório, nem ter noção de tempo. Eu furava reuniões, me recusava a atender à porta, não estava interessada em ceder meu tempo de jeito nenhum. Minha filha segurou as pontas; ela filtrava os telefonemas que recebíamos, aprendeu a passar as próprias roupas e, às vezes, sumia de vista. Minha mãe me olhava de um jeito esquisito de vez em quando, principalmente quando percebia que haviam se passado dias sem que eu arrumasse tempo para pentear o cabelo ou telefonar para ela só para saber como estavam as coisas e jogar conversa fora. Contos são uma fração de tempo. O romance é um estilo de vida.

Comecei o romance *The Salt Eaters* do modo como grande parte dos meus escritos começa, como um registro de diário. Eu quase sempre me sento e dou a mim mesma a tarefa de descobrir o que eu sei sobre isso ou aquilo, descobrir o que penso disso ou daquilo, quando estou confortável comigo mesma, não palestrando para um grupo ou respondendo ao posicionamento de alguém. Muitos de nós nos engajamos em tentar organizar os diversos setores da comunidade — estudantes, escritores, peritos em mediunidade etc. —, e me impressionou o fato de que nossos ativistas e guerreiros, além dos nossos peritos ou profissionais de medicina, sequer conversam uns com os outros. Esses dois campos ainda têm que aprender — desde os tempos de Toussaint [L'Ouverture], ou das comunidades *maroon*,[3] creio eu — a dar valor às visões de cada um, ao potencial de cada um, à língua de cada um. O romance, então, saiu do impulso para a resolução de um problema: o que seria necessário para criar essa ponte, para fundir esses arcabouços de referência, para mesclar esses campos? Achei que estava apenas fazendo anotações para me organizar, que estava somente explorando meus sentimentos, meus lampejos. Quando dei por mim, a coisa decolou e eu não mais me senti inclinada a investir tempo e energia nas ruas. Eu tinha que entender algumas coisas. Apesar de todo o corre-corre da minha impulsividade ariana, sou enrolada; na verdade, minha conjunção com Mercúrio também é em Áries, então eu gosto de discernir bem as coisas antes de pular de cabeça. Não gosto de desperdiçar o tempo e a energia dos outros. Então não vou desperdiçar os meus.

3 Comunidades de escravizados que fugiram e formaram assentamentos em regiões remotas, de forma semelhante às comunidades quilombolas no Brasil. No livro *Ela Seria o Rei* (DarkSide® Books, 2022), a escritora Wayétu Moore traz elementos da cultura *maroon* em uma trama mágica e politizada sobre a fundação da Libéria, um dos únicos países africanos não colonizados pelos europeus. (N. E.)

Não tenho nenhum conselho perspicaz para oferecer a autores em desenvolvimento sobre o ramo da escrita, quanto a arranjar tempo e ter um espaço para trabalhar. Não tenho nada de profundo a oferecer a mães escritoras ou a trabalhadores escritores, exceto dizer que isso vai lhe custar alguma coisa. Não sou muito zelosa, por exemplo, nas minhas relações. Não sou consistente quanto a oferecer doses de dinamismo e outros tipos de contribuições em um relacionamento. Nem sempre me lembro de aniversários, de datas especiais. Há períodos em que sou a pessoa mais atenciosa e carinhosa do mundo, e outros em que estou completamente indisponível. Nunca aprendi, ao menos não ainda, a pedir desculpas, ou a oferecer uma reafirmação contínua pelo que estou fazendo. Não assumo certas responsabilidades e não sou a pessoa mais sensível do mundo quando alguém se sente repelido, excluído ou jogado para escanteio. Terei que aprender, porque a experiência de *The Salt Eaters* me diz que em breve entrarei mais uma vez naquele longo período de escrita. E será algo que farei com frequência.

Tive a oportunidade, como você pode imaginar, de conversar sobre isso com as minhas irmãs escritoras. Como a criança lida com sua "ausência" sendo que você está ali, de pé, no fogão, fazendo o trigo-sarraceno delas, mas com a cabeça em outro lugar? Como seu homem lida com o fato de que sua atenção não está mais ali e que não é nada pessoal? Histórias atrozes, queridas e tristes. Já conheci dramaturgos, artistas, cineastas — estou falando dos irmãos — que simplesmente não entendem, ou talvez finjam não entender, aquele acesso de insanidade que toma conta de mim e que me faz preferir trabalhar na máquina de escrever a noite toda, e durante a manhã também, em vez de jogar pôquer ou sair para dançar. É uma loucura. Mas, alguns anos atrás, concedi a mim mesma um período de cinco anos para abordar esse negócio de escrita com seriedade. É uma questão prioritária dominar o ofício, produzir, permanecer nele sem me importar com quantas reuniões de comitê posso perder.

Minha situação não chega nem perto de ser assim tão frugal quanto as vividas por alguns conhecidos. Não sou esposa de ninguém, e minha filha não está nem aí para o estado da casa, contanto que o cesto de roupa suja não esteja transbordando. Não sou marido de ninguém; não tenho a responsabilidade de cumprir a expectativa do "provedor". Não estou comprometida com nenhuma noção de "carreira". Além disso, não sou viciada em nada — móveis, carros, roupas etc. —, então não me abalo com o sacrifício ou com a tolice de perder tempo em busca de algo que não dá dinheiro. Além disso, não me sinto obrigada a estruturar minha vida seguindo uma rotina razoável; ou seja, não me importo em ser vista como "esquisita" ou sei lá. Minha situação talvez não seja muito comum. Não sei. Mas, respondendo à sua pergunta, eu apenas anuncio, sem rodeios: "Estou trabalhando. Me deixe em paz e saia da minha frente". Quando volto à superfície, tento aplicar os emplastros e remendar os buracos que deixei nas relações ao meu redor. Isso é tudo que sei sobre o que fazer... até agora.

C.T.: O que determina sua responsabilidade consigo mesma e com seu público?

BAMBARA: Começo reconhecendo que estamos em guerra e que essa guerra não é apenas um debate acalorado entre capitalistas e socialistas sobre qual arranjo sociopolítico e econômico terá hegemonia no mundo. Não é só uma batalha por território e quem tem o direito de utilizar recursos em prol de quem quer que seja. A guerra que está sendo travada também é pela verdade. Qual é a verdade sobre a natureza humana, sobre o potencial humano? Minha responsabilidade comigo mesma, com os meus vizinhos, com a minha família e com a família humana é tentar dizer a verdade. Isso não é nada fácil. Há pouquíssimas tradições que falam a verdade nessa sociedade na qual o mito da "sociedade ocidental" reivindicou a fidelidade de tantos. Raramente fomos encorajados e preparados para valorizar o fato de que a verdade funciona, de que ela liberta o espírito e que é algo jubiloso. Vivemos em uma parte do mundo, por exemplo, que iguala crítica a agressão, que assemelha responsabilidade social a idealismo ingênuo, que define a busca implacável por conhecimento e sabedoria como fanatismo.

Não acredito que a literatura seja o instrumento *primordial* para a transformação social, mas acredito que ela tem sua potência. Então eu trabalho para dizer a verdade sobre as vidas das pessoas, para celebrar a luta, para aplaudir a tradição de luta na nossa comunidade, para trazer ao centro do palco todos esses personagens: as pessoas comuns da vizinhança, que estavam esperando nas coxias, personagens que achamos que tínhamos que ignorar porque não eram vistosos feito cafetões, nem elegantes como malandros, ou porque não se encaixavam com tanta facilidade em formatos previamente aceitáveis ou em tipos convencionais. Quero debater verdades relevantes, como o fato de que o simples ato de usar tranças no cabelo é radical em uma sociedade que define a beleza como madeixas loiras soprando ao vento; que permanecer centrado em sua própria tradição cultural é bacana, é sadio, é ótimo, apesar da universalização anglo-saxônica; entre outras insanidades.

Contudo, seria desonesto encerrar meus comentários por aqui. Antes de tudo, escrevo para mim mesma. Escrever tem sido minha ferramenta principal de autoinstrução e de desenvolvimento pessoal. Tento permanecer honesta por meio do lápis e do papel. Eu tenho a mania de falar mais que a boca. Tenho um pendor à performance extravagante. Exagero ao ponto da histeria. Não posso ser sempre confiável quando abro a boca, mas quando me sento com os meus cadernos, sou totalmente séria quanto ao que vejo, sinto e sei. Escrevo pela mesma razão que mantenho um registro dos meus sonhos, pela mesma razão pela qual medito e pratico a firmeza corporal. Escrevo para me manter em contato comigo mesma e para não deixar que muita coisa passe despercebida por mim. Estamos falando de construir uma nação; então a nação interna também precisa ser construída. Eu estaria escrevendo havendo ou não uma indústria editorial, havendo ou não as prensas, havendo ou não os mercados.

Comecei a escrever com seriedade — embora não consiga me lembrar de uma época em que não estivesse anotando coisas e tentando dramatizar lições aprendidas — quando comecei a lecionar. Foi um jeito que encontrei de me manter a par de mim mesma, de me monitorar. Sou uma professora muito cativante, persuasiva, contagiante, avassaladora, irresistível. Trabalhei duro nas salas de aula para ensinar os alunos a me criticarem constantemente, a se protegerem dos meus disparates; mas, verdade seja dita, a relação professor-aluno na qual fomos treinados é muito colonial. É cheia de perigos. O poder dado aos professores sobre a mente, o espírito e o desenvolvimento dos estudantes… Meu Deus! Passar por cima disso, insistir comigo mesma e com eles que temos de remodelar essa relação ao longo de linhas progressistas exigiu um bocado de coragem, imaginação, energia e força de vontade. Escrever foi um modo de me "ouvir", de me inspecionar. Escrever era/é um ato de descoberta. Mais de uma vez descobri que era perigosa, uma ameaça, praticamente inapta a levar os alunos e a mim mesma até certos assuntos. Eu tinha que entrar na sala de aula e chamar a atenção deles por não me encostarem na parede, por sucumbirem ao charme e ao fascínio quando deveriam estar me desafiando, acabando comigo. Serei eternamente grata a todos os alunos do City College e da Livingston/Rutgers pelo modo cuidadoso e corajoso pelo qual ajudaram no meu desenvolvimento como professora, pessoa, escritora... e como mãe também. Felizmente, para todos os envolvidos, minha filha, uma sábia mulher de 99 anos que corre por aí sob o disfarce de uma criancinha que chupa o dedo, sabe quando se distanciar de mim, tapar os ouvidos, transformar meus ralhos em piada e expor minhas contradições. Mesmo depois que ela estiver crescida, mesmo que eu nunca mais lecione, ainda usarei a escrita como um modo de me manter centrada, pois ainda serei a vizinha de alguém, a amiga de alguém, além de membro da nossa comunidade, seja sob cerco, seja no poder. Ainda precisarei ter a disciplina que a escrita concede, exige. Não desejo ser inútil, nem perigosa, então escreverei. E eu sou uma escritora, caramba. Sou compelida a escrever.

C.T.: Você vê alguma diferença nos modos como escritores negros homens e mulheres lidam com temas, personagens e situações?

BAMBARA: Tenho certeza de que as diferenças existem, mas eu teria dificuldade em discuti-las de forma persuasiva e dar exemplos. Não penso muito sobre isso, exceto no calor da leitura de um livro, quando sinto a ânsia de "traduzir" a descrição de um irmão para algum fenômeno ou de dizer "amém" a uma irmã. Mas existem, creio eu, alguns comentários gerais que posso fazer. As mulheres têm uma tendência menor a contornar o lugar do sentimento, a usar de ardis com a linguagem, a camuflar as emoções. Mas, até aí, um monte de escritores homens derruba esse argumento. James Baldwin se agarra às emoções como um modo confiável de disponibilizar uma experiência, e muitos irmãos jovens, como Peter Harris, Melvin Brown, Calvin Kenley e Kambon Obayani, têm a coragem de serem "sensíveis" e falarem sobre os silêncios masculinos de costume. Poderíamos até dizer que os irmãos geralmente colocam as coisas ao ar livre, em campo aberto, ou seja, em território masculino. Mas *Song of Solomon*, de Toni Morrison, narrado a partir do ponto de vista de um homem, é uma exceção. Já ouvi dizerem que mulheres tendem a visar uma experiência mais particular, e os homens, algo mais geral ou "universal". Não tenho certeza disso. A rua, porém, com certeza é trabalhada de modos particulares. Ser uma mulher que anda pela rua é uma experiência muito específica. Não vejo isso retratado em obras de Ralph Ellison, Richard Wright ou John A. Williams do mesmo modo que *sinto* que é retratado em Gayl Jones, Sonia Sanchez etc. No entanto, *The Street*, de Ann Petry, me pegou de surpresa. Eu não reconheço *ninguém* descendo aquela rua. Nunca estive *naquele* quarteirão. Não *senti* aquele tipo de sensação de deslocamento. Acho que eu simplesmente não *acredito* naquela mulher.

Ao escrever "A Tender Man", mal podia esperar para tirar Cliff e Aisha da rua e entrar com eles no restaurante. Eu perdia o ponto de vista o tempo todo, ficava caindo no modo como as ruas ecoavam para Aisha, e não é por cima dos ombros dela que a câmera está olhando. Se fosse um irmão escrevendo essa história, ele teria lidado com esse cenário de forma bem diferente. Aisha provavelmente seria menos ambivalente, e o comportamento de Cliff em relação à sua esposa branca e ao seu filho também teria sido retratado de forma muito menos ambígua.

Claro, uma das diferenças cruciais entre poetas, dramaturgos, romancistas e contadores de histórias é como eles lidam com crianças. Não consigo identificar com precisão, mas o vínculo com crianças e a realidade de dois-mais-dois é simplesmente mais forte na escrita das mulheres. Mas há exceções. E, por fim, não há nem de longe o mesmo volume de escritos ginocêntricos como há de escritos sobre obsessão fálica. Vou te contar, houve um período, lá em 1967 ou 1968, quando achei que ia perder as estribeiras se ouvisse mais um único poema que tivesse calças arriadas, arma engatilhada, o pináculo da catedral, o impulso do míssil espacial ou uma boa fo**. Eu adoraria ler/ouvir uma boa discussão de verdade sobre essa questão vinda de alguém que estivesse à vontade com a leitura textual íntima — canecas, tigelas e outros temas na escrita feminina. Estamos só começando, creio eu, a moldar o vocabulário feminino para lidar com os "silêncios" das nossas vidas. Eu gostaria de ver Eleanor Traylor — que, na minha visão, é a melhor leitora/observadora que temos — se debruçar sobre o assunto e dar sua opinião.

C.T.: Você tenta colocar ordem na experiência humana? Ou apenas a registra?

BAMBARA: Todos os escritores, músicos, artistas, coreógrafos e dançarinos trabalham a partir de suas experiências. É a tradução, a conversão, o ato de moldar isso que constitui o drama. Nunca estive convencida de que a experiência é linear, circular ou mesmo aleatória. Ela simplesmente é. Eu tento ordená-la minimamente para extrair significado dela e trazer significado a ela.

Por uma série de razões, o ato de registrar nunca me ocorreu. Antes de mais nada, porque é chato. Se eu aprendo na aula de matemática que o todo é a soma das partes, não me interessa registrar ou repetir isso. Estou mais interessada em descobrir se a organização das pessoas é axiomática ou se, na verdade, o coletivo é mais do que, ou diferente de, a mera soma dos indivíduos. Se eu aprendo na física que a natureza abomina o vácuo, de cara quero testar a validade dessa lei. Se for uma lei, então minha carteira vazia deveria atrair algum dinheiro. Em segundo lugar, o mero registro não só é chato, como também é grosseiro e pode até ser imoral. Se eu escrevesse de modo autobiográfico, por exemplo, acabaria me metendo na vida das pessoas, saqueando ideias das pessoas ao meu redor, expondo meus amigos. Eu seria uma gângster emocional, uma marginal psíquica, uma cafetina e uma vampira. Não tenho permissão da minha mãe para transformá-la em uma natureza morta. Eu não pediria a um amigo ou a uma amiga para que me deixassem empalhá-los com a minha caneta, ou prendê-los no material impresso. Eu nem saberia como pedir permissão; me parece grosseiro. Sempre que ouço uma boa história, pergunto: "Ei, se importa se eu usar isso?". Porém, quando eu a converter ao meu modo, ela ficará irreconhecível. Não só porque não acho que seja interessante trancar as pessoas dentro da minha mente, das minhas palavras, da tipografia, mas também porque a verdade pode se tornar mais acessível para o leitor se eu ignorar os fatos verdadeiros, o cenário verdadeiro, as pessoas verdadeiras e simplesmente reiniciar a coisa toda. Acho que me ouço dizendo que a terceira razão é que as lições vêm de modos difusos, e a arte é o ofício de oferecê-las com uma forma e uma voz, um modo de apresentar uma paisagem emocional/psíquica que faça justiça à lição, da forma mais rápida e eficiente possível.

Eu costumava passar um exercício de escrita/reflexão para os meus alunos: lembram de como seus rostos costumavam ficar todos afogueados, de como vocês escorregavam na cadeira, de repente tinham que amarrar os sapatos, embora todos usassem mocassim na época da quarta série, sempre que a África ou a escravidão eram mencionadas? Vocês se lembram da primeira vez que a menção à África, ou aos negros, fez seu pescoço e sua coluna ficarem eretos, fez os músculos do seu rosto ficarem rijos? Bom, façam uma lista de todas as coisas cruciais e relevantes que aconteceram com vocês, que os levaram a passar do rosto afogueado à espinha ereta. Então escrevam um conto, um roteiro, uma carta, um ensaio ou um poema que torne essa experiência de mudança disponível para os jovens irmãos e irmãs do seu quarteirão.

Ah, a agonia, as ligações que eu recebia no meio da noite, os resmungos por dias a fio, os jogos de uíste interrompidos, as ameaças à minha vida e à minha integridade. Foi difícil. As anotações, os esboços, as primeiras versões, as reduções, as edições, a busca pela forma, pela metáfora. Ah, mas que textos maravilhosamente definidos e brilhantes eles produziram. E tudo que eles ensinaram a si mesmos e uns aos outros no processo de peneirar e discernir, descartar e aperfeiçoar, delineando seus próprios processos de transformação. Foi fantástico. E não estou falando de escritores experientes, nem de analistas tarimbados. Estou falando de alunos do primeiro ano que não tinham experiência nenhuma de escrita, estudantes do City College de Nova York, da Livingston/Rutgers, gente que não foi direcionada para a faculdade desde a infância, que foi ensinada a não valorizar o próprio processo, que não foi encorajada, muito menos treinada, a manter um registro de sua própria transformação. Ordenar é o ofício, o trabalho, a maravilha. É o esforço, é o ato de moldar, é a apresentação que importa. Eu costumava ouvir esse pessoal ensinando aos jovens no campus ou em centros comunitários, dando aulas simplificadas e compactas sobre "do ponto A (rosto afogueado) ao ponto B (orgulho)". Fantástico.

Sempre me perguntam quando estou na estrada: "O quanto seu trabalho é autobiográfico?", presumindo que ele só pode sê-lo. Às vezes, a pergunta parte da suposição racista de que a escrita criativa e a arte são domínio dos escritores brancos. A questão às vezes vem de alguém que acredita que apenas os desocupados e os privilegiados podem se dar ao luxo da imaginação. Às vezes, ela se origina do fato de que a pessoa que está fazendo a pergunta é só um tipo normal e obtuso que não consegue conceber a possibilidade de que algumas pessoas tenham imaginação sendo que elas mesmas não tenham, pobrezinhas. Sempre gosto de mergulhar nessa pergunta. Uma vez argumentei, e ainda argumento, que a grande arte é a conversa fiada das classes brancas e abastadas. Certo. E quais obras sobreviveram ao século XIX? Os tomos da nobreza rural ou a autobiografia de Frederick Douglass? Os romances das damas de alta classe ou as narrativas dos escravizados? Depois de passar um pente fino nessa pergunta e de tentar fazer justiça àqueles humildes e assustados escritores criativos que perguntaram por sincero interesse e confusão, eu geralmente leio "Sort of Preface", de *Gorilla, My Love*, que apresenta meu argumento sobre a escrita autobiográfica. Ou seja, eu não faço isso... Exceto, é claro, que eu faço. Todos nós fazemos. Não importa quem conjuremos ou imaginemos ou de quem nos lembremos para poder criar uma história; estamos contando nossa própria história, tão certo quanto um paciente que desabafa no divã de um analista, tão certo quanto um peregrino que caminha até Canterbury, tão certo quanto um pastor que convida um fiel para subir ao altar e testemunhar sobre as bençãos do Senhor. Porém, uma vez mais, as histórias de Ernest J. Gaines, de Baldwin, de Gwen Brooks, seja quem for... Observar as particularidades da história é uma tarefa dos críticos, e eu sou compelida a dizer de novo que eles são um bando bem medíocre. Sempre fico impressionada com isso quando comparo artigos e discursos escritos por esse ou aquele com o que sai da boca de Eleanor Traylor com tanta facilidade e brilhantismo. Fique de olho no trabalho dela. Se tem alguém que pode abrir os caminhos, é essa irmã.

O que me esforço para fazer na escrita e de modo geral — voltando ao argumento que eu estava elaborando em resposta à sua pergunta — é examinar verdades, ou melhor, suposições filosóficas, históricas, políticas e metafísicas. Tento analisá-las dentro de vários contextos para ver se funcionam. Elas podem ser armadilhas. Podem inibir o crescimento. Veja a Regra de Ouro,[4] por exemplo. Tento viver de acordo com ela e espero que as outras pessoas façam o mesmo. Mas que um raio me parta se quero que a maioria das pessoas faça a mim o que fazem a si mesmas. Há um monte de gente retrógrada e autodestrutiva por aí. Pode parecer que uma a cada dez pessoas está aqui com o propósito "pacífico", como diria minha avó, de dar às outras nove um encaixe natural. Então, com sorte, não vamos legislar a Regra de Ouro.

4 A autora se refere a Mateus 7:12: "Portanto, façam aos outros o que querem que eles façam a vocês, porque esta é a lei e os profetas". (N. E.)

O truque, suspeito eu, a essa altura da história humana, ao abordarmos o período de absoluta devastação e total renovação, é manter uma rédea solta em relação a essas suposições que consideramos verdadeiras, válidas, reais. Elas podem não ser. O mundo que Einstein conjurou, que os Fundamentalistas conjuram, que o amigável místico ou poeta de sua vizinhança conjura pode ser uma barreira para o entendimento genuíno do mundo real. Eu um dia escrevi uma história justamente sobre isso. Uma parte dela está no romance *The Salt Eaters*. Uma irmã que tem um problema para resolver está perambulando pela mata, levando na mão uma pequena pedra como companhia, remexendo nela como as contas de um kombolói. A pedra cai em uma poça. Ela tenta pegá-la, vasculhando a água com a mão. Teria sido melhor tê-la jogado ali e se afastado para ver as ondulações, os efeitos de seu ato. O universo é de uma elegante simplicidade em momentos de lucidez, mas nós atravancamos nossas vidas com estruturas tão sem sentido em um esforço de fazer o pensamento científico funcionar, de fazer a lógica parecer razoável e valorosa. Nós nos cegamos e nos apegamos a um monte de disparates ao fugirmos das realidades simples, como o fato de que tudo é uno neste lugar, neste planeta. Nós e todos aqui somos extensões da mesma consciência e somos cocriadores dessa mente, dessa força de vontade, desse pensamento.

C.T.: Como seus interesses criativos evoluíram, em termos de escrita?

BAMBARA: Não sei como mapear a evolução do meu interesse criativo. Basta dizer que a lente se ampliou, o escopo se alargou e as exigências a mim mesma aumentaram. Como garantimos o espaço para as nossas crianças foi uma preocupação a partir da qual nasceram os contos da minha primeira coletânea, *Gorilla, My Love*. Quando minha agente naquela época, Hattie Gossett, me deu um toque e disse que eu deveria juntar alguns contos antigos em uma coletânea, decidi tirar da gaveta as velharias sobre crianças e ver se conseguia abrir um pouco de espaço para me meter em alguma outra coisa. A maioria daquelas histórias são o que eu chamaria de obras de quarteirão, de vizinhança, de olhar para trás.

Como estamos nos saindo agora que a energia está se deslocando? Dessa preocupação surgiram alguns contos da segunda coletânea, *The Sea Birds Are Still Alive*. Histórias como "Broken Field Running" e "Am I Spoiling You", também conhecido como "The Apprentice" em outras antologias, dialogam diretamente com essa questão. São obras presentes no cenário local e em um mundo maior de luta, muito contemporâneas e menos retrospectivas.

Como podemos resgatar o planeta dos psicopatas? Temos algum futuro como pessoas sãs, íntegras e determinadas? Estamos nos dando conta de que somos um povo em uma encruzilhada? *The Salt Eaters* é um tipo de livro sem restrições, gerado por essas perguntas. Ele é uma obra de quarteirão, mas as fronteiras da cidade de Claybourne, Geórgia, onde a história se passa, não cerceiam a história. Ela vira totalmente cósmica, na verdade, em uma tentativa de soar o alarme sobre a inépcia e a arrogância da indústria nuclear e chamar a atenção para os deslocamentos radicais nas configurações de poder do globo e das imensas transformações sofridas pelo planeta no último quarto do século XX.

O que parece ser a base das obras nas quais estou agora mergulhada até o pescoço — um roteiro (cujo título provisório não tão bom assim é "Ladies-in-Waiting"[5]) sobre um grupo de mulheres não brancas

5 Damas de companhia. (N. T.)

em 1979, 1968, 1942 e 1933 que se preparam para resgatar ou pagar o resgate de seus maridos, amantes, pais e irmãos de várias instituições que os mantém como reféns e uma nova coletânea de contos sobre "famílias" de sangue, de luta, comunidades viajantes etc. — são questões como: quais alianças fazem sentido no último quarto de século? Onde são forjados os elos de resistência, onde são fortalecidos os elos de vulnerabilidade? Mais uma vez, estou explorando modos de conectar nossos guerreiros e curandeiros, esperando que alguns leitores joguem o livro no chão, zombem da minha inaptidão e botem a cara na rua para mostrar como que tal coisa deveria ser feita. Também tenho passado o tempo com um grupo de mulheres do meu romance, *The Seven Sisters* — um grupo de artistas performáticas das comunidades afro-americana, ásio-americana, *chicana*, "*puertoriqueña*" e dos povos originários —, na esperança de que as irmãs de inhame, de arroz, de milho, de banana-da-terra achem esse trabalho uma sopa muito rala e botem a cara na rua para cozinhá-la do jeito certo.

O que é evidente na minha escrita atual é o foco no futuro. Não estou interessada em retrabalhar memórias e brincar com flashbacks. Estou tentando pressionar a língua inglesa, em particular os tempos e os modos verbais, para acomodar vislumbres do futuro e possíveis acontecimentos. Porém, fico cada vez mais impaciente com a linguagem verbal, com as conversas impressas, com os protocolos literários e afins; tenho um interesse muito maior pela produção cinematográfica. Sendo bem sincera, sempre me considerei uma pessoa do cinema. Sou uma fantástica espectadora de filmes e meu lugar favorito para se estar tem sido em uma sala de projeção ou, melhor ainda, na sala de edição, com aquelas luvinhas de Mickey Mouse. Não há muito mais que eu deseje experimentar em termos de escrita. Ela me dá prazer, insights e me mantém centrada, sã. Mas, ah, quem me dera pôr as mãos em uns equipamentos de filmagem.

Uma enorme quantidade das minhas histórias, principalmente os trechos em primeira pessoa e os textos *bebop*, foram escritos tendo a performance em mente. Ainda me recordo de antigamente, lá nos anos 1950, procurar alguma porcaria para usar em testes de atuação. Há um limite para o que se pode fazer com "Ain't I a Woman", de Sojourner, e para as tentativas de reescalar Medeia como uma bruxa do pântano de New Orleans. Faz bem ao meu coração ter Ruby Dee me abordando — o que ela dá conta de fazer, aquela amazona de pequenas proporções — por ter escrito coisas como "Witchbird", uma história sobre uma mulher madura, como dizem nas propagandas de moda, cansada de ser escalada para o papel de mãe-preta. Comecei várias peças, em grande parte porque não consigo conceber a ideia de ver irmãs como Rosalind Cash, Gloria Foster, Barbara O. Jones — a lista é longa — forçadas a atuar em porcarias ou sem receber roteiro nenhum. Mas acho que vou passar a produzir filmes, porque quero fazer do jeito certo. Quero escrever um roteiro de *Marie Laveau* para Barbara O. Jones e outro de *Harper's Ferry* com o elenco correto de personagens — Harriet Tubman, Mary Ellen ou Mammy Pleasants, Frederick Douglass, os irmãos e irmãs da Virgínia esperando para serem armados. Você não consegue visualizar Verta Mae, Maya Angelou, William Marshall e Al Freeman Jr. em um filme como esse?

Meus interesses evoluíram, mas minha datilografia não melhorou em nada. Não tenho mais paciência para me sentar na solidão do meu quarto dos fundos, apenas comigo mesma, solitária, escrevendo um livro atrás do outro. Me sinto muito mais em casa com uma equipe, trocando ideias, reunindo recursos e repassando informações. Meu principal interesse no momento é fazer filmes.

C.T.: Vamos dar uma olhada neste trecho da resenha de *Gorilla, My Love*, publicada pelo jornal *The New York Times*:

> *Gorilla, My Love*, de Toni Cade Bambara, é um dos poucos livros publicados recentemente por autores negros que preenche os requisitos da citação de Yeats: "Apenas aquele que não ensina, que não berra, que não condescende e que não explica é irresistível". Estou cansado de receber gritos, condescendência, assédio e antagonismo de escritores negros. Se comprei seus livros é porque estou disposto a lhes dar minha atenção. Se gastei 6,95 dólares para "ouvir" o que eles têm a dizer, me desgosta que me digam que sou um palmito insensível e arrogante que não lhes dá ouvidos. Toni Cade Bambara me ensina mais sobre o que é ser negro através de suas histórias de amor calmas, orgulhosas, bobas, ternas, modernas e perspicazes do que qualquer outra literatura criada apenas com o intuito de gerar polêmicas. Ela escreve sobre o amor: o amor de alguém por sua família, por seus amigos, por sua raça, por sua vizinhança. E é o tipo de amor que vem com a maturidade e a paz de espírito.
>
> C.D.B. Bryan
> *The New York Times Book Review,*
> 15 de outubro de 1972

BAMBARA: Eu me lembro de ter achado engraçado esse comentário sobre ele ser antagonizado por autores negros. Houve outros críticos brancos que ficaram loucos porque não os pentelhei, porque não pareci lhes dar a devida atenção. Que diabo foi isso? Porém, as respostas que importaram foram as que chegaram nas cartas ou nas críticas em periódicos como *Freedom Ways* e *First World* e aquela resenha maravilhosa — ela foi tão mais bem escrita e pensada do que meu livro — que Michele Russell fez de *Sea Birds* no *The New American Movement.* As crianças ainda escrevem e me ligam a respeito do livro da Doubleday, *Tales and Stories for Black Folks*, o que me convenceu de que elas são boas leitoras, e não os casos perdidos da educação compensatória que seus professores juram que elas são. E, de vez em quando, alguma mãe bota as mãos nos meus ombros, do modo como Alice Childress fez há uns dez anos — um toque que ainda ressoa, por sinal —, e diz: "Filha, o que você tentou fazer com *The Black Woman* foi ótimo. Tente de novo".

Tenho muita sorte por meus leitores não serem anônimos e receber deles um feedback mais pessoal. Encontro leitores no ônibus, na lavanderia, em palestras, no boteco, caramba, praticamente em todo lugar. Recebo cartas, ligações, resenhas aqui e ali e, de quando em quando, até apareço no jornal da CLA ou da MLA.[6] Isso me faz seguir em frente. Já me disseram, é claro, que a minha polêmica política está destruindo seja lá qual dom para a narrativa e para conjurar personagens eu tenha, ou que minha obra é muito suave e trata demais das pessoas comuns e que eu deveria abordar "grandes" figuras e "grandes" eventos revolucionários, ou que é um prazer ler sobre meus homens e minhas mulheres, que não parecem estar botando o dedo na cara um dos outros, ou que não sou destemida o suficiente, raivosa o suficiente contra o comportamento sexista na comunidade. Claro, todos têm uma história que eu deveria escrever para eles. Eu agradeço todos os feedbacks. Isso me motiva a continuar. Então, em primeiro e em último lugar, não estou nem um pouco preocupada se os críticos brancos estão à vontade ou

6 Siglas em inglês da Associação Linguística das Faculdades e da Associação Linguística Moderna. (N. T.)

se eles se sentem constrangidos com a minha obra. Já me disseram que essa atitude é uma tolice da minha parte. Mas embora eu possa não ser muito sagaz no que diz respeito à minha "car-rei-ra li-te-rá-ria", sou bem séria sobre a existência de uma obra minha no mundo. É um lugar muito grande, esse mundo. Há leitores de verdade por aí afora que não se guiam pelo *The New York Times*. E, é claro, há milhões bem aqui na nossa comunidade que não leem livro nenhum. E tudo bem. Eu sigo adiante e continuo fazendo meu trabalho. Tento me manter centrada e não ser envenenada, ou intoxicada, como dizem, com seja lá que sucesso eu tiver.

C.T.: Quem influenciou sua escrita?

BAMBARA: Minha mãe. Ela fazia as palavras cruzadas do *The New York Times* e do *The London Times*. Ela lia livros. Construía estantes para eles. Queria ter sido jornalista. Ela me deu permissão para refletir, para sonhar acordada, para devanear. Minha lembrança mais indelével de 1948 é dela se aproximando de mim, no meio do chão da cozinha, a minha cabeça nas nuvens, o lápis no papel, e passando o pano ao meu redor. Minha mãe havia estado no Harlem durante o Renascimento.[7] Costumava ir à Dark Tower, à Renny,[8] ia ouvir Countee Cullen, ver Langston Hughes perto de Mt. Morris Park. Ela achava maravilhoso que eu pudesse escrever coisas que quase faziam algum sentido. E costumava me levar andando até a esquina da Sétima Avenida com a Rua 125 e mostrava a oficina onde J.A. Rogers, o historiador, fazia um livro atrás do

7 Movimento cultural que aconteceu na década de 1920 no bairro nova-iorquino do Harlem, conhecido como centro da comunidade negra na cidade. (N. T.)

8 Edifícios que, na época, serviram como importantes salões de festa. (N. T.)

outro. Ela costumava me levar até a Speaker's Corner[9] para ouvir as pessoas. Claro, se estivessem falando sobre "coisas de religião", ela continuava andando. Mas se estivessem conversando sobre sindicatos ou sobre raça, nós nos demorávamos na esquina.

Não fui criada na igreja. Descobri o poder da palavra com os palestrantes na Speaker's Corner — sindicalistas, o Povo do Templo, como antigamente chamávamos os muçulmanos, seguidores de Father Divine, pan-africanistas, abissínios, como então chamávamos os rastafáris, comunistas, o pessoal da Ida B. Wells. Costumávamos ouvir Wings Over Jordan no rádio, e eu cheguei a ir a uma ou outra catequese ao longo dos anos, me mudando do distrito para o interior e depois para a cidade, mas os sermões que ouvi na Speaker's Corner quando criança, pendurada no braço da minha mãe, ou quando criança, mas já um pouco maiorzinha, e depois como adulta, todos eles me impactaram muito. Foram aqueles oradores, dotados de talento maravilhoso e prolixidade extravagante, que me prepararam para coisas como Charlie Cobb, Howard Thurman, Revun Doughtery e a voz muito, mas muito poderosa de Bernice Reagon.

Meu pai costumava me levar ao Apollo Theater, que tinha o melhor público do mundo, com a possível exceção do pessoal que se reúne da Rua Henry para as peças de Woodie King no New Federal Theater. Lá no Apollo aprendi que, se você vai se definir como um comunicador, é melhor ser bom, porque os padrões da nossa comunidade são altos. Eu costumava passar um tempo com o meu irmão e meu pai na barbearia Peace, lá no território de Divine,[10] ao norte

9 Local dedicado a qualquer pessoa que deseja discursar sobre qualquer assunto. O original se encontra no Hyde Park, em Londres, Reino Unido, mas existem várias outras no mundo, como essa, nos Estados Unidos. (N. T.)

10 Área no Harlem ao redor da igreja do Father Divine. (N. O.)

de onde morávamos, e foi ali que eu aprendi a ser uma boa contadora de histórias. Claro, os botecos em que eu costumava passar o tempo quando deveria estar passeando com o cachorro do vizinho ou indo à biblioteca me ensinaram mais sobre a tradição oral e nossos altos padrões que governam o rap do que os livros.

Os músicos dos anos 1940 e 1950 determinaram minha voz, meu ritmo e meu tom. Eu cresci cercada de meninos que carregavam estojos de trompas e meninas que mal podiam esperar para que suas pernas crescessem e elas pudessem alcançar os pedais do piano. Cresci na cidade de Nova York, o paraíso do *bebop*, e ainda é a música que impede aquele lugar de afundar. Aprendi mais com Bud Powell, Dizzy, Y'Bird, Miss Sassy Vaughan sobre o que pode ser comunicado, o que pode ser ensinado por meio da estrutura, do tom, do senso metronômico e da pura ousadia do que com qualquer professor de linguagem artística, com qualquer livro. A voz predominante da minha obra é o *bop*. Obras como "The Survivor" [*Gorilla*] e outras que não me vêm à mente agora porque nunca consigo pensar em títulos mostram que posso trocar de linguagem e mudar de instrumento sempre que quiser. E desde que me mudei para o Sul, expandi meu repertório para incluir um pouco do idioma gospel. "The Organizer's Wife" [*Sea Birds*] e partes de *The Salt Eaters* sem dúvida estão mais próximas do gospel do que do jazz. A história que dá nome à última coletânea, "The Sea Birds Are Still Alive", não teria funcionado com *bop*, uma vez que ela se passa no sudeste asiático com um elenco de personagens asiáticos, europeus, sul-americanos, euro-americanos e um narrador que precisa permanecer o mais próximo possível da lente da câmera e ficar longe dessa miscelânea.

C.T.: Quem foram seus mentores?

BAMBARA: Houve uma boa quantidade de influências que me inspiraram e continuam a fazê-lo. Ainda estou na primeira marcha. Addison Gayle, por exemplo, um amigo e colega do início dos anos 1960, me incentivou a compilar um livro sobre a mulher negra, em vez de falar pelos cotovelos a respeito disso. Foi ele também quem me conseguiu um contrato para fazer o segundo livro, *Tales and Stories for Black Folks*. Não consigo me lembrar de quem foi que me encorajou a fazer resenhas para o *Liberator*, de Dan Watts, mas essa experiência com certeza impactou o que, como e por que eu escrevo. E conto também com o apoio que agora recebo da minha editora e amiga, Toni Morrison. Nem tenho palavras para expressar o que isso faz por mim. Ela vive me dando feedbacks sobre os textos que escrevo, dizendo coisas como: "Hmmm, isso está bom, garota". Isso me dá uma noção de onde estou e faz com que eu siga em frente.

Acho que minha maior influência agora, o que determina a forma e o conteúdo da minha obra, é a comunidade de escritores. Enquanto os críticos negros lamentavelmente me parecem estar ficando para trás, sem observar de forma adequada as tendências, sem interpretar e debater o valor dos produtos tanto para o profissional quanto para o público, sem dúvida existe um círculo, por assim dizer — não confundir com panelinha, roda ou mesmo uma escola de escrita. Mas os escritores pegaram suas carroças e as colocaram em um círculo, o que dá a cada um de nós algo em que recostar, algo em que se firmar. É a presença na cena de Gwen Brooks, Ron Milner, Alice Walker e Lorenzo Thomas que me ajuda a editar, por exemplo, que me ajuda a me reencontrar quando cometo um equívoco nos elementos do ofício — um lapso de voz ou do argumento, uma violação do arranjo espacial, um desvio do tema, uma desconexão com as tradições. Sou influenciada por Ishmael Reed, Quincey Troupe, Janet Tolliver, Lucille Clifton, Ianthe Thomas, Camille Yarborough, Jayne Cortez etc., pois eles representam uma gama de opções e me dão a ousadia de encarar abertamente meu lado ruim. A voz encontrada por escritores de outras comunidades — Leslie Silko, Simon Ortiz, Rudy Ananya, Sean Wong, Wendy Rose, Lawson Inada, Janice Mirikitani, Sarat Chandra etc. — também influencia meu alcance, minha confiança para canalizar nossas tradições, de fazer mais do que apenas vislumbrar nosso território. Quero tentar alcançá-lo.

A escrita é uma empreitada de uma solidão abismal. Ela nunca me fez viver maus momentos por si só. Amo fazer o que faço. Mas, para continuar fazendo isso, de vez em quando tenho que pedir um "toca aqui" em Pearl Lomax, Nikki Grimes, Victor Cruz, Toni Morrison ou Verta Mae, estando eles na distância desse cumprimento ou não. Acho que não damos o devido valor ao que significa a presença ou a ausência de certos nomes para manter uma pessoa desperta e cheia de vigor. Fico sempre chocada, horrorizada, com resenhistas e entrevistadores que não se dão conta de que isso não é um concurso e muito menos um torneio de popularidade. Há pouco tempo, um cara na televisão estava falando mais que a boca sobre como meu trabalho maravilhoso em comparação com a obra de Fulano ou de Beltrano, como se eu fosse ficar contente ao ouvir meus colegas sendo detonados. Precisei de um tempinho para conseguir tocar no assunto sem querer partir para cima dele. O argumento que estou tentando estabelecer aqui é que um mantém viva a escrita do outro. A literatura desta época crucial é um coro misturado.

C.T.: Poderia descrever seu processo de escrita?

BAMBARA: Não tenho uma rotina específica, assim como não existem duas histórias que me ocorrem do mesmo jeito. Eu costumo trabalhar em cinco ou seis coisas ao mesmo tempo. Em outras palavras, eu rascunho vários fragmentos e, na maioria das vezes, vou juntando-os sob um título provisório. O ato de me sentar e trabalhar é um pouco estranho para mim. Vou tagarelando, acreditando que estou seguindo em uma direção, só para me ver sendo arrastada para outra, ou às vezes ser totalmente encurralada em um beco. Escrevo à mão, ou no que parentes e amigos chamam de hieróglifos perturbadores. Começo em um longo papel amarelo, com uma esferográfica bem suculenta, se for uma dessas obras *bop* de 6/8. Para obras mais lentas e estáveis, prefiro um papel branco de linhas grossas e uma caneta tinteiro. Costumo trabalhar nele e amassá-lo e jogá-lo várias vezes pelo cômodo antes de chegar à fase de datilografar. Eu odeio datilografar — odeio, odeio, odeio —, então as coisas são cortadas de modo impiedoso nessa fase. Daí meto a coisa toda em uma gaveta ou a afixo em um quadro de cortiça por um tempo, talvez leia para alguém ou para um grupo, recebo alguns feedbacks, pondero um pouco, depois deixo de lado. Então, quando um editor me liga para perguntar se tenho alguma coisa nova para mostrar, ou se percebo que minha mesa está apinhada, ou se algum leitor me manda uma carta perguntando: "Você ainda está respirando?", ou se preciso de uma grana, eu, de maneira muito zelosa, me sento, edito, datilografo e envio o material antes que ele me enlouqueça.

Eu perco muitas coisas. Ou seja, há um bocado de roteiros e histórias que foram jogados no lixo nas minhas mudanças, e eu me mudo muito. Minha amiga Jan estava narrando uma história que escrevi anos atrás e alguém perguntou: "Onde eu a encontro?". E eu que sei? Ela foi belamente datilografada, mas tinha vinte e quatro páginas.

Quem é que pode bancar a impressão disso? Ou ela vai acontecer ou não vai. Me parece que nada se perde para sempre. Além disso, não consigo acompanhar metade das coisas que acontecem na minha cabeça. É por isso que adoro estar em oficinas. Sempre há autores que ficaram travados, cujas fontes criativas secaram e que não fazem a menor ideia de para onde ir. Daí lá vou eu falar sobre essa ideia, sobre aquele cenário. Enfim, as coisas não se perdem de verdade.

A escrita de *The Salt Eaters* foi bizarra. Vou lhe poupar da saga dos começos, surtos e engasgos que durou um ano. Comecei com uma premissa muito simples — investigar possíveis modos de unir nossos técnicos do sagrado e nossas guerrilhas. Uma sociedade carnavalesca decide encenar uma antiga insurreição de escravizados em uma cidade dividida por greves não autorizadas, cortes na assistência social etc. As portas do inferno se abrem. Estou deslizando pelo papel, escrevendo sobre uma velha canção de Willie Bobo tocando no rádio e, quando dou por mim, meus personagens estão falando em outro idioma. As placas da rua estão mudando diante de mim. O terreno também muda, e então estou em algum lugar do Brasil, falando português. Devo mencionar que ainda não fui ao Brasil e que não falo português. Não entrei em pânico. Não era novidade para mim que coisas assim viessem de algum outro lugar. Escrevi correndo umas trinta páginas disso, então fui até a biblioteca para conferir. Tive que deixar o romance de lado duas vezes. Até que, um dia, eu estava dando uma caminhada na mata que um pessoal daqui chama de "jardim". Desabei junto da minha árvore favorita e disse: "Muito bem, pessoal, estou saindo da frente. Estou fora do caminho. Qual é a história que eu deveria estar contando? Me digam". E aí eu escrevi *The Salt Eaters*. Foi uma viagem encontrar o ponto de vista do narrador. Eu não queria uma simples testemunha, uma narrativa sem emoção. O autor onisciente nunca me atraiu; esse tipo de narrador presume demais. A primeira pessoa foi descartada porque estou interessada em grupos de pessoas. O narrador que participa só de vez em quando também foi rejeitado. Por fim, achei um lugar para me sentar, para ficar de pé e um modo de ser — o narrador como um meio através de quem as pessoas veem as histórias se desenrolarem, e a cidade contando o máximo possível de sua história.

Esse negócio de narrar é uma questão séria. Muitas vezes me perguntam: "Onde está seu narrador?". Também já ouvi: "Seu narrador é sempre muito reservado, a menos que a história seja em primeira pessoa". Durante boa parte do tempo, parece ser assim, porque o narrador se comunica através da mesma linguagem que as outras pessoas e se importa de modo genuíno com elas, então não há um distanciamento. Isso se adequa ao meu temperamento. Não fico confortável invocando pessoas para empurrá-las para lá e para lá feito peões. Eu as invoquei para poder escutá-las. Deixei que Virginia, a irmã em "The Organizer's Wife", viesse à tona porque eu queria saber como essas irmãs que fazem o tipo mais quieto soam por dentro. Sempre foram os alunos quietos, do interior, que fugiram do meu alcance na sala de aula. Quando eu voltar a lecionar, quero ser capaz de servi-los melhor do que antes, então tenho que tirar o narrador do caminho. Um modo de conseguir isso é fazer com que o narrador seja um amigo, seja confiável.

O trabalho em *The Salt Eaters* foi bem mais difícil. A narradora tinha que ser sagaz e usar diferentes vozes e linguagens para permitir que os outros personagens se expressassem. Há apenas duas partes no livro inteiro onde algo está sendo dito, visto, ponderado e não se dá nos termos particulares de algum personagem: a primeira é quando sabemos a história da Southwest Community Infirmary e da árvore que os anciões plantaram, para o caso de o edifício ser destruído — a princípio, essa parte era narrada pela árvore; ao reescrevê-la, fiz um dos loa[11] cantá-la... Ambos eram um exagero, dado tudo o mais que estava acontecendo no livro —, e a segunda é no café, durante uma tempestade, quando há um vislumbre do futuro de Claybourne. Originalmente, essa parte seria narrada pela chuva, mas isso também acabou sendo um pouco demais.

Estou sendo bem mais disciplinada e organizada no meu trabalho atual. Mapeei uma coletânea de histórias. Algumas contadas do ponto de vista de homens jovens, outras de homens idosos. Algumas se passam nos Estados Unidos, outras no Caribe. Uma é narrada por Pã. Sempre que eu vejo Nick Ashford, quero fazer um filme sobre Pã e resgatar esse irmão da má reputação que a antiga igreja cristã deu a ele. E outra é narrada por um anjo. Tenho dado mais regularidade aos meus hábitos, porque minha filha me perguntou quando vou voltar a trabalhar, se é que vou. Descobri que prefiro ficar em casa, então preciso dar a impressão de que estou trabalhando, sabe como é.

C.T.: O nome Hazel é recorrente em sua obra. Há algum motivo específico para tal? E ainda, a imagem de um gorila é um tanto curiosa.

BAMBARA: Quando ouvi esses sons pela primeira vez, "hei-zêl", minha mãe estava estirada no sofá, colocando chumaços de *witch hazel*[12] nos olhos. Eu pensei: "Hmmm, avelã de bruxa". Eu era afeita a bruxas, ainda sou, principalmente dessas que fazem o tipo descolada. E eu tive um cinto de avelãs presas com goma-laca. Mas

11 Espíritos da tradição haitiana do vodu. (N. T.)
12 No Brasil, a planta é chamada de hamamélis. (N. T.)

a combinação — *witch hazel* —, aquilo foi o pontapé inicial para mim. É uma palavra poderosa, "*hazel*", um sete, e o glifo que chamamos de "zê" é ancestral e poderoso. A crítica — talvez eu devesse dizer teórica da estética ou algo chique assim, para combinar com o estilo dela — Eleanor Traylor me chama de "srta. Hazel" e afirma que a srta. Hazel que conhecemos no conto "My Man Bovanne" é a consciência central de todo o cânone Bambara.

Quanto ao gorila, sempre tive carinho pelo termo. Ele aparece em "Raymond's Run" [*Gorilla, My Love*] e em "Medley" [*Sea Birds*] de modos diferentes. Em "Medley" ele indica o macho, mas a acusação é construída com afeição. Anos atrás, enquanto eu datilografava "Raymond's Run" para enviá-lo, notei que tinha colocado o menino para sacudir a cerca feito um gorila e pensei: "Ai, meu Deus, Cade! Que diabos você está fazendo? Que coisa mais pró-racista!". Continuei mexendo naquela passagem. Ela me deixava desconfortável, mas segui com ela mesmo assim. As pessoas me encheram o saco — "Isso lá é coisa que se diga de um jovem negro?" —, disseram que tinha contornos de King Kong, falavam que eu estava comparando o negro com um macaco e tudo o mais. E, de fato, isso é coisa que se diga? Elas têm razão. Eu estava errada. É muita audácia da minha parte esperar que meu idioleto cancele, suplante ou apague toda a rede de xingamentos racistas que transforma um determinado termo em um gatilho.

C.T.: Que impacto o movimento feminista teve nas mulheres negras?

BAMBARA: O que mudou em relação ao movimento feminista é o modo como o percebemos, o modo como as mulheres negras definem a expressão, o fenômeno e nossa participação nele. As organizações feministas brancas e burguesas capturaram a arena, a atenção da mídia e a imaginação do país. No passado, fomos treinadas para equiparar todo o fenômeno à nossa pauta, às nossas preocupações, à análise apenas daquelas organizações visíveis e audíveis. Mulheres negras e outras mulheres racializadas acabaram reconhecendo que o movimento é muito mais do que umas poucas organizações. É exatamente o que a palavra sugere, uma movimentação da mente.

Todos contribuíram para as mudanças na mentalidade e no comportamento. Todos foram afetados por essas transformações, homens, mulheres e crianças, aqui e no exterior. Nós, mulheres não brancas, agora estamos mais inclinadas a falar sobre as parteiras negras e as curandeiras das várias comunidades quando conversamos sobre assistência à saúde em vez de presumir que temos que organizar coletivos de saúde feminina do mesmo modo que mulheres brancas fizeram. Ao organizar, coletivizar, pesquisar e elaborar estratégias ficamos bem menos apreensivas do que estávamos há uma década. Estamos mais propensas a confiar nas nossas próprias tradições, seja lá que nome demos e agora damos a esses impulsos, esses grupos, essas pautas, e estamos menos inclinadas a pensar que temos que soar e construir como esses grupos de mulheres brancas que se identificam como feministas ou como grupos de direitos das mulheres. Ainda há muito trabalho a ser feito no que diz respeito à construção de ligas de proteção nas nossas comunidades — organizações que falem sobre a segurança física/psicológica/espiritual/econômica/política/criativa e o desenvolvimento das nossas irmãs. Além disso, é preciso construir pontes entre as irmãs da diáspora africana e as demais irmãs não brancas. Não sou enérgica opositora de coalizões entre negras e brancas;

há algumas delas que dialogam com nossos interesses, mas eu, pessoalmente, não estou preparada para investir minha energia nesse tipo de trabalho. Há várias outras alianças, tanto na comunidade negra quanto nas comunidades não brancas, tanto aqui quanto no exterior, que me parecem muito mais importantes.

C.T.: Sobre *For Colored Girls* e *Black Macho*...

BAMBARA: Antes de entrarmos nas contendas e respostas críticas, eu ainda estou interessada em saber o que raios o editor ou a editora de Wallace na Dial Press achou que estava fazendo. Há um livro maravilhoso dentro de *Black Macho*. É a história de uma jovem que começa a ver as mulheres da sua família de um novo modo, que vem lá de Sugar Hill[13] a tempo de pegar a parte final dos anos 1960, que experimentou a vida de um modo tão... ah, sei lá de que modo, para afirmar que as mulheres negras nunca escutaram umas às outras — ah, me sinto mal por ela —, que vê limitações no movimento negro e tenta achar um lar no movimento feminista. Há um bom livro ali dentro. Só que ele acabou soterrado por aquele que foi publicado. Mas eu, por exemplo, estou satisfeita com o livro que temos, apesar de todas as suas inconsistências e limitações. Ele escancarou uma questão que muitos de nós gostaríamos de ignorar, de deixar apodrecer. Isto é, as perversidades de poder e as insanidades degradantes nas quais nos vimos envolvidos ao encenar a ópera cômica homem-mulher. O livro nos desafia a avaliar o custo do machismo para a comunidade. Também é um desafio às

13 Um sub-bairro do Harlem. (N. T.)

irmãs que não retrocederam nos anos 1960, que não acharam que a omissão era/é a nossa posição, que continuaram seguindo em frente para poder elucidar as coisas.

Li resenhas de *Black Macho* e de *For Colored Girls*, de Shange, ouvi ambos serem discutidos nas universidades, nas prisões, em salões de beleza, nas cooperativas alimentares, em conferências, em ônibus, onde for. Ouvi ambas serem chamadas de "feministas odiosas" e vi o feminismo ser igualado à raiva aos homens, ao desequilíbrio mental, à traição. Também ouvi discussões igualmente passionais sobre como os livros promoveram questionamentos fervorosos sobre a dinâmica do sexismo, da misoginia e da ginofobia, e sobre a teoria e a prática do subdesenvolvimento das mulheres, de forma sistemática ou individual, baseadas na premissa de que elas são inferiores, perigosas, indignas de igualdade e respeito. Já participei de discussões sobre como eles levaram muitas irmãs e irmãos à conclusão de que não basta se colocar contra o sexismo; temos que estimular uns aos outros a defender o feminismo, a encorajar e a preparar, de forma sistemática e individual, nossas mulheres a se empoderarem em todas as esferas.

Claro, se o covarde pode reduzir Shange e Wallace — eu odeio colocar as duas no mesmo balaio, pois vejo tão poucas semelhanças — a um estereótipo de velhas negras megeras, por que então ele se safa de ter que lidar com o alarme que alguém está soando, com a complexidade que alguém está retratando, com o desafio, com a exigência de mudar? O covarde tenta estereotipar pela mesma razão que qualquer outro frouxo assim o faz. Isso o livra do fardo de pensar, de debater com a vitalidade de mulheres vivas e reais, observadoras da vida real que lidaram com problemas vivos e reais. A raiva, o desânimo, a decepção ou a pura perplexidade que muitas mulheres vivenciam no arranjo homem-mulher é algo com que todas teremos que nos acostumar a expor. As mulheres não vão se calar. Nós nos importamos demais, creio eu, com o desenvolvimento de nós mesmas e dos nossos irmãos, pais, amantes e filhos para negociar uma paz de mentirinha.

Fui convidada a contribuir na *The Black Scholar*[14] para responder a um artigo que Robert Staples escreveu sobre as chamadas escritoras negras feministas raivosas. Recusei. Não me pareceu certo. Após ler o artigo de Staples, eu só chorei por aquele irmão, sabe? Quer dizer, caramba, por onde foi que ele andou? Li os outros artigos. Sarah Fabio como sempre me deixou sem chão. Por fim, pensei comigo mesma, por que procurar minhas irmãs para comentar toda vez que algum irmão quiser dar sua opinião sobre o assunto? Deixem Kalamu Ya Salaam responder. Enviem uma cópia da *The Black Scholar* para Peter Harris, para Haki [Madhubuti] ou algum outro irmão desse país que esteja tentando organizar uma conferência sobre irmandade/masculinidade. Eles têm que assumir a responsabilidade pela elucidação de seus irmãos. A essa altura, nem mesmo sei se há alguma coisa que as irmãs possam dizer a eles, entende?

A coisa está ficando um pouco maluca. Há irmãos rosnando para *Sula* porque a protagonista assume todas as prerrogativas masculinas, aquela megera ousada. Se uma irmã tivesse escrito *Jane Pittman*, teria havido o maior furor por aquele trecho em que a irmã está ali, depois de Fulana ser estuprada, cuspindo para os homens: "Droga, será que vocês homens, só uma mísera vez [...] não podem só [...] não fiquem aí parados feito uns burros idiotas

14 Primeira publicação acadêmica voltada à produção de pessoas negras. (N. T.)

[...] pelo amor de Deus [...] será que os homens não conseguem fazer nada [...] vão pegar a lanterna". Se uma irmã tivesse escrito metade das obras de Ousmane Sembène, haveria um debate incessante sobre sexismo reverso: por que o heroísmo é sempre protagonizado por mulheres? Por que as mulheres de *God's Bits of Wood* são mais corajosas que os homens? Escute o que estou dizendo, qualquer mulher que falar sobre política sexual vai se tornar um alvo, ao menos neste momento.

Seja qual for o caso, estou feliz por Ntozake. Ela tem vigor, talento e lirismo, e desejo tudo de bom a ela. Espero que ela tenha boas pessoas ao seu redor, pessoas que vão ajudá-la a ficar no caminho certo, e torço para que não a joguemos para fora da estrada, nem da beira de um precipício. *Black Macho* é a única obra de Wallace que conheço. Acho que ela nos trouxe coisas boas. Desejo tudo de bom a ela, e espero que venha a ser bem mais cautelosa e perspicaz na próxima vez que for publicar um livro e perceber que certas pessoas vão tentar jogá-la aos lobos.

Acho que estou ficando velha. Uma amiga leu minha resenha de *Black Macho* no *The Washington Post* e me jogou na cara: "Cinco anos atrás, você a teria crucificado. Teria feito picadinho desse livro há dez anos. Você teria blá, blá, blá...". Sei lá. Alguns escritores que entraram recentemente na Oficina de Escritores Pamajo estavam dizendo como é revigorante ir à nossa reunião, que lá as pessoas não falavam umas por cima das outras a cada segundo, discutindo a correção ideológica dessa ou daquela vírgula. Eu sabia o que aquilo significava. As pessoas precisam ter *permissão* para escrever, precisam ter espaço para respirar e para tropeçar. Precisam de tempo para se desenvolver e para revelar o que podem fazer. Estou aguardando os próximos romances de Gayl Jones, para poder avaliar se li os dois primeiros do jeito certo. Há uma irmã incrível na Oficina Pamajo, Joyce Winters, e mal posso esperar para ler o que ela vai fazer daqui a cinco, dez anos. Não sou a favor de expulsar as pessoas da roda só porque elas deixam alguns de nós desconfortáveis. Não existem solistas; isso é improvisação de grupo. A literatura deste momento é criada partir de um monte de vozes. Fico muito feliz por Shange estar no circuito, e vou ficar feliz quando a poeira baixar e pudermos adentrar *Black Macho* e escavar os fragmentos que podem nos ajudar a reconstruir, a fazer mudanças sérias em posturas e em ações. A verdade é que um monte de organizações nos anos 1960 se atrapalharam, se desmantelaram e desperdiçaram um monte de recursos no processo, o que aconteceu por causa do ego, dos caprichos e do drama masculino. Essa história precisa ser contada. Se Wallace tivesse sido parte do movimento negro, não duvido de que ela teria tido a valentia e as informações para fazê-lo. É preciso que isso seja dito. Não podemos continuar desperdiçando uns aos outros. Há uma guerra sendo travada.

C.T.: Que conselho você daria a jovens escritoras?

BAMBARA: Bom, há um monte de conselhos que devo dar a mim mesma e que venho tentando receber de outros, então vou colocá-los aqui.

Escritores precisam formar oficinas, coletivos, sindicatos e associações por uma série de motivos. Primeiramente, não é divertido ficar sozinho com tanta frequência. Em segundo lugar, há um bocado de coisas que os escritores precisam saber sobre mercado, direitos autorais, marketing, gerenciamento de dinheiro, taxas, o ofício em si etc., o que pode ser dominado com mais facilidade se as pessoas trabalharem juntas. Por fim, escritores se ferram a torto e a direito no mercado porque somos representados de forma individual, mas coletivos literários podem ter tanta influência nos conselhos de arte dos municípios, dos estados e da administração federal quanto companhias de dança e orquestras.

Encare o ofício da escrita de forma profissional. Você pode ser roubado e pode se perder. Assim como músicos precisam fazer algumas aulas de direito — sem contar de caratê e de tiro ao alvo, dada a natureza imunda da indústria da música —, os escritores também precisam desglamourizar o mercado editorial e estudar marketing, distribuição, produção gráfica. O processo todo, incluindo encadernação.

Leiam muito e vão para as ruas. Um escritor que não acompanha o que acontece por aí não vai conseguir se destacar.

Esses basicamente são os conselhos que recito a mim mesma pelo menos uma vez por mês. Eu me obriguei a organizar uma oficina, embora odeie rotinas, e acompanho de perto o desenvolvimento da SCAAW, o Coletivo Sulista de Escritores Afro-Americanos, mesmo que isso signifique que nem sempre posso aceitar um trabalho fora da cidade, porque sei que vou tentar manter tudo organizado para os jovens escritores, ainda que eu não faça isso por mim mesma.

Vozes Negras

Gwendolyn Brooks

Gwendolyn Brooks foi a primeira mulher afro-americana a receber o Prêmio Pulitzer de Poesia, em 1950, por Annie Allen. *Nascida em 1917, em Topeka, Kansas, cresceu em Chicago. Em 1936, Brooks se formou no Wilson Junior College, e, em 1939, casou-se com Henry L. Blakeley, e juntos criaram dois filhos.*

A fama de Brooks se baseia na habilidade técnica e nos retratos autênticos de pessoas negras. Os críticos frequentemente rotularam seus primeiros trabalhos de "intelectuais e sofisticados". Isso inclui A Street in Bronzeville *(1945),* Annie Allen *(1949),* Maud Martha *(1953),* The Bean Eaters *(1960) e* Selected Poems *(1963). Em muitos aspectos, eles estavam corretos. Alguns poemas dessas coleções são muito complexos e exigem leituras textuais minuciosas, a fim de se apreciar a execução hábil que Brooks faz de técnicas complicadas. Apesar dessas qualidades "acadêmicas", ela sempre focou nas agruras daqueles que viviam ao seu redor.*

Depois de 1967, o trabalho de Brooks adquiriu tom e visão renovados. As obras dessa fase incluem In the Mecca *(1968),* Riot *(1969),* Aloneness *(1971),* Family Pictures *(1971), a autobiografia* Report from Part One *(1972),* The Tiger Who Wore White Gloves *(1974),* Beckonings *(1975) e* Primer for Blacks *(1980).* Aloneness *e* Tiger *são versos para crianças. Essas obras foram escritas especificamente para todas as pessoas negras. Brooks era conhecida por testar sua própria relevância, assim como suas habilidades de comunicação, fazendo leituras em bares e em outros locais públicos.*

Gwendolyn Brooks faleceu em 2000, aos 83 anos. Ao todo, suas obras somam mais de 20 títulos, a maioria deles de coletâneas de poesias. Desde 2013, é celebrado anualmente no dia 7 de junho, nascimento de Brooks, o BrooksDay, em celebração ao legado da artista.

Entrevistando Brooks

CLAUDIA TATE: Você separa seu trabalho em duas categorias distintas: pré e pós-1967. Poderia repassar os eventos desse ano da transição?

GWENDOLYN BROOKS: Em 1967, conheci alguns "jovens negros" que pareciam muito diferentes dos que eu vinha encontrando nas minhas viagens aos campus universitários. Eu vinha conhecendo alguns jovens bastante indolentes e ignorantes. Lamento dizer que muitos jovens estão voltando agora para aquela velha moleza, mas há uma diferença. Eu tenho mais esperança neles agora do que costumava ter, porque não consigo nos imaginar voltando ao temperamento dos anos 1950. Depois do que aconteceu no final dos anos 1960, simplesmente não consigo nos ver dormindo no ponto. Mas estou me adiantando. Conheci alguns desses jovens em uma conferência de escritores negros na Universidade Fisk, em 1967. Eles pareciam orgulhosos e muito engajados com seu próprio povo. E eu fiquei fascinada por eles. Voltei para Chicago, ainda ruminando o que eles haviam me dito. Os poetas entre eles sentiam que os poetas negros deveriam escrever como negros, sobre negros e se direcionar *aos* negros. Eu nunca tinha pensado muito sobre isso. No entanto, se você pegar alguns dos meus livros mais antigos, verá

Eu acredito em pessoas negras escrevendo sobre a vida dos negros.

que eles parecem sugerir que eu poderia ter essa mentalidade. Mas eu não estava escrevendo de forma consciente, não escrevi pensando que as pessoas negras *deveriam se direcionar* aos negros, *deveriam escrever* sobre os negros. Muitos desses trabalhos iniciais foram dirigidos aos negros, mas aconteceu de forma involuntária.

Quando cheguei em casa, havia um telegrama de Oscar Brown Jr. sobre a mesa de jantar, me pedindo para assistir à pré-estreia de um musical que ele tinha desenvolvido com talentos dos Blackstone Rangers.[1] Fui e fiquei eletrizada. Elogiei o espetáculo e perguntei para Oscar se havia escritores entre os dançarinos e cantores. Ele me contou que havia alguns jovens no grupo que queriam me mostrar seus escritos. Então resolvi ministrar uma oficina para alguns dos Rangers. Haki Madhubuti (que na época era Don L. Lee) participou da oficina, assim como Mike Cook e Johari Amini (anteriormente, Jewel C. Latimore). Walter Bradford, que agora é um escritor altamente respeitado de Chicago, me ajudou a coordenar os Rangers, trabalhando entre eles

1 A Almighty Black P. Stone Nation foi uma gangue de rua de Chicago, fundada no fim dos anos 1950 com o nome de Blackstone Rangers. Na sua origem, como uma organização comunitária para jovens negros na área de Woodlawn, no sul de Chicago, o grupo evoluiu entre 1961 e 1963 para se tornar uma das gangues mais perigosas e poderosas da cidade, identificando-se como um grupo nacionalista negro e envolvida com crimes de rua e tráfico de drogas. (N. E.)

como um organizador adolescente. Walter não era adolescente; tinha vinte e tantos anos naquela época. Então aqueles "pequenos Rangers" apenas se sentavam lá e olhavam para mim. Jamais me esquecerei daquele primeiro encontro. Eles não sabiam do que eu estava falando. E por que saberiam? Mesmo assim, nós trabalhamos. Os Rangers se afastaram depois de algum tempo, mas eu não queria perder o contato com eles. Pedi para Walter que começasse sua própria oficina com eles e a financiei. Comprei livros, dicionários e várias revistas para eles. Paguei a Walter durante um ano para ministrar a oficina e foi um grande sucesso.

Nesse meio-tempo, um segundo grupo de jovens começou a se reunir na minha casa, como se estivéssemos em uma oficina, e foram eles que mudaram a minha vida. Eles conversavam sobre todos os tipos de coisas que estavam acontecendo aqui em Chicago. Coisas sobre as quais eu não sabia quase nada: Haki me apresentou a livros como *The Rich and the Super-Rich* [de Ferdinand Lundberg], que me ensinou muito sobre a repressão e a opressão que estão acontecendo nesta sociedade. Haki exerceu uma grande influência no meu pensamento. Enquanto grupo, nós, as pessoas da "oficina", fizemos muitas coisas interessantes. Saímos e recitamos nossos poemas no Malcolm X Park. No final dos anos 1960, os negros colocaram uma placa e renomearam o Washington Park a fim de homenagear Malcolm. Era o *nosso* parque, não o parque do "Washington". Íamos a um bar e começávamos a recitar poesias. Haki geralmente nos levava lá para dentro e dizia: "Olha, galera, vamos colocar um pouco de poesia em vocês". Então começava a recitar seus poemas, que eram sempre muito relevantes. Poesia relevante era o único tipo que você poderia levar para essas situações. Aquelas pessoas não estavam lá para ouvir

"Poesia" escrita com P maiúsculo. O tipo de poema que eu poderia recitar naquela atmosfera era o meu poema curto, "We Real Cool". Mais tarde, quando a atmosfera tivesse sido estabelecida por alguns dos outros, que traziam poemas curtos, diretos e animados, o público teria sido "amaciado" e estaria *pronto* para ouvir algo meu com mais duração, como "The Life of Lincoln West".

Como eu disse, estou tentando criar novos formatos, tentando fazer algo diferente. Estou tentando escrever o tipo de poema que poderia ser apresentado em um bar, em uma esquina. Eu sempre gosto de usar o bar como cenário para os meus recitais. Eu também visito penitenciárias. Vou para qualquer uma nas redondezas que me convide. Os prisioneiros ficam muito felizes por você prestar atenção neles. É muito gratificante trabalhar com eles. Muitos internos me enviam seus trabalhos. E, há algum tempo, participei de um concurso de escrita na Green Haven Correctional Facility, em Stormville, Nova York. Foi ótimo. Os prisioneiros gostaram. *Eles* eram os juízes.

C.T.: Seus trabalhos anteriores, *A Street in Bronzeville* e *Annie Allen*, não parecem focar no aumento da consciência política. Seus trabalhos mais recentes tendem a lidar de forma mais direta com esse assunto?

BROOKS: Bom, deixe eu dar uma olhada no sumário de *A Street in Bronzeville*: "of De Witt Williams on his way to Lincoln Cemetery", "The Sundays of Satin-Legs Smith"... Muitos dos poemas, tanto nos meus livros novos quanto nos antigos, são "politicamente conscientes". Sugiro que você os releia. Sabe, quando você diz "político", tem que ser taxativa, de fato. Você nem sempre pensa em Andrew Young e nos comentários dele sobre a África, por exemplo. Eu tento retratar em "The Sundays of Satin-Legs Smith" um jovem que nem sabia que era uma ferramenta da classe dominante, que não imaginava que sua vida estava sendo comandada por ela, do seu nascimento, ou até mesmo antes dele, até a morte. Como eu digo nesse poema: *"Here are hats/ Like bright umbrellas; and hysterical ties/ Like narrow banners for some gathering war"*.[2] Este livro foi publicado em 1945 e, mesmo assim, eu pude sentir, embora não com muita clareza ou com grandes detalhes, que o que estava acontecendo conosco nos faria entrar em erupção em algum momento posterior.

C.T.: Eu estava falando da postura aberta, assertiva e militante que encontramos na "nova poesia negra" do início dos anos 1970. Algum de seus primeiros trabalhos assume essa postura, esse tom?

BROOKS: Sim, senhora. Estou batalhando um pouco por mim mesma aqui, mas não demais, porque certamente não escrevi nenhum poema que soe como "Don't Cry, Scream", de Haki, ou qualquer outra coisa como "The True Import of Present Dialogue, Black vs. Negro", de Nikki [Giovanni], que começa assim: *"Nigger/ Can you kill/ Can you kill?"*.[3] Mas estou batalhando um pouco por mim mesma porque acredito que é preciso ter certa paciência para se sentar e descobrir que em 1945 eu estava dizendo o que muitos jovens só disseram nos anos 1960. Mas tudo está embolado em uma linguagem assim:

2 "Aqui estão chapéus/ Como guarda-chuvas brilhantes; e gravatas histéricas/ Como bandeiras estreitas de alguma guerra em formação." (N. T.)

3 "Crioulo/ Você consegue matar/ Você consegue matar?". *Nigger* é um termo em inglês de forte teor racista. (N. E.)

The pasts of his ancestors lean against
Him. Crowd him. Fog out his identity.
Hundreds of hungers mingle with his own,
Hundreds of voices advise so dexterously
He quite considers his reactions his,
Judges he walks most powerfully alone,
That everything is — simply what it is.[4]

Ou um pouco antes no mesmo poema:

Since a man must bring
To music what his mother spanked him for
When he was two: bits of forgotten hate,
Devotion: whether or not his mattress hurts:
The little dream his father humored: the thing
His sister did for money: what he ate
For breakfast — and for dinner twenty years
Ago last autumn: all his skipped desserts.[5]
— "The Sundays of Satin-Legs Smith"

4 "O passado de seus ancestrais se encosta/ Nele. Cerca-o. Encobre sua identidade./ Centenas de fomes se misturam com a sua,/ Centenas de vozes aconselham com tamanha destreza/ Ele realmente considera suas reações como dele,/ Julga que ele caminha mais poderosamente sozinho,/ Que tudo é — simplesmente o que é." (N. T.)

5 "Uma vez que um homem deve trazer/ Para a música o motivo de a mãe o ter espancado/ Quando ele tinha dois anos: fragmentos de ódio esquecido,/ Devoção: quer seu colchão machuque ou não:/ O pequeno sonho que seu pai acalentava: a coisa que/ Sua irmã fez por dinheiro: o que ele comia/ No café da manhã — e para jantar vinte anos/ No outono passado: todas as sobremesas que ele deixou passar." (N. T.)

Em *Annie Allen*, escrevi:

Let us combine. There are no magics or elves
Or timely godmothers to guide us. We are lost, must
Wizard a track through our own screaming weed.[6]
— "XV"

Esse tipo de verso não é o que você levaria para um bar.

Os poetas dos anos 1960 eram diretos. Não há a menor dúvida. Sou uma grande defensora desses poemas. Eu os levo comigo, eu os leio junto da minha própria poesia.

Meus trabalhos expressam raiva e focam nela. Isso seria verdade para um poema como "Negro Hero" [*A Street in Bronzeville*] e "A Bronzeville Mother Loiters in Mississippi. Meanwhile, a Mississippi Mother Burns Bacon". O último poema é de *The Bean Eaters*, que foi publicado em 1960. Este livro foi um ponto de virada, "politicamente" falando, se você quiser usar essa palavra tão difamada. Foi tão marcante, na verdade, que ele teve dificuldade em ser analisado. Quando foi, recebeu uma excelente crítica de Robert Glauber, que era editor do *Beloit Poetry Journal*. Já Frederick Bock, que era crítico da *Poetry Magazine*, nos deu a entender que estava muito contrariado pelo que considerava uma tendência revolucionária no meu trabalho. Não me lembro se ele usou a palavra "revolucionário", porque, afinal de contas, era 1960. Ele disse que achava que eu era cruel. Ele não gostou de "Bronzeville Mother", muito menos de "The Lovers of the Poor". Na realidade, muitas mulheres brancas suburbanas odeiam esse último até hoje.

6 "Vamos combinar. Não há mágicas ou elfos/ Ou madrinhas oportunas para nos guiar. Estamos perdidos, devemos/ Fazer uma trilha pela nossa própria erva gritante." (N. T.)

Muitas mulheres estão notando agora que boa quantidade dos meus poemas é sobre mulheres. Não sei se você gostaria de incluir a raiva feminina nessa discussão, mas espero que você sinta raiva ao ler "Ballad of Pearl May Lee" [*A Street in Bronzeville*]. O eu lírico é uma pessoa muito enfurecida. Eu sei porque fiz uma autoavaliação sobre como eu me sentia. Por exemplo, por que diabos nossos homens preferiram a mulher branca ou aquela pigmentação que é a mais próxima possível do branco? Isso *tudo* é político.

C.T.: Sua poesia pós-1967 sugere um padrão negro de beleza?

BROOKS: Você se lembra de "at the hairdresser's", de *A Street in Bronzeville*?

Gimme an upsweep, Minnie,
With humpteen baby curls.
'Bout time I got some glamour.
I'll show them girls.

Think they so fly a-struttin'
With they wool a-blowin' 'round.
Wait'll they see my upsweep.
That'll jop 'em back on the ground.

Got Madam C. J. Walker's first.
Got Poro Grower[7] *next.*
Ain't none of 'em worked with me, Min.
But I ain't vexed.

7 Annie Malone, criadora do famoso Poro Hair Grower, e Madam C. J. Walker são pioneiras da indústria de beleza afro-americana. Malone ainda foi a responsável por criar o Poro College, primeiro centro norte-americano dedicado ao estudo e ensino

Long hair's out of style anyhow, ain't it?
Now it's tie it up high with curls.
So gimme an upsweep, Minnie.
I'll show them girls.[8]

Bom, eu o li junto a um poema recente chamado "To Those of My Sisters Who Kept Their Naturals" — cujo subtítulo é "Never To Look a Hot Comb in the Teeth" — e que está no *Primer for Blacks*. É por isso que estou lutando agora no meu trabalho, lutando por uma expressão *relevante* para todos os tipos de pessoas negras, poemas que eu poderia levar para um bar, para a rua ou para os corredores de um conjunto habitacional. Não quero dizer que esses poemas precisam ser simples, mas quero *elucidar* minha linguagem. Quero que esses poemas sejam livres. Quero que sejam diretos sem sacrificar os tipos de musicalidade, as imagens evocadas que sempre me interessaram. Não tenho medo de manter algumas sutilezas.

C.T.: Existe alguma desvantagem em promover a prática da crítica literária segregada? Os escritores negros devem prestar atenção apenas às críticas dos críticos negros?

de cosmetologia negra. A minissérie da Netflix *A Vida e a História de Madam C. J. Walker* apresenta de maneira inspiradora a jornada da empresária, trazendo à baila discussões importantíssimas sobre colorismo, luta de classes e racismo, além de desconstruir estereótipos historicamente associados às mulheres negras. (N. E.)

8 "Faça pra mim um penteado pra cima, Minnie,/ Com um monte de cachinhos./ Já era hora de eu ter algum glamour./ Vou mostrar pr'aquelas garotas./ Se acham tão incríveis/ Com seu jumbo soprando ao redor./ Esperem até ver meu penteado./ Elas vão cair pra trás./ Consegui primeiro o Madam C. J. Walker./ Consegui o Poro Grower depois./ Nenhum deles funcionou comigo, Min./ Mas não estou chateada./ Cabelo comprido está fora de moda, não é?/ Agora é amarrado bem alto com os cachos caindo./ Então me faça um penteado pra cima, Minnie./ Vou mostrar pr'aquelas garotas." (N. E.)

BROOKS: Como você vai forçar os críticos brancos a aprenderem o suficiente sobre nós? A maioria deles não tem interesse *nenhum* em nós ou no nosso trabalho. Então como você vai torná-los sensíveis?

C.T.: Concordo. Mas esses críticos estavam interessados nas obras das mulheres brancas antes de serem forçados a maneirar nas suas reações sexistas?

BROOKS: Não acho que os críticos brancos tenham muito interesse em escritoras brancas. Acredito que as pessoas brancas vão dizer o que quiserem sobre nós, se é certo ou errado, ou simplesmente não vão dizer *nada*, que, no que lhes diz respeito, é a outra forma muito eficaz de lidar conosco. Devemos ignorá-los. Não posso mais decretar que devemos enviar nossos livros apenas para editoras negras, embora isso fosse algo que eu adoraria dizer. Não tenho intenção nenhuma de entregar meus livros para outra editora branca. Mas sei que as editoras negras estão tendo muitos problemas. Muitas sumiram do mapa. Então não me sinto confortável dizendo: "Não envie seu trabalho para nenhuma editora que não seja voltada ao público negro". O que você vai fazer, enviar tudo para a Third World Press? Acredito que nós, pessoas negras, deveríamos criar mais editoras voltadas para o público negro.

Devemos colocar ênfase em nós mesmos, publicar o melhor que pudermos e não permitir que os críticos brancos influenciem o que fazemos. E se você acha que isso é uma afirmação vazia, eu conheço escritores negros que estão escrevendo de uma forma que, *eles acham*, permite com que eles sejam "aceitos" pelos "mensageiros" do mundo literário branco. Eles alteram seu linguajar, colocam palavras de grande sonoridade aqui e ali e tentam obscurecer seu significado, pensando que isso fará com que a elite literária branca os ame.

C.T.: E isso funciona?

BROOKS: Até certo ponto. Claro, esse tipo de "alisamento de cabelo" literário é sempre visto com desdém.

C.T.: Vamos falar um pouco sobre a "estética negra".

BROOKS: Estou muito cansada de ouvir sobre a "estética negra". Eu achava que essa expressão tinha sido descartada, que era uma das nossas perdas depois dos anos 1960. E eu estava feliz com essa perda. O que isso significa para você?

C.T.: O livro *The Black Aesthetic* [de Addison Gayle Jr.] sugere um método de escrita para autores negros que envolve imagens raciais positivas e consciência política acentuada.

BROOKS: Mas nós falamos sobre isso o tempo todo. Anunciar que vamos discutir a "estética negra" me parece uma perda de tempo. Eu tenho falado sobre negritude e pessoas negras o tempo todo. Mas se você precisa de uma resposta para essa pergunta, pode dizer que eu acredito em pessoas negras escrevendo sobre a vida dos negros. Existem muitos aspectos da vida das pessoas negras que precisamos aprofundar. Por exemplo, todo o tema da igreja precisa de mais atenção. Eu não estou falando apenas das irmãs de chapéus largos, gritando. Tem muita coisa acontecendo na igreja e alguém deveria falar sobre isso.

C.T.: Você disse mais cedo que as pessoas estão sempre acusando você de não ser religiosa.

BROOKS: Meu poema "the funeral" [*A Street in Bronzeville*] não sugere que tudo vai acabar bem. Espero que você ouça como esse poema clama para que façamos algo sobre a nossa situação *agora* e não dependamos de Deus ou do que quer que seja. Meu poema "the preacher" foi, de fato, acusado de ser profano, porque sugeri que Deus pode estar sozinho e cansado de olhar somente para baixo, em vez de olhar para o outro lado ou para cima. A queixa popular é que tudo que Deus faz está certo! Ele jamais poderia estar tão vulnerável a ponto de ficar sozinho e precisar de alguém para dar um tapinha em Seu ombro, puxar Sua orelha ou pagar uma cervejinha para Ele. Eu não consigo pensar em nada que tenha escrito que fale docemente sobre religião.

Minha mãe era "religiosa". Tanto ela quanto meu pai acreditavam em fazer o "certo". Minha mãe, que morreu aos 90 anos, era adepta da dignidade, da decência e do dever. E ela criou seus dois filhos para que seguissem esses mesmos ideais. Fomos ensinados a ser bondosos com as pessoas. A palavra "bondoso" descreve melhor o meu pai. Ele era bondoso e acreditava que as pessoas deveriam ser bondosas umas com as outras. Sua religião era a bondade. Meu pai não ia para a igreja, mas era mais gentil do que boa parte dos frequentadores. Então eu cresci achando que deveria ser simpática. Deveria ser boa. Cresci achando que deveria tratar bem as pessoas.

C.T.: George Kent disse em *Blackness and the Adventure of Western Culture* que sua poesia é intelectual e estruturada, que você escreve de forma sincera e a partir da experiência pessoal. A avaliação dele está certa?

BROOKS: Ele era um grande amigo meu. Estava sempre conversando comigo sobre a estrutura do meu trabalho e me dizendo que considerava o meu trabalho intelectual. Eu discordo. Não quero que as pessoas saiam por aí dizendo que o trabalho de Gwen Brooks é intelectual. Isso faz com que elas pensem em algo inacessível. Não deveria significar isso, mas acaba parecendo. Eu escrevo de forma sincera, com base na minha própria experiência e nas experiências de outras pessoas que observei. Muito cedo na vida, fiquei fascinada com as maravilhas que a linguagem pode realizar. E comecei a brincar com as palavras. O jogo com as palavras é aquilo pelo qual sou mais conhecida.

Sabe, eu gostaria de não ter nada a ver com os críticos. Eu gostaria de esquecê-los. Gostaria de esquecer os biógrafos. E eu realmente adorava George Kent! Mas devemos ter críticos negros, porque, caso contrário, os escritores negros desaparecerão.

C.T.: Você tem insistido que é uma poeta negra e não uma poeta que, por acaso, é negra.

BROOKS: A experiência cultural de ser afro-americana é essencial para o meu trabalho, mas eu me considero africana. Essa mudança de identidade provavelmente se situa, pelo menos de maneira oficial, em 1967, porque, antes disso, eu me considerava negra.

C.T.: Você acha que houve uma mudança de foco nos escritos recentes das mulheres negras, uma mudança do confronto com as forças sociais para os encontros íntimos entre homens e mulheres?

BROOKS: Tem muita coisa acontecendo nessa coisa de homem-mulher que me incomoda. Eu vivo dizendo que as mulheres negras têm alguns problemas com os homens negros e vice-versa, mas são questões de família. Esses problemas devem ser trabalhados dentro da família. Em nenhum momento devemos permitir que brancos, sejam eles homens ou mulheres, nos convençam de que devemos nos separar. Sei que há muitas separações acontecendo exatamente agora. E espero que isso pare. Não sei o que vai fazer isso parar. Talvez alguns poetas que escrevam bons poemas possam ajudar! Isso não passa de mais uma tática de desunião que vai acarretar muito mais sofrimento racial. As mulheres não vão ser grandes vencedoras por abandonarem seus homens negros e buscarem homens brancos para si mesmas ou para qualquer outra pessoa.

C.T.: Seu trabalho tenta registrar e, de certa forma, ordenar a experiência feminina negra?

BROOKS: Acho que sim, mas não acredito em me sentar e dizer: "Vou usar este poema como um veículo por meio do qual vou ordenar a vida das mulheres negras". Eu tenho uma ideia. Vejo algo acontecendo na rua ou alguém me conta alguma coisa. Ou esmiúço o meu íntimo e extraio alguma coisa que tento colocar no papel. Faço muitas anotações. Começo a revisar depois dos primeiros rascunhos. Eles geralmente soam muito bobos, como você pode ver, se olhar para as etapas iniciais. Talvez depois desse processo o poema se torne um veículo a partir do qual a vida alcançou alguma ordem ou talvez sugira que pode haver algum tipo de ordem a ser obtida. Talvez não. Não é automático.

C.T.: E suas obras em andamento?

BROOKS: Estou escrevendo o segundo volume da minha autobiografia, além de um livro de poemas. Quero ler o poema-título de *Primer for Blacks*, um livro que escrevi recentemente. Escrevo meus poemas em pedaços de papel, porque quero carregá-los na minha agenda de endereços. É provável que eu os leia a qualquer momento.

Vozes Negras

Alexis De Veaux

Alexis De Veaux nasceu em 1948, na cidade de Nova York. É bacharel pelo Empire State College, da Universidade Estadual de Nova York, e teve diversas experiências profissionais, incluindo instrutora de língua inglesa e escrita criativa, além de agente comunitária. É uma prolífica escritora autônoma e contribui com poemas e contos para vários periódicos de circulação nacional e publicações da imprensa independente.

As publicações de De Veaux incluem uma história infantil, Na-Ni *(1973), vencedora do prêmio* Art Books for Children, *e* Spirits in the Street *(1973), em que narrativa, diálogos, letras de músicas e desenhos surrealistas da própria escritora discorrem sobre a preservação da vitalidade espiritual em um ambiente periférico, e* Don't Explain: A Song of Billie Holiday *(1980), um estudo biográfico da cantora. De Veaux também é uma dramaturga de crescente reputação. Entre suas peças estão* Circles*, de ato único e produzida em Nova York, em 1973, e* The Tapestry*, drama de longa duração que foi exibido pela emissora pública* PBS*, em Nova York, em março de 1976.*

A obra de Alexis De Veaux é caracterizada por seu foco no espaço psicológico interior em relações íntimas, sejam elas casos de amor lésbico, forças em conflito em um triângulo amoroso ou a luta entre uma filha e um dos pais. Ela dedica sua vida à escrita e ao ativismo, com contribuições em diversas organizações literárias e feministas. Entre seus trabalhos mais recentes estão as ficções Yabo *(2014) e* JesusDevil: The Parables *(2023).*

Entrevistando De Veaux

CLAUDIA TATE: Qual foi a resposta da sua família a uma filha que disse que queria ser escritora?

ALEXIS DE VEAUX: Bom, acredito que, na época em que decidi ser escritora, no início dos anos 1960, minha família não fazia ideia do que isso significaria para a minha sobrevivência, tendo em vista o modo com que haviam me criado. Minha mãe sempre me preparou para um determinado estilo de vida: você cresce, arruma um emprego decente, com sorte você se casa e tem filhos. Você faz algo que parece normal para preparar seu lugar na comunidade. Decidir ser escritora, ser uma mulher que deseja escrever, foi algo que fugiu totalmente do referencial dos meus pais. Eles sempre faziam brincadeiras sobre como eu conseguiria me manter, se ia morrer de fome. Creio que a imagem de pessoas negras como escritoras, artistas ou criadoras foi, de algum modo, mitigada nos últimos anos, sobretudo após a onda dos anos 1960. Mas também acho que há uma falta de entendimento subjacente sobre esse tipo de criatividade, sobre o porquê de ela ser necessária e sobre a importância de promover a imagem da mulher enquanto artista.

Qual é o dever de amar? O dever é passar esse amor adiante.

Fui criada pela minha mãe. Acho que ela enxergou o fato de eu ser artista como "diferente". E se eu era diferente, era incontrolável. E se eu era incontrolável, isso significava que estava me colocando em uma posição de perigo em relação à sociedade racista? Se eu era diferente, teria um lugar na comunidade negra? E como a comunidade me enxergaria? Essa diferença continuou sendo bastante mencionada.

C.T.: Você acha que escritores são diferentes?

DE VEAUX: Há a diferença da responsabilidade de enxergar. Nós que nos vemos como escritores e artistas recebemos uma função, então não temos escolha a não ser vivê-la, assim como alguns de nós se ocupam da função de serem pastores e operários, açougueiros e padeiros. Aos escritores é dada a responsabilidade da visão. Creio que o fardo, a responsabilidade e a beleza do dom nos motiva a construir nossas vidas de um jeito diferente, para que sejamos capazes de nos tornar veículos que transcendem, abarcam e articulam nossas experiências e também as dos outros. Para mim, é estar em uma posição de interpretar minha vida, de modo que eu possa fazer o mesmo com a vida daqueles ao meu redor, daqueles que vieram antes de mim e, se possível, estabelecer referências para aqueles que virão depois.

Então acho que os escritores realmente têm uma responsabilidade diferente. Não estou dizendo que a responsabilidade do padeiro não é válida. Só é diferente.

C.T.: Para quem você escreve?

DE VEAUX: Escrevo para que outras pessoas negras tenham uma compreensão daquilo que estou tentando dizer sobre minha vida negra e, possivelmente, o que estou dizendo sobre as vidas negras delas. Então tento escrever para mim mesma, para tentar compreender ou atribuir significado à minha própria experiência, e, de algum modo, removê-la de mim, para enxergar esse significado. Então quero falar mais especificamente e com maior urgência para e sobre mulheres negras, conforme minhas próprias relações com elas se cristalizam e fica evidente para mim quais são minhas necessidades em relação à nossa história enquanto mulheres negras. Nas minhas obras, sempre tomei cuidado para estabelecer a imagem da mulher negra como eu a vi ou como a vivenciei, o que indica que há um desejo claro e consciente de me dirigir a ela.

C.T.: Você escreve a partir de situações autobiográficas?

DE VEAUX: Eu com certeza me vejo em todos os meus personagens, porque os utilizei como veículos para entender alguns tipos de emoções ou situações nas quais eu, enquanto mulher negra, me vi envolvida, ou nas quais elas, enquanto mulheres negras, se veem envolvidas. Mas, de uns tempos para cá, venho tentando me distanciar de mim mesma. Por exemplo, meu livro sobre Billie Holiday foi uma tentativa de criar esse distanciamento. A coletânea de contos que estou fazendo é uma tentativa de me distanciar de mim mesma como fonte de informação; quero olhar para as vidas de outras mulheres negras com esse mesmo fim. Minha peça *When the Negro Was in Vogue* não ressoa diretamente com a minha experiência. É sobre uma mulher negra que se depara com a filha que renegou para poder levar uma vida respeitável. O conflito da peça é o questionamento de se ela vai se entender com o passado, representado pela filha perdida. É uma exploração das relações entre pessoas negras, sobretudo entre mulheres negras.

C.T.: Como suas obras com vivências lésbicas foram recebidas?

DE VEAUX: Eu às vezes acho difícil emplacar meu trabalho em publicações negras, principalmente os periódicos. Há um conflito na comunidade negra que se reflete no sistema literário negro sobre se essas são ou não experiências válidas e legítimas, imagens com as quais escritores negros deveriam lidar e se isso prejudica o conceito de família negra, de comunidade negra ou as relações entre homens e mulheres negros. É claro que não vejo dessa forma. Nossas nossas experiências são válidas. É igualzinho aos anos 1960, quando costumávamos ficar encucados em comparar quem era mais negro. Se você crescesse nos subúrbios e se sua família fosse considerada de classe média, então você não era tão negro quanto o menino que cresceu na Rua 116 [cidade de Nova York]. A divisão marcada por essas fronteiras tão superficiais é danosa. O que aconteceu foi que eu recebi muito mais "espaço de página" na mídia e em situações em que isso não é "um problema", onde relações entre mulheres não são vistas como algo problemático, como se pessoas negras não tivessem experiências homossexuais, ou como se africanos do continente não tivessem experiências homossexuais.

C.T.: Você acha que se preocupa em encontrar diferentes modos de retratar emoções ao dramatizar relacionamentos lésbicos em vez de relacionamentos heterossexuais?

DE VEAUX: Eu amo falar sobre o amor. Acho que o amor não se distingue entre homossexual ou heterossexual. Então quando falo sobre duas mulheres em "The Sisters" e o amor que elas têm uma pela outra, não estou dizendo que vou falar sobre esse amor homossexual ou aquele amor heterossexual. Estou dizendo que desejo voltar meu olhar para essa relação, ver qual é o problema entre essas duas pessoas e colocá-lo sob os holofotes, porque é ali que está a história. O que eu tento explorar é como o amor veio a ser, em vez do gênero ou do nome — ou seja, mãe, pai, irmã etc. — desse amor.

Quando Selina diz a Ntabuu: "Por que você precisa ter esse filho?", o raciocínio de Ntabuu é: "Se pudéssemos fazê-lo, nós o faríamos, mas já que não podemos, sejamos realistas. Nós precisamos passar nossa imagem a alguém. Precisamos de um herdeiro. E temos que aceitar isso. Temos o dever de passar isso adiante. Não pode morrer conosco...". É isso o que eu tenho a dizer em vez de afirmar que tal coisa é "lésbica" (e, sendo assim, negativa) e que aquela outra coisa é "heterossexualidade" (e, sendo assim, positiva). Minha preocupação é a seguinte: qual é o dever de amar? O dever é passar esse amor adiante. Um homem deseja passar seu nome adiante, quem ele é, seus bens. Uma mulher também pode desejar propagar quem ela é, seu nome, sua fortuna, suas posses. Nós, pessoas negras, temos que passar nossa experiência adiante, seja ela na literatura, seja na vida. Não podemos nos dar ao luxo de esquecer e recomeçar. É muito fácil ter algo novo o tempo todo. E é perigoso demais deixar outra pessoa responsável por passar isso adiante.

C.T.: O que desperta seu interesse?

DE VEAUX: A mulher negra como personagem ficcional em diferentes cenários dramáticos e ficcionais. Vê-la retratada como um exemplo em lugares que ela normalmente não seria, lugares esses que, cada vez mais, ela tem ocupado. Olhar para as pressões e situações que ela enfrenta e ver como ela resolve os conflitos que emergem. Olhar para o que significa para uma mulher negra dizer que ama alguém e ver como ela interpreta, expressa e constrói esse amor cara a cara com a pessoa amada e com a sociedade.

A música também exerce uma grande influência no meu trabalho. Cada obra tem um ritmo diferente. Em "The Sisters", ouço o blues de Taj Mahal e Big Mama Thornton. "Spirits in the Street" é bem mais parecido com a música popular dos anos 1960. "[The Riddles of] Egypt Brownstone" é como jazz. Nele, cada instrumento/personagem toca variações da melodia, de modo que a história é contada não como uma experiência linear, mas como uma experiência holística.

C.T.: Você tem algum método para evocar as musas?

DE VEAUX: Cinco anos atrás, eu costumava me levantar, ir até minha mesa com os olhos ainda pesados de sono e simplesmente escrever. Mas agora acho bem mais importante me levantar e sair de casa, dar uma caminhada, tomar um pouco de ar, correr, andar de bicicleta. Em suma, colocar meu corpo em movimento. E aí minha mente acorda imediatamente. Volto para casa e tomo um banho. A casa tem que estar limpa e organizada, porque preciso ser capaz de fazer a triagem da desordem criativa na minha cabeça.

A desordem mental que estou explorando tem que ficar quicando para lá e para cá. Ela tem que entrar e sair de diversos cômodos. Se o cômodo não está organizado, não consigo distinguir qual é qual, e isso me deixa louca. Posso trabalhar durante duas ou três horas, ou cinco ou seis, dependendo do quanto estou investida. Às vezes, colocar tudo para fora de modo coerente pode ser uma experiência bem desafiadora.

Eu tenho um diário. Se vou escrever uma história, geralmente sei no que ela consiste antes de começar. Tento escrever uma frase. Essa história é sobre tal coisa... E aí eu sigo dali. Não delineio o enredo ao escrever as minhas histórias; mal os crio para as minhas peças. Quando a primeira frase me ocorre, é porque já pensei na narrativa por um bom tempo, eu já a senti. Então, quando enfim a escrevo, basicamente sei qual é a sensação que ela me dá.

C.T.: Você vê diferenças em como homens e mulheres retratam emoções em suas obras?

DE VEAUX: Mulheres, acredito eu, não têm tanto medo de ter a experiência psíquica na escrita. Os homens são mais temerosos por causa do modo como são ensinados a lidar com o autoconhecimento e porque a masculinidade é um fardo pesado de carregar. As mulheres têm bem mais abertura para explorar a feminilidade do que os homens têm para explorar a masculinidade.

As mulheres também estão conectadas com coisas mais primitivas, como o sangue, que é vida. Na minha percepção, as mulheres não têm necessariamente uma facilidade maior; elas dispõem de um veículo mais amplo para explorar suas experiências. Estamos lidando com as nuances emocionais, com os aspectos sutis e delicados das experiências e das relações, com os planos e níveis de "visão" que temos a respeito delas. Temos a noção e a intuição afloradas, e elas afetam nosso julgamento e nossa comunicação. Por exemplo, eu ouço minha mãe falar o tempo todo sobre sexto sentido. Nunca ouvi meu pai falar sobre nada disso, embora ele circulasse bastante pelas ruas e tivesse que confiar muito em seu tino para andar por aí. Porém, nunca o ouvi dizer o que significava esse tino ou categorizá-lo de alguma forma. E, quando falamos de sexto sentido, já estamos falando de experiências psíquicas.

Os homens também parecem mais conservadores em sua abordagem dos "temas tabu". As mulheres tendem a explorar temas que não são "levados a sério" por escritores [negros] ou que estão bem menos preocupados com bravatas, ser o número um ou alguma outra mitologia criada pela vivência masculina. Talvez os escritores negros, com a exceção de autores como Wes Brown e James Baldwin, sejam menos inclinados a desejar a exploração de novos temas, novas imagens de si mesmos. Isso muitas vezes os coloca em uma posição de fragilidade e sensibilidade.

C.T.: Nesse sentido, as escritoras negras parecem ser uma força inovadora na literatura.

DE VEAUX: Há uma grande exploração do ego na obra das mulheres. É o ego nas relações com uma outra pessoa íntima, com a comunidade, com a nação e com o mundo. O ego é universal nesse contexto, pois possui um entendimento da pessoa como ponto de partida e então avança para além dele. Os escritores parecem ainda não ter esse conceito em suas obras. E eles poderiam muito bem aprender conosco a incorporá-lo: um entendimento da pessoa, de como ela pode ao mesmo tempo ser divina e vulgar. Vejo um compromisso cada vez maior entre as escritoras negras de entender o ego multiplicado em termos de comunidade, a comunidade multiplicada em termos de nação, a nação multiplicada em termos de mundo. Você tem que entender qual é o seu lugar enquanto indivíduo e o lugar da pessoa que está próxima de você. Você tem que entender o espaço que há entre vocês antes que possa compreender grupos maiores ou mais complexos. Sendo assim, a exploração desse espaço é um dos principais focos do nosso trabalho.

C.T.: Você escreve para publicações há cerca de dez anos, embora venha escrevendo para si mesma desde muito jovem. Consegue ver alguma evolução na sua escrita no que diz respeito às temáticas e aos meios que você escolhe para retratar suas ideias? Você consegue enxergar para onde está indo?

DE VEAUX: Estou tentando versar sobre as mulheres negras e seu amor. Pode ser que sua música seja seu amor, como no caso de Billie Holiday, ou outra mulher, como no caso de "The Sisters", ou um pai, como no caso de "[The Riddles of] Egypt Brownstone". Seja lá o que for esse amor, estou interessada em apresentar a mulher em relação ao seu eros, à sua sexualidade. Onde ela está no que diz respeito a isso? É um lugar de beleza para ela, um lugar de harmonia, de conflito, de mudança, de antagonismo? O que isso tem a ver com seu senso de si mesma enquanto pessoa política? Para onde ela está indo? É para aí que estou conduzindo minha escrita. E não acredito que eu já tenha chegado lá. Sei que estou *indo* para lá. Posso olhar para a minha obra passada e ver um padrão.

C.T.: Você já teve muitas respostas da crítica ao seu trabalho?

DE VEAUX: Resenhas das minhas peças e dos meus livros foram publicadas. "The Riddles of Egypt Brownstone" foi incluído na segunda coletânea de contos de Mary Helen Washington, *Midnight Birds*. Então creio que tem havido uma variedade de respostas.

As pessoas que se permitem entender que estou envolvida com a experimentação, com a exploração da mulher negra e de sua sexualidade, são bem mais abertas para examinar cada canto e recanto dessa experiência na minha obra. E o fato de que as pessoas estão vendo isso tem sido muito encorajador. Acho que a literatura em prosa ficcional teve uma recepção melhor do que algumas peças de teatro que escrevi. Eu elaborei uma que foi encenada pela Negro Ensemble Company. Ela se chamava *The Season to Unravel* e era sobre uma mulher negra que tentava explorar sua relação consigo mesma, enquanto pessoa sexual, e como isso afetava sua relação com seu falecido pai. Clive Barnes fez uma resenha dela para o [*New York*] *Post,* e Mel Gussow, para o [*The New York*] *Times*. São dois críticos de teatro brancos que possuem ideias bem específicas sobre o que deve ser o teatro, seja ele negro, seja ele branco. E eles esperam um certo tipo de teatro, sobretudo se ele for negro: tem que ser um musical "com um pezinho na cozinha", não pode ser experimental e com certeza não pode abordar temas sobre os quais eles não esperam que pessoas negras falem. Como esses críticos não tinham nenhum veículo que permitisse que o material se expressasse por si próprio, por mais cru que fosse — e não estou dizendo que era uma obra perfeita, pois era bem crua —, e por causa da própria incapacidade de lidarem com tais ideias vindas de uma dramaturga negra, eles basicamente acabaram com a peça em suas resenhas. Eles tinham expectativas. Mas não pareciam estar cientes de que eu não tinha que atender a expectativa nenhuma.

C.T.: Você encontra a presença da memória afrodiaspórica nos escritos de afro-americanos?

DE VEAUX: Sim, é claro. Em todos eles. Está na linguagem. Eu tento ouvi-la. Tenho muito interesse em como as palavras funcionam. Tento escrever cada obra na sua respectiva linguagem, de modo que eu não esteja usando a mesma de uma obra para a outra. Posso estar usando dez ou vinte linguagens ao mesmo tempo. Essa multiplicidade da língua e do uso das palavras é uma tradição de matriz africana. E escritores negros com certeza adotaram e absorveram isso. É quase como conseguir compreender um idioma desconhecido. Talvez soe como uma bobajada sem sentido para os outros, mas você sabe que é uma língua. Enquanto raça, nós temos a habilidade de nos conectarmos com outras línguas, outros sonhos, outros amores. Nós temos isso. Nós fazemos isso. É o que mais me empolga sobre a nossa comunicação. Não é só por sermos naturalmente poéticos ou todas as coisas que afirmamos ser nos anos 1960. É de antes disso. Estou interessada em como nós construímos as frases. Não estou falando só do Black English,[1] que para

1 Ebonics, também conhecido como African American Vernacular English (AAVE) e Black English (BEV), é uma variante linguística afro-americana do inglês norte-americano. Muitos estudiosos asseguram que o dialeto foi desenvolvido a partir de línguas coloniais inglesas e idiomas africanos. (N. E.)

nós é uma língua válida, mas estou interessada em como dizemos as coisas, onde colocamos os verbos, os pronomes e por qual motivo, por exemplo, nossa língua é diferente da caribenha.

C.T.: O movimento feminista tem fomentado um maior desenvolvimento entre as escritoras negras?

DE VEAUX: Sim, mas nós estivemos escrevendo esse tempo todo, desde os dias de Phillis Wheatley. Sempre houve uma linhagem de escritoras negras. O que o movimento feminista fez foi levantar algumas questões fundamentais sobre nossa visibilidade, nossa imagem e nossos exemplos de vida. Ele nos deu uma voz e prestígio. Também nos permitiu ter um pouco de camaradagem, porque nós, como mulheres, como mulheres negras, também fazemos parte da revolução. As mulheres negras estão envolvidas em muitas frentes. Lutamos contra a opressão de todas as pessoas racializadas, bem como contra a misoginia. O movimento feminista nos facilitou um espaço coletivo mais visível. Mas nós estivemos aqui o tempo inteiro.

C.T.: Você acha que os livros *Black Macho* e *For Colored Girls* ampliaram esse espaço por terem tido maior apelo comercial?

DE VEAUX: Eles com certeza estimularam a comunicação entre mulheres negras e entre mulheres negras e homens negros. E nos forçaram a confrontar alguns mitos pessoais e sexuais que, durante anos, pessoas negras criaram e aceitaram umas sobre as outras. Essas duas obras, principalmente *For Colored Girls*, deram o impulso necessário para uma conversa coletiva que já havia passado da hora de termos, o que indica que vai haver conflito e dor se quisermos que alguma mudança significativa ocorra. Mas são tempos estranhos e controversos, e devemos tomar cuidado para não engolir tudo que nos oferecem, como o livro de Michele Wallace, *Black Macho.* Embora ela levante algumas questões interessantes, seus comentários são falhos, e suas conclusões, no mínimo curiosas.

For Colored Girls realmente nos mostrou como as mulheres negras se identificam com os homens negros. Nós nutrimos uma identificação profunda com os homens; eles são nossos irmãos, pais, amantes, filhos, heróis etc. Mas, embora nos relacionemos com mulheres como amigas, mães, amantes, filhas, irmãs, tias, nós as tratamos como se fossem ilegítimas. Ainda não nos amamos enquanto mulheres. Fomos ensinadas a amar todo o resto. Fomos ensinadas, na verdade, que é *vergonhoso* amarmos a nós mesmas. Deveríamos ser propensas à abnegação e pensar em nós mesmas como pessoas feias e indignas. Isso nos prejudicou de tantas formas diferentes que, para trazer de volta o amor-próprio, precisamos realizar uma cura muito profunda. Não estou dizendo que deveríamos passar nossas vidas sem homens; não estou sugerindo isso. Algumas de nós até deveriam, porque não conseguem viver com eles; há pessoas que simplesmente não deveriam viver com outras pessoas. Mas esses são problemas pessoais, e não é disso que estou falando. Estou dizendo que, de uma maneira mais ampla, temos que realizar uma cura muito profunda para podermos entender o que foi feito conosco e o que fizemos a nós mesmas.

O debate sobre o sexismo negro é real. Homens negros podem ser muito sexistas. E isso vem do fardo de ser homem e de todo o mito da sexualidade do homem negro. Claro, sempre há indivíduos que fogem do padrão. Eu tive a sorte de ter conhecido homens que me ensinaram muitas coisas, homens muito sensíveis. Então não posso fazer uma afirmação generalista, pois nem todos os homens negros são uns "merdas". Mas as mulheres negras nesta sociedade, de forma um tanto conivente, acabaram criando um tipo de homem machão muito superficial que não corresponde à realidade, mas que projeta essa imagem para nós e para si mesmo. Há um abismo tão grande entre ele e sua imagem que chega a ser assustador para ele. E sempre que começamos a analisar essa realidade, torna-se ainda mais assustador. Porque, se estamos falando a respeito dele, tornando-o mais inibido e defensivo, ele tem que fazer alguma coisa: ou criar uma carapaça mais dura ou quebrá-la de vez. Seja como for, é doloroso. Nós, mulheres negras, temos que olhar para o sexismo e reconhecer que ele existe. Mas nós também temos que abordá-lo. E admitir que criamos essa situação.

Esses problemas existem por toda a sociedade, mas quando envolvem um grupo oprimido, vão sempre se intensificar, se ampliar. Sendo assim, temos que olhar para nós mesmas dentro dessa opressão. Às vezes, nós nos esquecemos de que estamos em tal situação, que a opressão psíquica do nosso povo continua fazendo mal a várias gerações. Há quanto tempo temos sido oprimidos mentalmente? Um tempo longo o bastante para dizermos que não vencemos a luta. Temos que olhar para essa sobrecarga emocional e ver por quanto tempo essa mitologia sobre nós foi sendo construída.

Teremos que retornar às crenças e às práticas de cura mais elementares. Como tratamos os anciões da comunidade, por exemplo. Cada um tem seu lugar. Vamos ter que voltar para o comunitário, porque é com o que teremos de lidar ao atravessarmos os anos 1980, rumo ao século XXI. Temos essas crenças e práticas de cura há todo esse tempo e lidamos com elas; é por isso que ainda estamos aqui.

Se não tivéssemos esse senso de consciência racial, essa memória racial, nós já estaríamos extintos. Afinal de contas, essa guerra é travada há centenas de anos.

Manter essas tradições vivas é dever dos escritores, é a responsabilidade da nossa visão. Nós somos capazes de ver o passado, o presente e o futuro. Para que possamos dizer quais são as nossas possibilidades, nós devemos criar a conexão e preservar o que é viável, o que tem valor e o que constitui a devida miscelânea. Temos que olhar para nós mesmos sob um novo prisma. Isso faz parte do chamado do escritor: olhar para o nosso potencial e determinar níveis produtivos e positivos nos quais possamos passar a operar. Vamos sempre agir no mesmo nível da luta ou podemos começar a voltar nosso olhar para o nível da potencialidade?

Era isso o que eu estava tentando dizer em "The Sisters". Antes de mais nada, temos que olhar para todos os elementos que nos constituem agora. Depois temos que pensar no futuro. O que vamos deixar para as outras pessoas? É isto o que você vai deixar? Um carro, duas TVs? Vai ser essa a natureza do seu legado? Temos que dizer algo sobre nós mesmos que seja diferente das formas como as pessoas brancas falam a nosso respeito. Os brancos deixam aos seus filhos modos práticos e viáveis de sobrevivência. Nós temos que começar a olhar para qual é o verdadeiro legado do nosso povo, como ele tem nos ajudado a sobreviver e o que devemos fazer para garantir essa sobrevivência através do tempo.

Vozes Negras

Nikki Giovanni

Nikki Giovanni começou sua carreira literária como poeta no final dos anos 1960, durante a Revolução Negra, e muitos de seus versos na época encorajavam o ativismo social e político entre os afro-americanos. Sua obra posterior também aborda questões contemporâneas, mas o foco recai sobre as relações humanas retratadas do ponto de vista de uma mãe, amante e mulher. A linguagem de Giovanni continua surpreendente, enérgica, enfurecida e amorosa.

Nascida em 1943, em Knoxville, Tennessee, Giovanni recebeu o mesmo nome da mãe, Yolande Cornelia Giovanni. Formou-se com honrarias na Universidade Fisk, em Nashville, Tennessee, em 1967, e mais tarde frequentou a Universidade da Pensilvânia e a Universidade de Columbia. Ocupou posições acadêmicas no Queens College, da Universidade da Cidade de Nova York, e no Livingston College da Universidade Rutgers, em New Brunswick, New Jersey. Suas atividades literárias e franqueza aferrada sempre a colocaram no centro das atenções acadêmicas.

Giovanni possui uma vasta obra publicada. Seus livros incluem Black Judgment (1968), Black Feeling, Black Talk (1968), Re: Creation (1970), Spin A Soft Black Song: Poems for Children (1971), My House (1972), Ego-Tripping and Other Poems for Young Readers (1973), The Women and the Men (1975), Cotton Candy on a Rainy Day (1978) e Vacation Time: Poems for Children (1980). Sua coleção de ensaios Gemini: An Extended Autobiographical Statement on My First Twenty-Five Years of Being a Black Poet (1971) recebeu considerável aclamação da crítica. Ela também publicou dois diálogos literários com escritores proeminentes: A Dialogue: James Baldwin and Nikki Giovanni (1973) e A Poetic Equation: Conversations Between Nikki Giovanni and Margaret Walker (1974). Figura de destaque na tradição oral negra, realizou diversas gravações de poesia.

Nikki Giovanni se aposentou do magistério apenas em 2022, após 35 anos no departamento de Língua Inglesa da Universidade Virginia Tech. Contudo, a escrita continua presente em sua vida. Seu último livro publicado é A Library, uma história infantil sobre a importância das bibliotecas, que conta com ilustrações de Erin K Robinson.

Entrevistando Giovanni

CLAUDIA TATE: O fervor revolucionário negro da década de 1960 parece ter desaparecido. Já nem ouvimos mais a retórica. Isso significa que a revolução acabou?

NIKKI GIOVANNI: Comprei três janelas novas para o porão da minha mãe. Já comprou janelas para o porão da sua mãe? É revolucionário! De verdade.

Tenho um problema que acho que deveria lhe contar. Essa é uma pergunta essencialmente chata. Estamos olhando para um fenômeno como se ele tivesse acabado. Todo mundo diz: "Bom, o que aconteceu com a revolução?". Se você quer lidar com estados [transições dialéticas], tem que lidar com Marx, mas não estou interessada nisso. De onde estou, vejo uma revolução negra contínua acontecendo nos últimos quatrocentos anos nos Estados Unidos. Há uma revolução contínua dos negros em curso nos últimos dois mil anos. E não está arrefecendo.

Quando você olha para a década de 1954 a 1964, é obrigada a dizer que os afro-americanos conquistaram seus objetivos. Não gostávamos dos ônibus segregados. Não gostávamos das escolas segregadas. Não gostávamos da maneira como éramos tratados nas lojas. Não gostávamos dos padrões habitacionais.

Se não gostamos do mundo em que vivemos, devemos mudá-lo.

Não gostávamos do número de médicos ou advogados que tínhamos. Não gostávamos da nossa falta de profissionais. Vencemos. Mas, olhando para o final dos anos 1970, não há como considerar favorável a decisão no caso Bakke.[1] Foi 5 x 4. Uma decisão muito ruim. Disputas acirradas prejudicam a lei. Não há dúvida de que Bakke deveria ter sido 9 x 0 para um dos lados para ser uma decisão definitiva. Então você teria uma lei. Não há uma lei agora.

Estou aguardando um motim. Vivo em uma cidade que mata policiais como se matam moscas. Cincinnati, Ohio, lidera a nação em número de policiais mortos. Estamos em primeiro lugar. A comunidade negra parece estar dizendo: "Bom, vocês podem brincar de nazistas, mas não vamos brincar de judeus". E os negros têm atirado de volta. Estamos dizendo: "Esperem um minuto. Com quem vocês acham que

1 O caso Regents of the University of California v. Bakke, de 1978, versou sobre a política de cotas raciais para admissão de alunos negros na faculdade de medicina na Universidade da Califórnia. A Suprema Corte dos Estados Unidos considerou a reserva de cotas para negros inconstitucional, embora apoiasse as ações afirmativas ao permitir que a raça fosse um dos vários fatores a serem considerados na admissão de estudantes. (N. E.)

estão brincando?". Ninguém vai voltar para 1954. Não importa qual seja o retrocesso. Não vai voltar nem para 1964. Não importa qual o "vamos dar uma respirada" seja.

Quando as pessoas começam a perguntar: "O que aconteceu com os anos 1960?", temos que nos lembrar: "Ei, o que vamos fazer agora?". Para onde vamos, pois vai continuar. Minha geração não começou os boicotes aos ônibus, mas decidimos para onde eles iriam. Agora é hora de decidir novamente uma direção. Não fomos a primeira geração a dizer: "Isso não está certo", mas fomos os primeiros a saber que teríamos que lutar com nossos corpos. Reconhecemos que teríamos que ir para a cadeia e que teríamos que ser mortos. E tudo isso é muito triste. Seríamos espancados; nossas casas seriam bombardeadas, mas corremos o risco. Isto é, corpos, muitos corpos. Não sou a primeira poeta, nem Carolyn Rodgers, nem Gwen Brooks, a dizer: "Ei, isso é intolerável". Nem Langston Hughes, nem Claude McKay. Estamos falando de uma luta pela liberdade que continua. As pessoas tendem a abordar o problema com: "Oh! Uau! Está tudo acabado. Está feito". Isso não é um filme!

É claro que a postura militante deixou a escrita contemporânea. Era chato. Essa é uma palavra muito séria para mim. Eu a uso muito, eu sei, mas o que você quer? Que eu reescreva: *"Nigger/Can you kill/Can you kill/Nigger can you kill?"*.[2] Eu escrevi isso. Não está apenas escrito, mas quem escreveu fui eu. E nem fui a primeira a escrever. Nem serei a última, mas fiz isso no *meu* momento. Agora é hora de eu fazer outra coisa.

2 "Crioulo/ Você consegue matar/ Você consegue matar/ Crioulo, você consegue matar?" (N. T.)

C.T.: Suas obras anteriores, *Black Feeling*, *Black Talk*, *Re: Creation* e *Black Judgment*, parecem muito extrovertidas, militantes, arrogantes. As mais recentes, *The Women and the Men* e *Cotton Candy on a Rainy Day*, parecem muito introvertidas, reservadas, solitárias, retraídas. Essa mudança de perspectiva, tom e foco temático reflete uma transição consciente?

GIOVANNI: Vou lhe dizer o que há de errado com essa pergunta. A suposição inerente a ela é que a personalidade não faz parte do corpo político. Não há separação.

Não sou crítica da minha própria obra. Não é o que eu deveria fazer. Acho que a análise literária mantém os acadêmicos ocupados. Em geral, os livros são parques de diversões para os leitores. Em última análise, eles decidem qual livro vão percorrer. Mas, quanto aos críticos, eles têm que escrever um livro tão interessante quanto o que estão criticando para que a crítica seja válida. Se tiverem sucesso, o livro sobre o qual estão escrevendo é apenas o assunto; não é em si necessário. Os críticos poderiam ter escrito sobre qualquer coisa. E, afinal, precisam ter algo para fazer. É sexta-feira e está chovendo, então eles escrevem uma crítica sobre Nikki Giovanni. Isso não é sério. E não estou me depreciando. Só não é sério.

C.T.: Existe uma estética negra? Em caso afirmativo, você pode defini-la?

GIOVANNI: Não é que eu não consiga definir o termo, mas não me interessa defini-lo. Não confio em pessoas que o definem. Melvin B. Tolson disse que você só define uma cultura em seu declínio; você nunca define uma cultura ascendente. Não há a menor dúvida. Você só define alguma coisa quando está em decadência. Qual foi o ápice? Enquanto ainda estiver em sua trajetória, você só pode palpitar. O mesmo vale para a estética negra.

Quanto à crítica da estética negra, se você fosse um escritor ou crítico negro, você ouvia que *isso* é o que você deveria fazer. Esse tipo de ditame elimina a questão ao definir parâmetros. Eu me oponho a diretrizes de qualquer natureza. Nesse caso, a de ter uma postura militante condensada. O que vamos fazer com uma postura? A literatura é útil na medida em que reflete a realidade. Falo sobre isso em *Gemini*. Digo também que é muito difícil avaliar o que fizemos como povo quando fomos sistematicamente submetidos aos caprichos de outras pessoas.

C.T.: Um ensaio em *Gemini* discute os efeitos da escravidão na vida e na obra de Phillis Wheatley.

GIOVANNI: Fale com Margaret Walker sobre Phillis porque eu gostaria de ser bem clara sobre ela. Não há nada de errado com os poemas que ela escreveu. E ouso dizer, pelo que vejo da história, que não havia nenhuma razão em particular para que Phillis Wheatley não quisesse dizer exatamente o que disse. Não há motivo para eu rejeitar o que ela diz sobre sua experiência. E não rejeito. As pessoas ficam incomodadas por ela falar sobre o continente africano no que diz respeito a como ela ficou encantada ao descobrir o cristianismo. Bom, pelo pouco que sei, ela deve ter ficado muito encantada. Até hoje, a vida pode ser bastante difícil para uma mulher africana, e ela escrevia no século XVIII. Não podemos falar em liberdade para a mulher africana *agora*. É uma batalha ainda a ser travada.

Só quero ser clara sobre Phillis, porque acho que ela tem uma má reputação. As pessoas não a leram, não sabem coisa alguma sobre ela e não querem ter empatia por sua vida. Acho que ela teve uma vida difícil. Se ela estava em condições de dizer que estava encantada por estar aqui, temos que olhar para isso.

O que os críticos deveriam fazer é entender o trabalho. Tanto faz se são brancos ou negros, eles deveriam tentar entender o trabalho. Insisti tanto nesse ponto que gostaria de ressaltar minha insistência. As pessoas nunca leem o que digo e não sei de onde tiram o que inventam. Posso ler e apreciar literatura, como fui ensinada. Posso fazer isso com Shakespeare, mesmo não sendo uma grande fã. Por isso é incompreensível para mim que Robert Bone, um crítico branco, não possa ler e apreciar Nikki Giovanni, uma poeta negra. Devo ser mais inteligente e sensível do que ele, e estou citando Bone por ser o primeiro crítico branco que me vem à mente. Não criei uma façanha totalmente única e incompreensível. Posso entender Milton e T.S. Eliot, então o crítico pode me entender. Esse é o trabalho dele.

Transformamos a literatura no mundo ocidental em um grande bicho-papão. Lembro que, em uma aula de humanidades, lemos *Sister Carrie*, de Theodore Dreiser, porque era curto o bastante para ser colocado em um curso de seis semanas, mas se for para ler Dreiser, a única opção é *An American Tragedy*. Ele *não* escreveu mais nada! Se for ler Tom Wolfe, você lerá *Look Homeward, Angel*. É o que você terá que fazer. Se for ler Thomas Mann, você lerá *The Magic Mountain*. Porém, geralmente não lemos a melhor obra de um escritor. E então as pessoas acabam não gostando de literatura. E elas se sentem desencorajadas, totalmente, para ler literatura, porque demos a elas o pior, só que era o mais conveniente.

O que nos foi ensinado nas últimas cinco gerações de educação pública é conveniência. E é isso que estamos vendo bem agora. As crianças dizem: "Se é para ler merda, por que devo ler?". É exatamente isso que acontece. Por que eu deveria ler o pior de algum autor? Porque é mais seguro; é inofensivo e ele ou ela não usou palavrões. E todos nós deixamos isso acontecer porque temos nossos empregos ou o que quer que seja.

Poesia é a disciplina mais mal-ensinada em qualquer escola, porque a ensinamos pela forma, não pelo conteúdo. Eu me lembro de ter lido Edna St. Vincent Millay, e ninguém estava lendo, só eu e o professor. Gostei muito de "*My Candle Burns at Both Ends*"[3] e queria discutir o poema na sala de aula, mas me disseram: "Não discutimos isso". Não tinha nada a ver com o fato de como alguém pode ler Edna St. Vincent Millay e não ler esse poema, mas foi o que fizemos! Em outra ocasião, eu estava lendo *The Well of Loneliness* [de Radclyffe Hall] e queria escrever uma resenha sobre. A srta. Delaney disse: "Minha querida, não resenhamos livros desse tipo". Que diabos! Se você não pode resenhar o que quiser, se as escolas não estão interessadas em ensinar literatura no nível da leitura séria, como teremos um crítico?

Li um artigo chamado "The Great Literary Hoax" na revista *Atlantic*. O cara diz que todo livro que sai é tratado como um acontecimento literário. Coisa que a maioria, é claro, não é. Se você olhar a lista de vencedores do Nobel e do Pulitzer, terá sorte se encontrar dois livros que valem a pena ler. Estou falando sério! Você é Ph.D. e aposto que não leu dez livros de ambas as listas. Ninguém lê. Sabe por quê? Porque são uma merda. Esses livros recebem prêmios

3 Giovanni refere-se a "First Fig", poema publicado em 1920 na coletânea *A Few Figs From Thistles*. (N. E.)

porque são seguros, mas são uma merda. A lista do National Book Award não é muito melhor, mas pelo menos consegui ler uns dez livros dela. Não posso dizer o mesmo da lista do Prêmio Pulitzer. Essas listas não refletem nossa melhor literatura. Não dão absolutamente nenhum apoio à excelência. A mediocridade é segura.

Se houvesse apenas um crítico, e não importa a cor, a raça, nada disso, que olhasse para a literatura e decidisse escrever um livro dizendo o que é ótimo por qualquer motivo, ele jamais seria publicado. O crítico não controla nada. Ele ou ela tem que enviar seu livro para uma editora. Por exemplo, você tem que enviar seu livro para um editor que provavelmente será judeu e não vai gostar do fato de você ser negra. Se fosse branca, teria que enviá-lo para um editor que possivelmente não iria gostar do fato de você ser mulher. Mesmo se você fosse um homem branco, teria que enviá-lo para um editor que talvez não saiba ler. É muito difícil vencer. E estou falando sério. Não estou dizendo para desistir, porque não sou disso. Algo precisa mudar. Obviamente, as pessoas se perguntam para que tentar, mas é claro que vale a pena. Em algum momento, aqueles de nós que se importam com o que é chamado de "verdade" devem estar tão dispostos a lutar por nossa realidade quanto aqueles que estão lutando contra nós. Eu poderia crescer nos Estados Unidos e achar que a Guerra Civil foi uma coisa terrível, e cresci negra no Tennessee. E pode levar muito tempo até que eu perceba, ei, seus filhos da p***, vocês estão *loucos*! É sobre *mim* que vocês estão falando. Sei que estamos falando sobre um monte de coisas aqui; tudo tem que estar conectado. Caso contrário, eu poderia responder sim ou não.

Os escritores têm que lutar. Ninguém vai pedir para você mudar três palavras no seu livro. Não é assim que funciona. As pessoas pensam: "Ah, eles vão bagunçar meu trabalho". Não vão. Nunca é assim. Você não recebe uma resposta. Nós, os interessados, temos que estar tão dispostos a lutar quanto quem luta contra nós. "A vida não é um problema", como eu disse em *Cotton Candy [on a Rainy Day]*. "É um processo", e temos que fazer escolhas. Muitas vezes agimos como se a vida fosse um drama, achando que há um problema a ser resolvido com um clímax. Então estamos sempre insatisfeitos, pois não há respostas.

C.T.: Há validade em *For Colored Girls Who Have Considered Suicide/ When the Rainbow Is Enuf* e *Black Macho and the Myth of the Superwoman* e nas críticas subsequentes incitadas por essas obras?

GIOVANNI: Evidentemente há validade, ou não voaria. Basicamente, você está perguntando: tem motor? Tem que ter motor, ou ficaria parado na pista de decolagem. Tenho um problema com esse negócio de homem-mulher porque só penso em uma palavra: "Chato".

Não consigo pensar em nada que pudesse me interessar menos. Recusei vários contratos sobre esse assunto. Esse negócio de homem-mulher é um assunto chato. É, em suma, um beco sem saída. Vai acontecer uma de duas coisas: ou você vai tirar a roupa ou não vai. Homens e mulheres fazem isso. Mostre-me um homem e uma mulher e é isso que vai acontecer. Mostre-me um homem sem uma mulher e vai acontecer outra coisa. Mostre-me uma mulher sem um homem e vai acontecer outra coisa, mas enquanto houver homens e mulheres, não há raça; não há cor; não há idade. Enquanto forem homens e mulheres, eles farão o que homens e mulheres vêm fazendo nos últimos dois milhões de anos. Esse negócio nem promove tempestade em copo d'água. Ainda nem temos um copo d'água! É como algodão doce. Estamos apenas girando.

Lembro que no Harlem havia reuniões de "Salvem Nossos Homens" e fui convidada a participar de uma. Tento me dar bem com as pessoas. Não sou tão difícil de lidar como as pessoas pensam. Fui à reunião e disse: "Do que estamos falando? Que homens vocês têm? Salvar meu carro, sim. Tenho um Peugeot lá na rua e gostaria de salvá-lo. Gostaria de salvar minha coleção de discos porque gosto muito dela, mas não *tenho* homem algum". Tenho um *relacionamento* com um homem e ele comigo. Certas coisas vão acontecer para tornar esse relacionamento bom ou ruim. Se for bom, todos ficam felizes. Se for ruim, haverá uma mudança.

Não estou inextricavelmente ligada aos homens negros. Mulheres negras que dizem "não quero ninguém além de um homem negro" estão dizendo que têm medo, porque existem outros homens além dos negros norte-americanos. Existem homens no mundo inteiro. Se não conseguir encontrar um, tente outro. Talvez você esteja apenas fora de sincronia. Se você é gorda e mora em Paris, terá problemas com os homens. Os franceses gostam de mulheres magras. Ei, experimente o Caribe, onde eles gostam das gordas.

Adorei *For Colored Girls*. Em primeiro lugar, Ntozake é uma poeta extremamente inteligente, sensível e *boa*. Escreve excepcionalmente bem. Tem muito a desenvolver, e isso não é um comentário negativo. Não vejo como alguém poderia entendê-lo dessa forma. Além disso, não vejo como alguém pode se doer com a obra dela. É realmente um caso em que, se a carapuça servir, você deve vesti-la. Isso é tudo que ela fez. Ela disse: *"Estou aqui"*. Ntozake está nua no palco. Está nua no livro. Quer você goste ou não. *For Colored Girls* não é um poema de amor. Eu o adoro. É um dos meus poemas favoritos, mas não é um poema de amor.

Ntozake está nua no palco, mas não porque escreve a partir de uma experiência própria. Eu me ressinto de quem diz que é isso que os escritores fazem. Eles não escrevem a partir de experiências próprias, embora muitos hesitem em admitir esse fato. Quero ser muito clara quanto a isso. Se fosse por experiência própria, talvez você escrevesse um único livro ou três poemas. Os escritores escrevem por empatia. Desvalorizamos qualquer texto ao considerá-lo uma experiência. Pois se é a experiência de outra pessoa, não precisamos levá-la a sério. Não mesmo. Poderíamos dizer: "Isso foi o que aconteceu com Ntozake. Não é uma pena?". Não, isso não foi o que aconteceu com Ntozake! Não sei se aconteceu ou não. Essa não é a questão. A questão é que *foi isso que aconteceu; é o que ainda acontece*. Os escritores escrevem porque têm empatia pela condição humana em geral.

Escrevi um poema sobre um homem negro, e Don Lee escreveu a coisa mais estúpida que já li. Sua crítica foi que o problema de Nikki Giovanni é que ela teve dificuldades com um homem. A resposta crítica da *Kirkus Review* a *The Women and the Men* foi: "Ah, ela só está apaixonada". Se a *Kirkus* nunca mais resenhar um livro meu, ficarei mais do que feliz. Minha vida não está vinculada a nada que seja vendido por 5,95 dólares. E nunca estará. Não importa o que você veja: não sou eu. Se não sou maior do que meus livros, tenho um problema. Um problema sério. Não levo meus livros para o lado pessoal porque eles não são pessoais. Eles refletem o que vi, e eu os endosso porque tratam da realidade, da verdade. Não sou a maior escritora dos Estados Unidos, mas tenho credibilidade.

A verdade que tento expressar não trata da minha vida. Não estamos falando de uma autobiografia. *Gemini* mal é uma, e chega perto. Era o que eu disse que era: um ensaio autobiográfico, o que é muito diferente de uma autobiografia. Mesmo elas não sendo reais, porque só nos lembramos daquilo de que nos lembramos. E a verdade tem que ser maior do que isso e, se não for, há algo errado em sua vida. Aquilo de que nos lembramos é apenas uma ondulação em um lago. De verdade. E para onde vai a última ondulação e quem a vê? Ninguém vê o fim da própria vida. Colocamos muita ênfase nos lugares errados. E o que fazemos com os escritores, particularmente, é tentar fugir daquilo que está sendo dito. Nós os estigmatizamos. Voltei, é claro, a falar dos críticos.

A tarefa do escritor é nos lembrar de que a energia nuclear, por exemplo, não é apenas algo técnico, científico, não que Plutão seja o último planeta e esteja congelando, mas que tais coisas são compreensíveis para a mente humana.

Temos que viver no mundo real. Se não gostamos do mundo em que vivemos, devemos mudá-lo. E se não pudermos mudá-lo, devemos mudar a nós mesmos. Podemos fazer alguma coisa. Se em 1956 eu não gostasse do jeito que o mundo era, cabia a mim pelo menos aderir a um piquete. Eu não precisava fazer isso alegremente. E nem agir com pleno conhecimento das consequências para mim. Nada disso era exigido de mim. A única exigência era que eu tentasse causar uma mudança para que, dez anos depois, eu pudesse ir a Knoxville, Tennessee, e andar pela Rua Gay sem ter que abrir caminho para algum *cracker*.[4] E fizemos isso em dez anos. Era uma meta limitada, mas eu venci. Tudo que estou tentando dizer é: ok, se você não pode vencer hoje, pode vencer amanhã. Só isso. Minha

4 Termo pejorativo usado principalmente no Sudeste dos Estados Unidos para se referir a pessoas brancas. (N. T.)

obrigação é vencer, mas a vitória é transitória. O que você ganha hoje, tem que começar do zero no próximo patamar no outro dia. É isso que as pessoas não querem encarar.

Você é tão bom quanto seu último livro. E esse é o problema para os escritores. Você diz que escreveu um livro doze anos atrás. Ei, fico muito contente, mas quero saber o que você está fazendo agora. Reclamei sobre [Ralph] Ellison em *Gemini* a esse respeito. E acho que é uma reclamação válida. Deus escreveu um livro só. O restante de nós é obrigado a fazer um pouco melhor. Você não pode viver para sempre daquele livro. Não importa o quanto seja interessante, ou bom, ou o que quer que seja, você é obrigado a continuar a arriscar. Talvez seu próximo livro não seja tão bom quanto o último. Quem sabe?

Muitas pessoas se recusam a fazer as coisas porque não querem ficar nuas, não querem ir sem garantia, mas é isso que tem que acontecer. Você estará nu até morrer. É assim. Se você não quer jogar, não é obrigado. Sempre há a opção de desistir, mas se não vai desistir, jogue. Você tem que fazer um ou outro. E a escolha tem que ser sua. Você tem que se decidir. Eu me decidi. Se for jogar, jogue *até o fim*. Você vai suar, vai levar uma pancada e vai cair. E você vai *errar*. Provavelmente vai estar errado em nove de dez vezes, mas é a décima vez que conta. Porque quando você acerta, você o faz lindamente, mas depois disso tem que começar de novo. Como negros, como pessoas, como espécie humana, temos que nos acostumar com o fato de que, na maioria das vezes, não estaremos certos, mesmo quando nossas intenções são boas. Temos que ficar nus e ver o que acontece.

C.T.: As escritoras mulheres registram a experiência humana de maneiras fundamentalmente diferentes das dos homens?

GIOVANNI: Acho que homens e mulheres são diferentes. E que boa parte dessas diferenças tem a ver com o que deveria ser considerado condicionamento. Esperava-se que uma escritora escrevesse historinhas de amor. Que ela lidasse com as emoções. As mulheres não tinham permissão nem eram encorajadas a fazer qualquer outra coisa. Por isso as obras femininas tinham um certo formato. Se você fosse mulher, identificável como uma mulher, e enviasse um manuscrito para uma editora, não seria sobre Buck Rogers, porque mulheres não escreviam ficção científica. Não seria *Executive Suite* [popular romance publicado em 1977 por Cameron Hawley], não que esse seja um grande romance, mas não se esperava que as mulheres escrevessem romances de negócios. Esperava-se que escrevessem romancinhos caseiros e adoráveis bastante seguros e vendidos por vinte e cinco centavos, e todos viveram felizes para sempre.

C.T.: Você vê uma evolução na escrita afro-americana em termos de tema, técnica, perspectiva?

GIOVANNI: Nunca houve uma época, desde que descobrimos a literatura, em que não tenhamos, ao mesmo tempo, suplicado aos escritores brancos e reconhecido sua bestialidade básica. Como afro-americanos vivendo em uma nação estrangeira, somos, assim como os judeus errantes, mito e realidade. Os afro-americanos não têm um lar nem nunca tiveram. Estamos aqui há tempo demais para ir para outro lugar. Não estou dizendo que não possamos migrar. Vinte de nós, ou vinte mil, certamente podem ir para a África. Podemos ir, mas seria uma nova experiência, e seríamos estrangeiros lá. É isso que os afro-americanos rejeitam. E é provavelmente inerente à natureza humana rejeitar o fato de que sempre seremos estrangeiros, mas nossa alienação é nossa grande força. Nossa força é não estarmos confortáveis em lugar algum; dessa forma, estamos confortáveis *em qualquer lugar*. Podemos ir para qualquer lugar no mundo e encontrar uma maneira de nos sentirmos confortáveis.

Estou sempre dizendo para as crianças, e é uma grande piada, que, se eu fosse alguma criatura do espaço sideral, faria questão de entrar em uma comunidade negra porque é o único lugar onde pelo menos teria uma chance. A primeira reação dos negros não seria atirar em mim, acabar comigo, me envenenar ou de alguma forma se livrar de mim. Eles ficariam curiosos a meu respeito. Não fariam o que um *cracker* comum faria, que é me exterminar.

Nós, os negros, temos que reconhecer nossa impotência básica, e isso é uma força. Não é poder; é força. Não temos nada a proteger. O que foi particularmente bom no período entre 1968 e 1974 foi a consciência coletiva de que não tínhamos nada a proteger. Dissemos: se o melhor que vocês têm a oferecer é Richard Nixon, vão para o inferno! Essa atitude surpreendeu o país, que disse: como podemos chegar a essas pessoas de novo? O país enviou muita coisa para nós. Enviou as mulheres [a libertação das mulheres]. Enviou "o homem". Ofereceu empregos, mas você não ouve os negros dizendo: "Deus abençoe os Estados Unidos". Na verdade, ninguém se importa se a bandeira sobe ou desce. Quando você ouve o hino nacional, sabe que vamos jogar bola. É para isso que o hino parece servir, abrir um jogo. Quando eles terminam de cantá-lo, a expressão apropriada é: "Joguem bola".

A consciência negra estadunidense finalmente assumiu o domínio em todo o mundo. Estou falando sério. Estamos entregando o tom. Se agirmos bem, continuaremos o entregando. Há pouca alternativa para a consciência negra norte-americana. E ela é, essencialmente, a destruição.

Falamos sobre o que os escritores deveriam fazer. Temos que olhar para além do quarteirão. Pensar muito. Você perguntou antes sobre minha evolução como escritora. Muita coisa aconteceu. Não quero que ninguém pense que foi só comigo. Foi com todos nós. Tem a ver com a forma como concebemos o mundo. Somos terráqueos. Foi o que nos tornamos quando a Viking 2[5] decolou. Ninguém sabe o que é um terráqueo e como ele se relaciona com os outros. Uma baleia é um terráqueo? Se for, temos o direito de matá-la? Um filhote de foca é um terráqueo? Se for, está certo atingi-lo na cabeça? E se não há problema em atingir um filhote de foca na cabeça, o que é o caso, então não há problema algum em usar *napalm*[6] contra os vietnamitas. Também não há problema em atirar nos elefantes porque eles estão comendo a casca das árvores. Não precisamos definir um limite. Então não há problema em atirar nos negros porque eles querem um pouco de terra. E se há problema, quem vai impedir?

A escolha é entre o que fazemos e o que eles fazem. Como negros — e tenho insistido nesse ponto —, não buscamos igualdade. Buscamos superioridade. Acontece que sou uma negra norte-americana chauvinista. Acho que os negros estadunidenses são potenciais formadores de opinião política do mundo, embora nosso interesse pelo poder seja muito pequeno. Se estivessem tão interessados no poder quanto estamos no basquete, nós dominaríamos. Não há a menor dúvida. Podemos fazer qualquer coisa que quisermos. Temos que parar de ouvir o que as pessoas estão dizendo sobre nós. Falamos antes sobre *Black Macho*. Ei, eles nem serão reais. Quem vai se lembrar?

5 A Viking 2 pousou em Marte em setembro de 1976 e fez parte da missão inicial de duas partes da NASA para investigar o planeta e buscar sinais de vida. (N. E.)

6 Composto químico desenvolvido por cientistas norte-americanos durante a Segunda Guerra Mundial (1939-1945) e que teria sido usado de forma indiscriminada contra civis e militares durante a Guerra do Vietnã (1955-1975). (N. E.)

Ei, este é o mais novo chiclete. Mello Yello, o refrigerante mais rápido do mundo. Então quando você olha para o que fizemos como povo, vê que pegamos nossa consciência e a usamos para sobreviver.

O fato de termos sobrevivido diz algo para a humanidade. Somos parte do povo mais antigo do mundo e, como afro-americanos, também somos o último grupo distinto. Nós somos diferentes. É a atitude. A atitude dos afro-americanos é uma coisa estranha. Pode realmente pegar você. Isso me incomoda às vezes. Tudo é "desencanado pra car****", mas é uma atitude negra. Ser desencanado não é a atitude de um país ou do Ocidente. É a atitude das pessoas racializadas; sempre foi. É uma atitude que os negros adotaram para sobreviver, porque, se não aguentássemos com calma, não suportaríamos de jeito algum. Se esquentássemos, íamos queimar. Sou uma pessoa quente e, portanto, um pouco distante dessa atitude. Eu esquento. Acho que as coisas podem ser mudadas. Se você olhasse para a minha personalidade, veria que estou sempre quente. Não suporto situações intoleráveis. Alguém tem que agir. Você ou eu. Tanto faz, mas minha atitude, de fato, não é necessariamente atípica se você me colocar no grupo. O grupo como um todo aprende a ter calma. Não me preocupa que os meninos brancos estejam brincando com DNA, porque vou mudá-los antes que eles me mudem. Venho de um povo que aprendeu a lidar com gente quente.

C.T.: O que diferencia um poeta de uma pessoa comum que limpa sarjetas?

GIOVANNI: O fato de eu escrever poesia e fazê-lo bem me diferencia. Ouso dizer que provavelmente não me sairia tão bem limpando sarjetas. Ainda que, se fosse necessário, eu pudesse fazê-lo.

Se sou melhor como poeta, é porque não tenho medo. Se os artistas são diferentes das pessoas comuns, é porque acreditamos no que fazemos. Essa é a diferença entre o que eu consideraria ser um artista sério e aqueles que estão nisso por diversão. Muitas pessoas acreditam que podem se tornar famosas. As crianças estão sempre perguntando como ter fama. Bom, eu não sei. Quem fala sobre isso não é uma pessoa séria.

Se você não achasse que este livro é importante e que pode escrevê-lo, você não estaria aqui. Você acha que ele é importante. Eu não preciso achar e faço parte dele. Margaret não precisa; Gwen também não. Ninguém além de você precisa achar isso. O livro é seu; não meu. As pessoas precisam entender que a diferença entre os que são sérios e os que não são é apenas que os primeiros encaram as coisas com seriedade. Não faria diferença para você se ninguém mais se importasse com seu livro. Se fizesse, você não o escreveria. Você não veria problema se todas nós tivéssemos respondido dizendo que não era um projeto sério. Simplesmente encontraria outras quatorze escritoras, mas essa não foi nossa resposta, porque você o leva a sério. Porém, se você tivesse escrito perguntando o que achávamos que deveríamos fazer, ninguém teria respondido. As pessoas me escrevem dizendo: "Quero ser escritor. Sobre o que devo escrever?". Como diabos eu saberia sobre o que alguém deve escrever?

Ninguém vai me dizer sobre o que escrever, porque sou eu dançando nua na pista. E se sentirei frio, será porque resolvi dançar lá. E se você não gosta de dançar, vá embora. Simples assim. Então a atitude artística é levar seu trabalho a sério. No entanto, seria melhor que nós, escritores, não nos iludíssemos com tanta frequência, acreditando que tudo que criamos é importante ou bom.

Não é. Quando você relê algo, precisa ser capaz de dizer: "Puxa, não é tão bom. Achei que era ótimo dez anos atrás", mas às vezes você pode dizer: "Ei, não é tão ruim".

C.T.: E a prosa?

GIOVANNI: Não releio minha prosa, porque tenho certo receio. Suponho que um dia lerei. Pelo menos gostaria de achar que sim, mas tenho muito medo de ficar presa ao que eu disse. Não acho que a vida seja inerentemente coerente. Acho que o que [Ralph Waldo] Emerson disse sobre a consistência ser o duende das mentes pequenas é verdade. Quanto mais você reler sua prosa, mais propensa ficará a tentar justificar o que disse. Não tenho nada contra ser imbecil. Não levo para o lado pessoal.

Se nunca me contradigo, ou não estou pensando ou estou conciliando posições e, portanto, não estou crescendo. É preciso que haja uma contradição. Não faria sentido percorrer três quartos do caminho ao redor do mundo se eu não pudesse criar uma incoerência, se eu não tivesse aprendido nada. Se um dia eu fosse à Lua, não faria sentido algum ir e voltar com a mesma posição.

Essa foi uma briga que tive com os meus colegas escritores dos anos 1960. Se você não aprendeu nada, qual foi o sentido de passar por uma década? Se com 38 anos sou a mesma pessoa que era com 28, o que justifica os dez anos para mim? E sinto que é para quem devo uma justificativa. PARA MIM.

Embora não releia minha prosa, releio minha poesia. Afinal, é assim que ganho a vida.

C.T.: Como é seu processo de polir os poemas?

GIOVANNI: Um poema é uma forma de capturar um momento. Não faço muitas revisões, porque entendo que, se isso for necessário, há algum problema com o texto. Em vez de polir as palavras, dedico um tempo a polir o poema. Se isso significa começar do início várias vezes, é o que faço. Um poema tem que ser um único golpe, e faço o melhor que posso porque ele vai viver. Sinto que, se apenas uma coisa minha vai sobreviver, deve ao menos ser uma imagem precisa do que vi. Quero que minha câmera e filme registrem o que meus olhos e meu coração viram. Simples assim. E continuo trabalhando até obter o melhor reflexo possível. A universalidade tem dimensão naquele momento.

C.T.: Você tem um método de escrita específico, um lugar ou um horário especial para escrever?

GIOVANNI: Uma coisa que posso dizer com certeza sobre mim é que, se meu livro for um fracasso, o será em público. Ou será muito ruim ou muito bom. É o caso para a maioria dos meus livros. Não há meio-termo comigo. Ou é uma merda ou é ótimo. Essa é a minha atitude, o caminho que considero o único possível. Outras pessoas são muito mais cautelosas. Elas farão o que é seguro e cuidarão bem disso. Jeanne Noble dedicou doze anos a *Beautiful, Also, Are the Souls of My Black Sisters*. O livro é lindo e fico feliz por ela ter feito isso. Alex [Haley] dedicou doze anos a *Roots*. Eu não poderia estar mais feliz por isso. Fico feliz por Alex; fico feliz por mim por ter uma primeira prova, mas não conseguiria dedicar doze anos a nada. Nada vale doze anos para mim. Não consigo cultivar uma horta. Não me vejo esperando tanto tempo por alguns legumes. Algumas pessoas conseguem; eu não sou uma delas. Acredito em aceitar os limites da minha competência.

Isso é uma fraqueza. Sim, admito. Simplesmente não me emociono ao ver tomates crescendo. Eu me emociono ao ver meus poemas e dedico tempo a eles, mas se depois de um ano eu estivesse trabalhando em um poema, não em um livro, mas em um poema, diria que há algum problema com ele ou comigo. Talvez não seja a melhor forma de ser escritora. Nem gostaria de me considerar um exemplo. Sou essencialmente indisciplinada. Penso e leio muito, mas não recomendaria meu método de escrita. Por outro lado, não posso ser como Hemingway e me levantar às seis todas as manhãs e escrever por duas horas. Ele tinha uma esposa que se levantava e preparava o café da manhã. Não tenho tempo para me sentar e escrever por duas horas, quer eu tenha algo a dizer ou não. Escrevo quando isso me atrai.

Não sou boa para me mudar. Entendo por que Andrew Wyeth sentia que, se ele deixasse Brandywine, não conseguiria pintar. É muito difícil para um artista se mudar. Richard Wright mudou-se para Paris e as pessoas disseram que seu trabalho foi prejudicado. Ele não viveu o bastante para restabelecer a conexão com seu novo lugar. Acho que as pessoas ignoram isso. Nunca conheci Wright, mas tenho certeza de que faltou conexão. Foi muito difícil para mim me mudar de Cincinnati para Nova York. E igualmente difícil retornar para Cincinnati. Preciso me sentir em casa para escrever. Não importa que tipo de casebre seja; preciso estar em casa. Sou muito territorial.

C.T.: Como você vê o seu público?

GIOVANNI: Sempre parti do princípio de que quem ouve uma leitura minha, seja do meu primeiro livro [*Black Feeling, Black Talk*] até o mais recente, seja criança ou idoso, merece ouvir o meu melhor.

Acho que muitos escritores supõem que o público em geral não é muito inteligente. Então não dão o melhor de si porque acham que ninguém vai entender. Acho também que deve haver evolução a cada nova obra.

Estávamos falando sobre meus hábitos de escrita. Se meu próximo livro não for pelo menos uma evolução emocional em relação ao anterior, eu jamais o enviaria a uma editora. Gosto de pensar que há crescimento. Se não houver, não há motivo para publicar. Mesmo assim, acredito que as pessoas que me leem são inteligentes. Essa é uma das razões pelas quais continuo a ser lida, pois faço a seguinte suposição: se você está me lendo, tem algo a seu favor. Isso é arrogância. Escritores são arrogantes.

Eu me sentiria muito mal se alguém dissesse: "Bom, li você em 1969 e fico feliz em dizer que você não mudou". Isso *arruinaria meu dia*. Me faria tomar um copo de alguma coisa, e olha que não bebo. Eu teria que perguntar quem é a pessoa e o que ela leu, porque eu acho que mudei. Mencionei Don [Lee] antes; ele realmente não entende meu trabalho. Michele nunca me leu. Nada vai me convencer de que Michele Wallace já me leu. Ela citou os livros errados. Escrevi quinze livros. Você não pode citar o último como se fosse o primeiro. Não pode fazer um julgamento crítico com base em um único livro. Não funciona. Ela não citou apenas fora de contexto em termos de tempo, ela citou fora de contexto em termos de livros. *Black Macho* é história ruim.

Estávamos falando sobre os anos 1960. Acho que o que aconteceu com muitos escritores e com algumas outras pessoas foi que eles decidiram que aquilo que escreveram em 1965 estava certo e começaram a se repetir. Se eu cresci como cresci e compartilho esse crescimento como compartilho, permito que meus leitores cresçam. Eu espero crescimento. Espero uma pergunta melhor do meu público este ano do que no ano passado. Espero mesmo. Se não acontece, tendo a dizer: "Estou muito entediada com vocês". Espero inteligência e acho que tenho esse direito. Não importa se eles estão me pagando. Espero que estejam tão interessados em conversar comigo, seja fazendo uma pergunta ou uma afirmação, quanto estou em conversar com eles. Se não estiverem, um de nós está no lugar errado. E como não cometo esse tipo de erro, é simples. Eles podem dizer: "Você não pode exigir isso de nós". Eu digo: "É claro que posso, pois se eu não exigir, quem o fará?".

Gosto de pisar no acelerador. E a vantagem disso não é necessariamente a velocidade. É que, se eu tomar a direção errada, tenho tempo o bastante para reconhecê-la e dar meia-volta a tempo de ultrapassar você. Vamos cometer erros. Não é o que Fulano diz que define isso. É o que eu decido ser um erro: isso foi errado; isso foi tolice; isso foi falta de sensibilidade; isso foi estupidez... Mas tenho que continuar e tentar outra vez. Essa é a única coisa que realmente temos que aprender.

Gostaria de derrotar os vencedores. Essa é a única diversão. Não gostaria de ser a única poeta negra nos Estados Unidos. Isso não é nem interessante. Quero estar entre os melhores. E vamos precisar de muitos poetas, porque não temos sequer o bastante para comparar. Estou aguardando uma era de ouro e gostaria muito de fazer parte dela, mas não há competição agora. Em doze anos, produzi quinze livros. Nada mau. Gostaria de ter um pouco mais de atenção.

Estou aguardando uma era de ouro, e a única maneira de isso acontecer é haver um monte de pessoas com um monte de ideias diferentes. Não precisamos de uma ideia só. Essa é minha briga básica com alguns escritores, e ela continua. Dispensamos que alguém nos diga o que pensar. Precisamos que alguém nos encoraje a pensar o que quisermos. Esse era o problema com a estética negra. Foi por isso que a *Negro Digest*[7] faliu. Porque era chata.

Nesse ponto, vocês, críticos, têm responsabilidade. Serei muito clara quanto a isso. Vocês, críticos, elogiam o que vocês entendem. O fato de entenderem é quase suspeito, pois, com certeza há algo errado quando todos os críticos dizem: "Isso é muito bom". Se as ideias e conceitos de uma obra são tão compreensíveis, a obra não é inovadora. Tem que haver algo novo. É por isso que Toni Morrison é ótima. Que *Third Life of Grange Copeland*, de Alice Walker, é ótimo.

O livro conta a história de Grange, o pai, que tem que decidir que Brownfield não merece viver. Antes de permitir que seu filho destrua o futuro, ele o matará. Somente Grange poderia fazer isso. Ele o criou, e foi um erro. É por isso que os lápis têm borrachas. Ele disse: cometi um erro, mas ele não pode continuar. Foi uma declaração e tanto de Alice. Muita gente não gostou. Eles podem criticar Ntozake, mas ela não o matou. Alice o matou. Ela disse que Brownfield deveria morrer. Até *ele* reconhecia que não deveria viver, mas não tinha forças para se matar. Cabia a seu pai. Em *Sula*, de Toni, é a mãe que diz: ei, você é um drogado; você deve partir. Você é meu e vou cuidar de você. Em *Song of Solomon*, que podia ser compreendido em vários níveis, você tem Milkman, e se alguém deveria ter matado a própria mãe, deveria ter sido ele. Toni fez uma declaração sobre voar para longe que as pessoas ainda não encararam. O fato de Milkman querer isso, voar para longe. Sabemos que ele não o fez. Não poderia ter feito. Então onde ele estava?

7 *Negro Digest*, posteriormente renomeada *Black World*, foi uma revista criada em 1942 por John H. Johnson. Ela era dedicada à cultura e às artes negras e teve um papel importante no Movimento das Artes Negras. (N. E.)

Onde ele está? É como o final de um filme de terror. Toni fez uma afirmação em *Solomon*, mas como ele é mais fácil de lidar do que *Sula*, foi ofuscada. *Sula* incomodou os críticos porque há duas mulheres no início e, no final, há Nel, que comenta que "elas foram meninas juntas". É uma declaração e tanto, pois as mulheres negras nunca puderam dizer que foram meninas juntas de forma impressa. Os críticos ainda não alcançaram Toni. Eles simplesmente não a compreendem. Deve ser uma das razões que a fazem hesitar tanto em falar com as pessoas. Eu não a culpo. Se eu tivesse escrito um livro assim, também não daria entrevistas. Pois é bem capaz de alguém fazer uma pergunta idiota que mostre que ele ou ela não entendeu nada do livro: "Diga-me, sra. Morrison, por que acha que Nel sentia falta de Sula?".

Em relação aos escritores norte-americanos, considerando os três romances que ela escreveu, sem falar nos que virão, Toni está dentro. Quem mais está escrevendo? Quem mais está fazendo isso? Não há a menor dúvida. São as mulheres negras. O que está acontecendo com as mulheres negras é ótimo. Elas estão voando. Pergunte a uma mulher negra: o que você está fazendo? Ela dirá: "Farei o que tenho que fazer e estou muito feliz por você. Não lhe desejo mal, mas tenho que ir". Acho que estamos começando a liberar muita energia porque haverá competição, principalmente entre as escritoras negras. Não chegamos ao ponto em que homens negros e mulheres negras competem, apesar do que você pode ouvir por aí. A competição é entre nós. O que você vê na mídia não é importante. Pouquíssimas mulheres negras escrevem por respeito ou preocupação com o que os brancos pensam. Não me importo se o [*New York*] *Times* escreve sobre meus trabalhos ou não. Se pode resenhar Michele, não precisa me resenhar.

Se o *Times* pode resenhar Michele, não pode resenhar Jeanne Noble de jeito nenhum. O jornal precisou fazer uma escolha e optou por aquilo que entendia.

Se você folhear *Cotton Candy*, ouvirá muita música. Pois, se você está com problemas, não assobia uma melodia alegre e mantém a cabeça erguida. Você murmura: "Hmmm". Cantarola uma melodia gospel básica. Você consegue imaginar os sons em um navio negreiro? Imagine como um deles soava para as mulheres. Todas as histórias de navios negreiros que ouvimos até agora foram contadas por homens. Tudo que eles ouviam era a agonia dos homens. Isso é válido, mas imagine só como um deles deve ter soado para uma mulher. O murmúrio devia ser ensurdecedor. Certamente estava lá. O murmúrio, a música gospel, o canto responsorial vieram, porque estão aqui. Não foram os homens que os trouxeram. Não estou criticando-os. Eles, sem dúvida, trouxeram o tambor, mas não o murmúrio; não trouxeram a chamada do líder ou os gritos do campo, pois não os conheciam. Eles não eram homens do campo. Eram caçadores. Caçadores não fazem barulho. Então o que ouvimos na música vem das mulheres. As pessoas continuaram a ignorar o impacto das mulheres. Nós, mulheres, não faremos isso. Éramos nós que trabalhávamos nos campos do continente africano. A música não é algo que aprendemos aqui. Já éramos comunais mesmo naquela época e, à medida que chegávamos a campos maiores, chamávamos umas pelas outras. Se não respondia, íamos procurá-la. O murmúrio, o grito, o chamado da líder são coisas das mulheres. Os homens não faziam isso. Na África, os homens negros saíam para caçar; mas, na América, ficavam nos campos com as mulheres. Eles aprenderam as coisas das mulheres com elas. Então o que você ouve na nossa música nada mais é do que o som de uma mulher chamando a outra.

Vozes Negras

Kristin Hunter

Nascida em 1931, na Filadélfia, Kristin Hunter iniciou sua carreira literária aos 14 anos como colunista para jovens leitores e articulista do Pittsburgh Courier. *Teve vários empregos para sustentar sua escrita e foi integrante do Departamento de Inglês da Universidade da Pensilvânia, sua* alma mater.

Sua obra caracteriza-se por um senso de humor marcante e por uma sátira calorosa, que, para ela, são formas mais eficazes de comunicar protestos sociais do que declarações diretas.

Seu primeiro romance adulto, God Bless the Child *(1964), conta a história de Rosie Fleming, uma jovem ambiciosa que, por estar determinada a deixar a periferia, tem vários empregos. A iniciativa de Rosie é louvável, embora o trabalho prejudique sua saúde e ela tenha falsos símbolos de sucesso como meta. O segundo romance,* The

Landlord *(1966), é a história hilária de Elgar Enders, um homem branco abastado que compra um edifício de apartamentos em uma periferia e, em seguida, tenta modificar os ocupantes.* The Survivors *(1975) é sobre uma mulher independente de meia-idade que descobre que o amor pode dar um novo sentido à vida e não, como ela acreditava, torná-la emocional e financeiramente vulnerável.* The Lakestown Rebellion *(1978) recorda a luta vitoriosa dos moradores de uma cidade totalmente negra para impedir a construção de uma rodovia interestadual que ameaça destruir a comunidade. Seus livros para o público juvenil incluem* The Soul Brothers and Sister Lou *(1968),* Boss Cat *(1971), uma coletânea de contos intitulada* Guests in the Promised Land *(1973) e* Lou in the Limelight *(1981).*

Ao longo de sua vida, Kristin Hunter escreveu doze obras para crianças e adultos e lecionou por mais de vinte anos na Universidade da Pensilvânia. Faleceu em 2008, aos 77 anos.

Entrevistando Hunter

KRISTIN HUNTER: Acho que o movimento negro se enfraqueceu nos Estados Unidos. Vejo um bando de seguidores andando em círculos à procura de um líder. Fiquei sabendo que as irmãs tiveram muito a ver com essa desestruturação, preocupadas com o fato de seus homens serem falsos ativistas em prol do movimento negro sendo que, na miúda, estão dormindo com mulheres brancas.

Não faço parte do movimento feminista. Não conheço ninguém que faça. Ele ainda está se desenvolvendo. Acho que ele pegou carona no movimento negro e em vários outros movimentos sociais, como os Panteras Cinzentas, a libertação *queer*, a libertação de pessoas com deficiência... e quase os esmagou. O movimento feminista ofuscou muitas preocupações negras e diluiu as conquistas dos nossos movimentos. Acho que retrocedemos.

O movimento nos países em desenvolvimento tem progredido. Há o entendimento de que fazemos parte de uma comunidade mundial de pessoas racializadas. Talvez essa seja a ênfase agora. Gostaria de acreditar que esses movimentos promoveram ainda mais a consciência social entre a população, mas não consigo. As pessoas estão mais cientes do racismo institucional. E só.

Se algo me emociona, escrevo a respeito. Somos uma maravilha. Temos uma história.

Meu marido foi baleado pela Ku Klux Klan aqui em New Jersey. Depois que a autorização para a manifestação da KKK em Barnegat, New Jersey, foi negada, alguns membros frustrados se reuniram com suas cervejas no condado de Gloucester e atiraram aleatoriamente em pessoas negras. Foi assim que meu marido foi baleado. Eles pararam ao lado do carro, olharam para ver a cor dele e dispararam seis tiros. O mesmo aconteceu com o irmão atrás dele; eles emparelharam o carro e atiraram algumas vezes. Sem feridos, apenas terrorismo. As pessoas que têm o mínimo de letramento racial, não apenas os intelectuais, estão cientes de que o racismo vem piorando. Talvez algo bom saia disso tudo. São seremos mais iludidos.

Muitos programas sociais da Great Society visavam eliminar a pobreza e a injustiça racial. Mas muitos deles foram mal-aproveitados e eram apenas medidas provisórias e paliativas para manter as pessoas fora das ruas. Agora elas estão de volta. Vejo muita apatia e muito vandalismo dentro da nossa comunidade. Vejo coisas tristes acontecendo com nossos jovens, principalmente com nossos rapazes.

CLAUDIA TATE: Como o fato de ser negra e mulher influencia seu trabalho?

HUNTER: Boa parte do meu processo de escrita não é premeditada. Para o crítico, talvez pareça ser o contrário. Mas os detalhes sobre os personagens e o tema surgem quase de forma involuntária. É claro que ser negra e mulher afeta meu trabalho. Todo livro tem uma personagem feminina dominante; alguns também têm personagens masculinos dominantes, mas não todos. Não faço isso de forma proposital. Minha reflexão produz os personagens. Nem sei quem eles são, de que parte do meu inconsciente eles surgem, até muito depois de ter terminado o livro.

Bella [*Lakestown Rebellion*], por exemplo, surgiu como sendo minha mãe. O nome da minha mãe é Mabel. Além disso, Bella era, no início, uma mulher chamada Evabelle. Acabei optando por Bella, que significa linda e rebelde. Estava ciente disso. Há também uma garotinha no romance chamada Cindy. Ela é uma pessoa com mutismo e tudo que consegue fazer é cantar. Então, de repente, ela começa a falar. Só fui perceber muito tempo depois de ter terminado o livro que ambas as personagens são facetas extremas de mim mesma. Não sou tão corajosa quanto Bella, nem tão sensível como já fui, tendo sido criada em uma "casa em que as crianças são vistas e não ouvidas". Quando eu era criança, eu literalmente nunca conseguia terminar uma frase. Mas eu não era não oralizada; fui silenciada. Por isso acredito que a rebelde Bella é um reflexo dos meus próprios sentimentos de rebelião, embora eu não estivesse ciente disso na época em que escrevi o livro.

Sobre *The Survivors*, só compreendi que conhecia a pessoa que inspirou a srta. Lena quando olhei em retrospecto para a história. É uma pessoa muito mundana. A srta. Lena, por outro lado, é bastante recatada. Não sabia de onde tinha tirado o nome até me lembrar de que minha avó materna se chamava Lena Anderson Manigault.

Ela também era costureira. As grosserias que saem da boca da srta. Lena quando ela está lidando com as pessoas em geral e não com suas clientes são semelhantes ao que minha avó poderia ter dito, mas nem sequer pensei nela enquanto escrevia a história.

Não sei de onde tirei os personagens de *The Landlord*. Essa é a mais pura verdade. Conheço pessoas que são atores, ou seja, que aplicam verdadeiros golpes, fantasiados e tudo. Conheço pessoas que, para superar — amo essa expressão por seus múltiplos significados: ter sucesso, dar a volta por cima, vencer obstáculos etc. —, incorporam diversas facetas. Elas mudam de identidade o tempo todo. Vejo isso como uma forma de enlouquecer, que é o que acaba acontecendo com Charlie. Na verdade, conheci um homem que tinha uma licença de abertura de faculdade e que, de certa forma, foi a inspiração para DuBois, embora não tivesse a mesma personalidade. Espero ter tirado isso de algum outro lugar. Ele também andava por aí vendendo diplomas. Conheci muito superficialmente uma pessoa como o proprietário. Para construir personagens, é melhor não conhecer as pessoas a fundo, para que a imaginação domine. Os personagens podem então ser apresentados de uma forma mais profunda, porque você está usando as fontes da própria imaginação, fontes universais, em vez de copiar um comportamento da vida real.

O enredo de *The Landlord* apareceu um dia em uma esquina. Um homem branco e rico que eu conhecia bem comprou um edifício de apartamentos e me mostrou os talões de recibo do aluguel. Ele disse: "Comprei um edifício. Vou recolher os aluguéis. Doc virá me ver na próxima quinta-feira. Ele é caminhoneiro e é o dia em que estará de volta. Minnie só vai me pagar daqui a duas semanas a partir de quinta-feira. É o dia em que recebe seu salário". Eu o ouvi, séria, mas estava morrendo de rir por dentro. Disse a mim mesma: "Rapaz, você se meteu em uma roubada". Ali estava minha história. É claro que os nomes não são os mesmos dos meus personagens. Não precisava e não queria vê-lo outra vez. Nunca vi nenhum dos moradores do prédio, mas, pelo que ele me contou e pelos nomes citados, percebi que eram negros do centro da cidade e que estavam pregando uma peça nele. Eu sabia que aquele garoto rico e branco estava prestes a ser enganado. Mas não sei se as pessoas entendem a parte em que o proprietário toma conta de Walter Gee. O romance mostra um menino branco e imaturo que, ao ser forçado a conviver com aquelas pessoas, é obrigado a crescer, a ser responsável, a enxergar a realidade. Os homens brancos podem permanecer meninos até idades bem avançadas, porque são protegidos. A relação entre ele e Walter Gee simboliza seu crescimento.

Também conheci uma garota como Rosie de *God Bless the Child*. Encontrei-a apenas uma vez e soube que ela tinha dois empregos porque queria comprar um imóvel. Fui para casa e disse que escreveria um livro sobre ela. É claro que ninguém acreditou em mim.

C.T.: Como você encaixa a escrita na sua vida?

HUNTER: Mal. Muito mal. Escrever um romance leva muito tempo. Combino a vida como esposa e mulher, como pessoa e professora, com a escrita. Não estou reclamando; quero uma vida plena, mas há um preço a se pagar. Disse que gostaria de terminar a continuação de *The Soul Brothers and Sister Lou* no verão de 1979. Estava muito atrasada em relação ao contrato e ao público. *Soul Brothers* foi meu livro mais popular. As crianças não paravam de me escrever para perguntar o que tinha acontecido com os personagens, como se eles fossem pessoas reais. Continuei deixando o livro de lado. De vez em quando, ainda tento escrever depois da faculdade, nos fins de semana — planejo um capítulo todo fim de semana —, mas nem sempre consigo. Parte do problema é minha disciplina. Nem sempre priorizo o mais importante. Escrever é mais difícil do que qualquer outra coisa; pelo menos *começar* a escrever é. É muito mais fácil lavar a louça. Quando escrevo, estabeleço uma cota diária de páginas. O problema é que, em nove de dez vezes, eu começo às quatro da tarde, porque fiz todo o resto antes. Isso é tudo culpa da minha relutância em encarar a escrita. Mas, assim que entro no ritmo, me pergunto por que demorei tanto. É por isso que digo que nem sempre sou boa em definir minhas prioridades.

Como você pode ver, consegui um teto todo meu. Mas precisei ser muito determinada. Há dois adolescentes em fase de crescimento nesta casa e eles haviam ocupado cada centímetro do meu cômodo. Um certo verão, vim para cá e, como uma índia,[1] me sentei e disse que não desistiria. Joguei a televisão fora, o que me colocou no caminho da vitória. Meu marido diz brincando que nem ele eu deixo entrar aqui. É claro que não é verdade. Foi ele que consertou o lugar para mim. Eu precisava de um cômodo, e agora tenho um. Minha família colabora. Tudo que falta é eu me controlar e conseguir dizer: "Deixe a louça na pia". Isso é o mais difícil.

C.T.: Qual é sua responsabilidade para com seu público? Você se considera uma formadora de opinião?

1 O termo utilizado, *squaw*, é atualmente considerado ofensivo para se referir às mulheres indígenas. (N. T.)

HUNTER: Nunca me considerei uma formadora de opinião. Outras pessoas me consideram, e estou começando a pensar que nunca quis me ver assim. *The Lakestown Rebellion* foi inspirado em uma cidade totalmente negra que se rebelou contra a construção de uma rodovia. É interessante observar que essas vias expressas sempre passam pelas áreas negras da cidade. Acontece em todo o país. Os negros do lugar que inspiraram o livro disseram que lutariam contra a rodovia com seus corpos, se necessário, o que estava bem próximo do que escrevi.

Até o momento, uma das minhas motivações tem sido recriar o mundo que conheço como aquele em que gostaria de estar — daí meu otimismo e finais felizes —, mas nunca sonhei que poderia remodelar o mundo real.

Tenho sido otimista na maioria dos meus livros, quase de forma compulsiva nos finais, com exceção do primeiro e de sua continuação, *Lou in the Limelight*. Não lamento que tenha sido assim. Sinto que estou em uma transição, embora não saiba em que direção estou me dirigindo. Como já disse, os negros, como um grupo, devem deixar suas ilusões de lado. Acho que perdi muitas das minhas depois de passar apenas seis meses no Sul dos Estados Unidos. Não posso permitir que as crianças vivam em um mundo de sonhos. Os meninos acreditam que todos podem ser atletas, e as meninas, que todas podem ser cantoras. Esse é o caminho para a fama e o sucesso. Só que é uma ilusão. Fui compelida a escrevê-lo, mas me pergunto que tipo de livro para adolescentes ele será, porque cada capítulo que escrevi tem um acontecimento perturbador. O final não é de um otimismo exultante, mas também não é um horror absoluto.

Gostaria de acreditar que as pessoas podem realizar seus sonhos. Não necessariamente o sonho americano, pois meu primeiro romance refuta essa ideia, mas acreditar que problemas possam ser solucionados. No entanto, é uma doença nacional. Como estadunidenses, acreditamos que todos os problemas podem ser resolvidos, que todas as perguntas têm respostas. Aprendi a ver que não. Acho que ter estado em Emory,[2] no Sul, me radicalizou um pouco.

C.T.: O que desperta seu interesse?

HUNTER: Meus temas chegam até mim. Acho que minhas ideias nunca se esgotarão. Talvez minha energia se esgote. Há histórias esperando para serem escritas. É sobre o que quer que prenda minha imaginação. Elas encontram um formato, como um romance ou um conto. Escrevo o que é mais urgente primeiro. Tenho uma porção de histórias que ainda não escrevi. Minha caixa de projetos futuros está cheia.

Estou empenhada em dizer a verdade. Acho que sempre fui uma escritora realista. Não estou interessada apenas nas angústias e na felicidade das mulheres negras. Tenho interesse nas maneiras que os negros encontram de se adaptar às restrições deturpadas e estarrecedoras da sociedade. Talvez por isso haja alegria e humor nos meus livros. Fico maravilhada com nossa resiliência. Isso me espanta e, se algo me emociona, escrevo a respeito. Somos uma maravilha. Temos uma história.

2 Kristin Hunter foi professora visitante na Universidade de Emory, em Atlanta, Geórgia. (N. T.)

Enquanto escrevia *Lakestown*, dei um curso sobre as origens da literatura afro-americana em que abordei a tradição dos *tricksters*[3] nas narrativas de escravidão. Isso fez com que muitos tópicos que discutimos fossem incluídos no romance. Além disso, eu tinha um interesse especial por Zora Neale Hurston e seu trabalho antropológico — "Zoralógico" — singular. Usei sua obra como fonte enquanto ministrava o curso "Cultura e Literatura Negra" e escrevia *The Lakestown Rebellion*. Naturalmente, o espírito dela, bem como o de Langston Hughes, se embrenharam no livro. Além disso, sou casada com John Lattany, um homem do estado da Geórgia que me contou histórias sobre *tricksters*. E as pessoas aqui em Camden, New Jersey, com as quais cresci, são migrantes do Sul que mantiveram essas referências vivas. Todas essas coisas foram alimentando meu romance.

C.T.: Você vê alguma diferença na forma como escritoras e escritores negros selecionam seus temas e retratam seus personagens?

HUNTER: Acho que os homens dão ênfase à violência física e aos confrontos brutais. Há exceções, é claro. Já as mulheres dão um enfoque maior às relações pessoais: família, cenas dramáticas centradas no lar. Talvez eu esteja pensando mais no que as escritoras brancas costumam fazer. Houve uma época em que existia uma coisa chamada "sensibilidade feminina", ou seja, protegida. Não sei se as mulheres negras alguma vez já receberam proteção. Tudo isso para dizer que eu basicamente vejo mais agressão e violência

3 Figura presente em diversas mitologias que prega peças e desobedece às normas de comportamento. Alguns exemplos de personagens brasileiros que se enquadrariam nesse conceito segundo os estudiosos são Macunaíma, Saci Pererê e Exu Mirim. (N. T.)

externalizada em obras de homens negros. É claro que Gayl Jones também tem essa violência, mas seus personagens são vítimas, o que é um pouco diferente dos protagonistas tradicionais.

C.T.: Para quem você escreve?

HUNTER: Em primeiro lugar, escrevo para mim mesma, e, em segundo, para o maior número possível de pessoas. Uma das forças mais potentes da minha vida tem sido a necessidade de escrever. Escrevo desde bem pequena e sempre soube que queria ser escritora. Sempre houve muitos livros espalhados pela casa. Então fui ao encontro deles muito cedo. Quando me imagino criança, me vejo lendo em algum lugar, geralmente escondida e lendo. Com a indicação de uma tia, comecei a escrever uma coluna no *Pittsburgh Courier* aos 14 anos. Logo passei a escrever reportagens especiais. Fiz isso durante seis anos. Nesse meio-tempo, publiquei alguns contos e poemas.

C.T.: Você usa o humor para disfarçar o seu protesto?

HUNTER: Às vezes acho que o humor e a sátira são técnicas mais eficazes para expressar discursos sociais do que comentários diretos. Nunca tive que me preocupar com a possibilidade de cair em um padrão patogênico, porque minha mente não funciona assim. Nunca senti que um cartaz e um poema tivessem alguma semelhança. Sua pergunta faz parecer que o uso do humor como meio para tecer comentários críticos é mais consciente do que é. Não me sento e digo: “Como posso disfarçar isso com humor?”. Se estou muito zangada com alguma coisa, a raiva transparecerá na obra.

Quando tenho uma ideia, ela surge na forma em que deve ser expressa. Já escrevi textos jornalísticos, prosa, poesia, peças de teatro e roteiros de televisão. A raiva e o humor encontram seu próprio jeito de ir de encontro a um personagem. Eles se tornam a raiva ou o humor do personagem, não meus.

Além disso, não vejo nenhum dos meus personagens como vítimas totalmente desprotegidas. Assim como não vejo os negros como vítimas, embora sejamos explorados. Vítimas são personagens rasos e unidimensionais, alguém achatado por um rolo compressor, como uma pessoa de papelão. Somos muito mais resilientes e *completos* do que isso. Vou continuar mostrando que somos muito mais do que vítimas. Vítimas estão mortas.

C.T.: Há algum conflito entre a vida universitária e sua escrita?

HUNTER: As duas atividades são bem diferentes. A universidade não me supre criativamente; na verdade, ela interfere na escrita. Não consigo escrever ministrando dois cursos por semestre. Por outro lado, ela me mantém alimentada e me garante um teto para morar. Gosto de trabalhar com jovens, de descobrir o que eles pensam, de vê-los se desenvolver. É uma fonte de energia, ainda que drene a energia da escrita.

Alguns anos atrás, meu plano era alternar entre escrever um livro para adultos e um para jovens. Não funcionou bem assim. Acho que esse plano me impede de cair na rotina e de me tornar uma escritora limitada, embora já não haja mais tanta diferença entre as duas categorias. Poucos assuntos ainda são tabus. Meu estilo até aqui tem sido tão simples que não preciso fazer nenhuma mudança no vocabulário, principalmente porque escrevo para jovens mais maduros. Quero manter ambos os públicos vivos. Vou lhe contar um segredo: livros juvenis são mais lucrativos. Não no começo, mas a longo prazo. Há sempre outra safra de crianças para quem as escolas precisam comprar livros. Bibliotecas, pais, tias e tios também continuam comprando livros. Além disso, as obras infantis ficam disponíveis por um período mais longo. Livros adultos têm vida útil muito curta. Embora a maioria dos meus tenha permanecido disponível por muito tempo, o livro adulto costuma sair do mercado, se não fizer sucesso, em três meses.

C.T.: O escritor negro chegou ao *mainstream* da literatura norte-americana?

HUNTER: Nos últimos quinze anos, mais ou menos, houve um enorme desabrochar de talentos negros. Eles sempre estiveram lá, pois somos um povo extremamente talentoso e resiliente, mas eles só foram publicados em grande escala na década de 1960. Acho que boa parte dessa exposição foi reduzida, embora alguns grandes nomes recebam muita atenção da mídia. Acredito que os tempos melhoraram muito; antigamente, tínhamos um único grande escritor negro por geração. Foi Richard Wright por um tempo, então ele morreu e Baldwin assumiu. Agora temos um grande escritor por ano. Este é o ano de Morrison. O ano passado foi o ano de Haley.

C.T.: Quais escritores a impressionaram?

HUNTER: Por um tempo, foi J. P. Donleavy. Depois, Steinbeck. Sempre quis escrever como Colette, mas não escrevo. Ela é quem mais admiro. Há outras pessoas que estimo, mas não tento escrever como elas. Acho Ishmael Reed um gênio; admiro muito seu trabalho. Temos uma admiração mútua. Ele diz gostar das minhas caracterizações; já eu gosto de como ele consegue se distanciar desse plano terrestre realista ao qual pareço estar presa. Fantasia, fábula e poder. Morrison também faz isso, mas não sei bem aonde ela quer chegar. Percebi que estar enraizada em alguma estrutura religiosa dá muito poder à escrita. A religião nunca esteve presente de uma forma profunda e penetrante no meu trabalho ou na minha vida, como é o caso de alguns outros escritores. Não frequentei a igreja, mas conheço a Bíblia. Meu marido vive dizendo que tenho que lê-la inteira, não apenas passagens. Mas Baldwin frequentou a igreja. É preciso voar, e ter uma estrutura espiritual fornece um ponto de partida. Gosto das histórias de Bambara, sobretudo de *Gorilla, My Love*. Sua linguagem é impressionante. Não tento escrever como essas pessoas. Eu as admiro.

C.T.: As escritoras negras podem ajudar a solucionar o debate sexista negro?

HUNTER: Devemos suspeitar da publicidade por trás de *Black Macho* ou de qualquer outra obra escrita por pessoas desconhecidas que receba uma enorme propaganda. Não estou dizendo que se deva desconfiar dos negros, mas deve-se desconfiar da sociedade que promove tais obras. Acho que o debate sexista, como você o chama, tem sido uma tática, uma manobra desagregadora que não foi criada pelos negros.

A academia branca e o mundo branco como um todo não veem os negros como parte da cultura dos Estados Unidos. A literatura neste país é uma instituição anglo-saxã. E, caso alguém esteja interessado, ali estão todas as coisas exóticas com as quais se pode lidar. Essa é a situação em que os programas de estudos de negritude se encontram. Quando algo feito por nós se torna um sucesso da noite para o dia, é preciso desconfiar dos motivos. Forças muito prejudiciais estão em ação. O que temos em *Black Macho*, por exemplo, é a divisão de negros contra negros, entre homens e mulheres.

Alguém uma vez questionou o que há de errado com o matriarcado. Ele funciona em algumas sociedades em que as mulheres têm certo controle. Por exemplo, riram de mim em uma loja de discos no Haiti. Lá as mulheres sempre ficam com o dinheiro, assim como as mulheres dos mercados na África. Você chamaria isso de matriarcal? Não estou interessada em quem é que manda. Naquele dia no Haiti, John estava a um quarteirão atrás de mim, e eu estava sem um tostão. Nós geralmente dividimos o dinheiro quando viajamos. Escolhi meu disco e disse em francês que meu marido estava com o dinheiro. Ah, elas deram boas risadas.

Seja qual for o matriarcado que temos aqui nos Estados Unidos, ele não está funcionando. Ele consiste em cheques da Previdência Social. Talvez seja uma maneira de nos manter dependentes do sistema, de manter nosso povo desempregado. Eles acham que as mulheres podem ser mais facilmente controladas, então eles enviam o cheque para elas. Estou pensando analiticamente agora, e é um pensamento bastante desagradável. Os negros estão se engalfinhando por causa dessa história de matriarcado e deixando o verdadeiro inimigo em paz. Sempre fui da opinião de que, se pararmos um pouco de brigar entre nós mesmos e nos ajudarmos, poderemos assistir ao colapso da sociedade branca. Deveríamos nos preocupar em usar nossas próprias habilidades de sobrevivência.

Acho que muitas garotas negras buscam a imagem da mulher negra forte, mas acabam tendo dificuldade de estar à altura dela. Vejo muitas garotas se comportando como se acreditassem ser capazes estar à altura dessa imagem. Nikki [Giovanni] disse uma vez: "Não preciso de marido. Posso simplesmente ter um bebê". Mais tarde, ela mesma viu que é difícil criar um filho sozinha. E ela disse isso. Acreditar no mito da mulher-maravilha não é nada bom. E se os homens acreditam nisso, é pior ainda. Não há problema algum com o matriarcado, desde que ele funcione. Mas ele não funciona aqui, provavelmente porque não temos nossa própria terra, nossos próprios produtos, nossos próprios mercados. O que precisamos aqui é que todo mundo ajude e faça sua parte... Não temos nem leme, então temos que parar de nos preocupar com quem é o timoneiro.

Vozes Negras

Gayl Jones

Gayl Jones nasceu em 1949, em Lexington, Kentucky, onde viveu até sair para frequentar o Connecticut College e a Universidade Brown. Tinha 26 anos quando seu primeiro romance, Corregidora *(1975), foi publicado. Trata-se de uma bizarra narrativa romântica que expõe a história familiar íntima de três gerações de mulheres negras na zona rural do Kentucky, do início até a metade do século XX. Já* Eva's Man *(1976) são as memórias de uma jovem sobre os eventos que levaram ao seu confinamento em uma instituição psiquiátrica. A coletânea de contos,* White Rat *(1977) retrata breves encontros com pessoas negras aparentemente comuns, também na zona rural do Kentucky.* Song for Anninho *(1981), é um longo poema lírico sobre uma revolta*

Todas as obras de Jones são narrativas cuidadosamente elaboradas, desenvolvidas a partir de sua determinação em transmitir uma história inteiramente nos termos dos processos mentais do protagonista, sem qualquer intrusão autoral. Embora isso tenha inquietado muitos críticos, Jones insiste que sua tarefa é registrar suas observações com compaixão e compreensão, mas sem julgamento. Seu estilo e método refletem sua maestria em combinar narrativas improvisadas com técnicas formais e sofisticadas, de maneira que elas não soem artificiais ou dependam de dispositivos narrativos intrusivos.

Os últimos trabalhos de Gayl Jones são The Healing *(1998), pelo qual foi finalista da National Book Award,* Mosquito *(1999) e, após 22 anos sem publicações,* Palmares *(2021), um romance ambientado no Brasil do século XVII, muito aclamado pela crítica.*

Entrevistando Jones

CLAUDIA TATE: Gayl, em sua conversa com Mike Harper,[1] você disse que não sabia que ato misterioso Great Gram havia realizado no velho Corregidora até chegar ao final do romance. Isso significa que sua escrita é um tanto espontânea, aberta? Poderia descrever seu processo?

GAYL JONES: Na entrevista com Michael Harper, eu disse que não sabia o que Great Gram tinha feito a Corregidora quando mencionei pela primeira vez no romance seu "ato misterioso". Quando me fiz essa pergunta, não sabia o que seria, nem mesmo se resolveria isso no livro ou se continuaria sendo um mistério. Mas durante o processo de escrita, a questão foi resolvida. Ou melhor, foi resolvida no processo da personagem Ursa encenando uma nova situação.

Minha escrita é, em grande parte, aberta, embora eu faça esboços vagos dos itens que desejo incluir: listas de acontecimentos, temas, situações, personagens e até detalhes de diálogos. Faço anotações antes e durante a escrita. Acho que as faço mais agora do

1 Michael Harper. "Gayl Jones: An Interview". *The Massachusetts Review*, v. 18, inverno de 1977, p. 692-715. (N. O.)

Uma certa consciência é sempre necessária na escrita.

que quando estava escrevendo *Corregidora* ou *Eva's Man*, embora esse tipo de esboço "vago" tenha começado com esses romances. Gosto mais da palavra "improvisado" do que "espontâneo"; acho que descreve melhor meu processo de escrita.

Corregidora, como foi publicado pela Random House, é, em linhas gerais, minha primeira versão, pois fiz apenas uma pequena mudança. Acrescentei informações sobre o passado de Ursa, seu relacionamento com Mutt e com a mãe. Meu método de revisão geralmente consiste em fazer perguntas e, em seguida, tentar respondê-las de forma dramática. No caso desse livro, minha editora, Toni Morrison, fez uma pergunta que não havia sido respondida sobre o passado de Ursa. O que exigiu que eu elucidasse as relações entre Ursa e Mutt e Ursa e sua mãe. Então adicionei cerca de cem páginas para respondê-la. Agora, antes de enviar qualquer coisa, faço a mim mesma as perguntas que não foram respondidas ao longo do manuscrito ou talvez apresente novas, que então passo a responder. Obviamente, prefiro respondê-las de forma dramática a apenas fazer afirmações.

Eva's Man foi reescrito várias vezes. No início, era uma espécie de romance lírico, depois um conto "dramático" e então a versão publicada pela Random House. A abordagem do tempo e a ordem dos eventos nesse romance foi sobretudo improvisada. Queria passar a sensação de diferentes épocas e personalidades distintas coexistindo na memória. Também tentei fazer outra coisa que, creio eu, não foi bem compreendida. Dramatizar uma sensação de episódios reais e fantásticos coexistentes na narrativa de Eva. A pergunta que o ouvinte ouviria o tempo todo seria: quanto da história de Eva é verdadeira e quanto deliberadamente não é, ou seja, em que proporção ela está jogando com seus ouvintes, psiquiatras e outros? E, por fim, quanto de sua história é sua própria fantasia sobre o passado? Procuro sugerir isso na forma como a história começa e pela repetição dos mesmos eventos e situações, mas com pessoas diferentes envolvidas.

C.T.: O processo que você acabou de descrever parece particularmente adequado para alguém que está *contando* uma história, uma vez que uma história, ao que tudo indica, não precisa se preocupar com aspectos tão formais. Ela parece se desenrolar. Você se considera antes de tudo uma contadora de histórias? Se sim, o que isso implica em termos do ouvinte, da história em evolução e, sobretudo, do narrador para quem você molda as ideias?

JONES: Penso em mim, principalmente, como uma contadora de histórias. Boa parte da ficção que escrevo e que parece funcionar é aquela em que estou preocupada com quem conta a história, não apenas com a autora na posição de contadora de histórias, mas ainda com os personagens. Há também uma percepção do ouvinte, bem como do narrador no que diz respeito à minha organização e seleção de eventos e situações.

Quando escrevi *Corregidora* e *Eva's Man*, estava, e ainda estou, interessada nas tradições orais da contação de histórias afro-americanas e outras em que há sempre a consciência e a importância do ouvinte, mesmo nos monólogos interiores, quando quem conta a história se torna seu próprio ouvinte. Essa consciência ou autoconsciência determina minha seleção de eventos significativos.

C.T.: Quando li *Corregidora*, senti que estava ouvindo uma história muito particular, do tipo que não se conta para todo mundo. Tive a sensação de que a narradora tentava conscientemente selecionar eventos para compor seu relato. E que eu devia não apenas ouvi-la, mas me envolver tanto com sua história que, de alguma forma, compartilhasse seu esforço para entender e aceitar o passado. Em *Eva's Man*, senti que a personagem Eva não seria violada por ninguém, nem mesmo pelo ouvinte que escolhera.

JONES: Acho que em *Corregidora* eu estava preocupada em transmitir uma noção de história íntima, principalmente uma história pessoal, e contrastá-la com o relato geral e impessoal da história de Corregidora. Nesse sentido, uma razão para Ursa contar sua própria história e a história da mãe é compará-las com a narrativa "épica", quase impessoal, de Corregidora.

Em *Eva's Man* não há o mesmo tipo de confidência direta, o relato de uma história como em *Corregidora*. Embora Eva apresente sua "história íntima", opta por fazê-lo apenas sobre momentos horríveis, como uma espécie de desafio para o ouvinte. Eu queria a percepção de que ela guarda certas coisas para si e que escolhe o que vai ocultar. Mas também queria que o leitor tivesse a sensação de não saber sequer se as coisas de que ela se recorda são, de fato, verdadeiras. Talvez ela esteja jogando um jogo com o ouvinte.

C.T.: Nas narrativas em primeira pessoa, principalmente nas voltadas para a autorrevelação de experiências, o processo de caracterização é dinâmico. Muitas histórias, sobretudo as escritas por homens negros — tenho em mente *Invisible Man* e *The Autobiography of an Ex-Colored Man* —, nunca dizem nada sobre o eu íntimo. Elas abordam o eu em conflito com instituições externas. Por outro lado, sua obra, bem como grande parte da literatura feita por mulheres, parece se preocupar em revelar o senso íntimo do personagem por meio de relacionamentos complexos. Assim como as de muitas escritoras negras, suas histórias parecem se concentrar na revelação do caráter interior em vez de relatar o enfrentamento direto de questões sociais. Você acha que homens negros e mulheres negras escrevem diferente no que diz respeito à caracterização, temas dramatizados, recursos do ofício?

JONES: Sim. Tenho pensado nisso principalmente sobre o que chamo de "eventos significativos" na ficção. Há uma diferença na maneira como homens e mulheres selecionam tais eventos e relacionamentos.

Muitas escritoras tratam os relacionamentos dentro da família, da comunidade, entre homens e mulheres e entre mulheres — das narrativas de escravidão de escritoras negras em diante — como complexos e significativos, ao passo que para muitos homens os relacionamentos significativos são aqueles que envolvem confronto, relações fora da família e da comunidade. Nas narrativas femininas de escravidão, por exemplo, costumamos encontrar relacionamentos pessoais, particulares, "íntimos". As masculinas, por outro lado, contêm relações "representativas". Mesmo quando os homens criam heroínas, muitas vezes as relações selecionadas ou dotadas de significado são mais representativas do que pessoais. Por exemplo, vamos comparar *The Autobiography of Miss Jane Pittman*, de [Ernest J.] Gaines, e *Jubilee*, de [Margaret] Walker. No primeiro, as relações que recebem atenção têm algum tipo de implicação na sociedade. Por outro lado, não temos qualquer noção da história pessoal de Miss Jane. A atenção dela está sempre voltada para fora de si, e os eventos descritos em detalhes têm consequências sociais, não pessoais ou íntimas. Não temos qualquer noção dos relacionamentos dela, por exemplo, com o marido.

A questão da própria identidade e do poder de agir parecem determinar essas diferenças. As escritoras parecem retratar a mobilidade e a identidade essenciais que ocorrem dentro da família e da comunidade. Mas, talvez, para os homens esse "lugar" e esses relacionamentos sejam insignificantes, restritivos, circunscritos. As perguntas que fazemos são: as ações das mulheres seriam, em geral, consideradas significativas pelos homens? As consequências das ações de um homem seriam diferentes das de uma mulher? As consequências históricas das ações de homens e mulheres tiveram peso semelhante? Como isso se reflete nas obras? Se você comparar as narrativas de escravidão escritas por homens com aquelas escritas por mulheres, verá, nestas últimas, relações interpessoais muito delicadas e complexas, sejam elas entre pessoas da mesma raça ou interraciais. No caso dos homens, o foco está nas injustiças sociais, com pouco senso de relacionamento íntimo entre os escravizados, o que impossibilita o desejo de liberdade.

A questão dos eventos/ações/relacionamentos significativos na ficção e a maneira como o gênero, a história, a cultura e a geografia os influenciam sempre me interessaram, não apenas em termos de escrita, mas também em como isso afeta a resposta crítica de alguém a uma obra. Escrevi uma história em que um homem e uma mulher participam da mesma ação, mas a consequência para o homem é, digamos, a morte, enquanto para a mulher, não é. Embora eu não queira de forma alguma dizer que as ações das mulheres não tenham tido peso semelhante, a história parece insistir que o ônus das consequências recai mais sobre os homens do que sobre as mulheres.

C.T.: Quem ou o quê mais influenciou seu trabalho?

JONES: Minha mãe, Lucille Jones. Meus professores de escrita, Michael Harper e William Meredith. E a "comunidade de fala" na qual vivi durante a infância e a adolescência, cuja influência foi muito importante no meu estilo de escrita narrativa. Embora eu não esteja em condição de dizer de que maneira um escritor influenciou meu trabalho, posso citar alguns de que gosto muito: Hemingway, Joyce, Gaines, Cervantes, [Jean] Toomer, [Geoffrey] Chaucer. Essas foram provavelmente minhas primeiras influências. Hemingway, Gaines e Chaucer são, para mim, os "contadores de histórias". Joyce e Toomer, os "ficcionistas". Cervantes, ambos. Digo "em termos de escrita" porque agora surgiu um novo tipo de questão: o ensino, principalmente o curso de literatura afro-americana que leciono. Como professora, tenho que olhar para os autores, suas obras e tradições literárias de uma maneira que não precisava como leitora ou escritora. Como resultado dessa perspectiva diferente, certos temas e preocupações se cristalizam de maneiras que, de outra forma, não se cristalizariam para mim. Discussões na sala de aula sobre as influências psico-históricas em personagens são um exemplo. Isso ocorre sobretudo quando discuto como essas influências permeiam as obras de Zora Neale Hurston e Jean Toomer ou as de Alice Walker ou Toni Morrison. Portanto, ter que discutir obras dessa maneira me obriga a vê-las de uma forma bem distinta.

Quando escrevi *Corregidora*, as ambivalências e contradições psicossexuais na experiência norte-americana não eram temas autoconscientes, mas agora são. Eles estão presentes em obras de Baldwin, Walker ou Toomer. Cervantes também tem implicações diferentes agora. Quando o leio atualmente, conecto *Dom Quixote* às narrativas picarescas de escravidão afro-americanas; nesse sentido, o livro, que é um dos meus favoritos, torna-se ainda mais importante. Hurston me interessa pelo seu uso do folclore e por seu modo de narrar. Também a considero importante caso alguém queira conscientemente cristalizar uma ideia de heroína, não de forma autoconsciente, mas conscienciosa. Nenhuma das minhas mulheres é heroína, exceto no sentido de serem narradoras e figuras centrais.

As pessoas também são influenciadas de forma inconsciente por oradores e escritores, ou por um ambiente ou cenário. Percebo que estou divagando, mas isso é porque hesito em "analisar" influências. Os primeiros escritores, aqueles que li quando mais jovem, me influenciaram mais em termos de estilo, e talvez as influências agora vão além: para como o estilo pode expressar o tema, como contribui para ele ou reforça uma ideia.

C.T.: Sua escrita segue um padrão ou compromisso definido ou você conta histórias que por acaso estão na sua cabeça?

JONES: Bom, tenho contado, sobretudo, histórias que por acaso estão lá. Mas posso olhar para as coisas que escrevi até agora e ver um padrão de ideias que me interessam: relacionamentos entre homens e mulheres, principalmente do ponto de vista de uma mulher em particular, psicologia feminina e da linguagem, além de histórias pessoais.

C.T.: Críticos de *Corregidora* falam de maneira incessante em guerra sexual. Qual é sua resposta para isso? Não vejo guerra sexual. Vejo o que chamarei, por falta de outro termo, de "dialética do amor", uma síntese de prazer e dor. Você observa essa dialética em ação no seu romance?

JONES: Não achei que Ursa estivesse envolvida em uma guerra sexual. Eu estava interessada, e continuo, em emoções contraditórias que coexistem. É provável que haja tensão sexual em *Corregidora* tanto no sentido histórico quanto no pessoal.

C.T.: Você acredita que os relacionamentos que envolvem emoções contraditórias revelam mais sobre o caráter humano?

JONES: Sim. Também acho que as pessoas podem sentir duas emoções diferentes simultaneamente.

C.T.: Suas obras tentam encontrar sentido no caos da vida ou apenas registram o caos?

JONES: Elas tentam registrar esse caos, mas, ao mesmo tempo, o processo artístico é uma forma de organização para o narrador e ainda uma forma de lidar com a experiência.

C.T.: Poderia contar o que a inspirou a escrever *Corregidora* e *Eva's Man*?

JONES: Além do fato de me ver fora dos papéis convencionais de esposa e mãe, meu interesse pela história brasileira e minha vontade de fazer algum tipo de relação entre história e autobiografia, não sei dizer. Quanto a *Eva's Man*, não consigo pensar em nenhuma razão para tê-lo escrito. É mais fácil falar intelectualmente sobre *Corregidora* do que sobre *Eva's Man*. Em geral, penso nele como uma espécie de sonho ou pesadelo, algo que vem até você e então você escreve. A principal ideia que queria comunicar é a falta de confiabilidade de Eva como narradora de sua história.

C.T.: Quando li *Eva's Man*, três símbolos onipresentes chamaram minha atenção de imediato: Abelha Rainha, Medusa e Eva mordendo a maçã. Esses três personagens simbólicos foram muito danosos para os homens na nossa história cultural. Como você os escolheu?

JONES: Bom, são imagens que se encaixaram naturalmente na história enquanto eu a escrevia. Quando comecei a escrever o romance, me concentrei na preocupação de Eva em ser diferente da maneira como os outros a viam. Ela se incomoda com o fato de que os homens insistem em pensar que ela é um tipo de mulher diferente do que realmente é.

C.T.: Eles acham que Eva é prostituta.

JONES: Sim. Ela começa a sentir que é e, por fim, se associa à Abelha Rainha [a prostituta local] e ao símbolo da Medusa. Coloquei essas imagens na história para mostrar como os mitos ou as maneiras como os homens enxergam as mulheres definem, de fato, o caráter delas.

C.T.: Quando você escolheu Eva para contar a própria história, obviamente de uma forma um tanto incoerente, achou que uma personagem que não se prendesse a respostas sensatas poderia contar a história de seu relacionamento com um homem, algo sobre a vida em geral, com maior sensibilidade do que uma personagem sã?

JONES: Uma narradora comum e sã talvez trate um incidente particular como insignificante, ignore-o ou o comprima em um breve pacote narrativo. Uma pessoa psicótica, por outro lado, talvez dedique muito tempo a determinados pontos. Dessa forma, pode haver uma inversão na importância relativa do trivial e daquilo que geralmente é considerado significativo.

Na mente de Eva, o tempo e as pessoas tornam-se fluidos. O tempo tem pouca sequência cronológica e os personagens parecem se fundir em uma única personalidade. O processo de seleção de incidentes a serem relatados na história foi "irracional". Quanto a isso, um crítico comentou o fato de eu não ter incluído incidentes que completassem a vida de Eva para torná-la menos uma história de terror. Essas coisas podem ter acontecido durante a vida dela, mas não seriam, dadas as suas circunstâncias, as que ela escolheria contar.

Eu me interesso também por psicologia "anormal" e da linguagem. Condições psicológicas anormais afetam a sensibilidade a certas coisas, alteram as proporções, interferem em eventos significativos, relacionamentos...

Há alguns críticos que não conseguem, ou não querem, separar a neurose/psicose da personagem da autonomia psicológica da autora. Acham que as preocupações da personagem são as de quem a escreveu. Não acho que isso ocorreria tanto se as histórias fossem escritas na terceira pessoa e se a autora, em algum grau, reagisse às experiências, direcionando a forma como elas devem ser interpretadas, ou se ela não fosse também mulher e negra. Houve ainda mais reações à sensualidade neurótica nos livros do que à lesbianidade. Não me lembro dessa questão ter entrado em alguma discussão crítica, exceto como parte do panorama sexual geral.

Acho que os críticos estão reagindo à ausência de "julgamento" autoral. Quando escrevo na primeira pessoa, gosto de ter a sensação de que apenas o personagem está ali. Não há julgamentos, a menos que sejam feitos por um personagem em particular. E, muitas vezes, as reações de tal personagem podem não ser as que eu teria na mesma situação. Além disso, gosto de ter o personagem como narrador sem me envolver. Seria, talvez, mais interessante se minha posição fosse conhecida, mas haveria os mesmos problemas com críticos que não querem intrusão autoral. Talvez alguns desses problemas pudessem ser evitados se, no meu caso, não houvesse elementos de identificação entre os personagens e eu como mulher negra. Os críticos com frequência querem fazer certas correlações.

C.T.: Que tipo de reação você obteve dos leitores quanto à sua escrita sobre personagens que não se enquadram como imagens positivas de mulheres ou mulheres negras? Eles criticam Eva e Ursa como mulheres negras representativas?

JONES: Sim. E mesmo que não se incomodem com essas coisas, incomodam-se com o fato de a autora não oferecer qualquer julgamento e não mostrar sua atitude em relação à transgressão; ela simplesmente leva as personagens a relatar. Por exemplo, Eva se recusa a apresentar sua história de forma coerente. Ao controlar o que vai ou não contar, ela mantém sua autonomia. Seus silêncios também são uma forma de mantê-la. Acho mais fácil usar o termo "autonomia" em relação a ela do que "heroísmo". Gosto da ideia de uma heroína, embora nenhuma das minhas personagens o seja. É algo em que consigo me ver trabalhando.

Gosto do que Sterling Brown disse: não podemos produzir uma literatura significativa criando apenas "santos de gesso". "Imagens raciais positivas" são boas, contanto que sejam personalidades muito complexas e interessantes. No momento, não sei bem como conciliar as várias coisas que me interessam com as "imagens raciais positivas". É importante ser capaz de trabalhar com uma pluralidade de personalidades, bem como com uma variedade dentro de uma personalidade. Por exemplo, como alguém conciliaria um interesse em neurose ou insanidade com uma imagem racial positiva? Ernest Gaines consegue criar personalidades complexas e interessantes que são, ao mesmo tempo, imagens raciais positivas, mas estas também podem ser muito simplistas, assim como as negativas.

C.T.: Quando li seus contos em *White Rat*, pensei na maneira como James Baldwin tentou justificar a homossexualidade. Em suas obras, no entanto, não há esforço para justificar a lesbianidade. O fato de existir parece ser a única justificativa necessária para a atenção artística. Essa avaliação é precisa?

JONES: Sim. A lesbianidade existe, e essa é a única maneira como a incluo no meu trabalho. Farei com que os personagens reajam a ela positiva ou negativamente, ou às vezes apenas a reconheçam como uma realidade.

C.T.: Você se sente compelida a tratar de determinados temas ou apenas a dramatizar situações?

JONES: Eu dramatizo sobretudo situações. Meu principal interesse são personagens em relacionamentos com outros personagens. Tema para mim, no momento, é uma espécie de pano de fundo, mas não algo com que me preocupe muito.

O que aparece no meu trabalho, nesses romances em particular, é uma ênfase na brutalidade. Neles também se sugere algo mais que talvez venha a ser trabalhado em outras obras, a saber, a alternativa à brutalidade, que é a ternura. Embora o foco principal de *Corregidora* e *Eva's Man* seja os relacionamentos tristes ou que envolvam brutalidade, parece haver um entendimento crescente — que se mostra principalmente em *Corregidora* — do que é necessário para que se seja genuinamente terno. Talvez a brutalidade permita reconhecer a ternura.

C.T.: Você aprecia o incomum ou o evento incomum simplesmente acontece?

JONES: É algo que acontece, mas também é verdade que me interesso por personagens incomuns. Não estou interessada em personagens normais. Isso está relacionado à questão das imagens positivas e negativas: o que faz uma escritora negra que não se interessa pelo normal?

C.T.: Qual é a sensação de saber que os críticos estão dissecando suas obras?

JONES: Bom, minha primeira reação aos entrevistadores e críticos foi difícil por causa do tipo de perguntas que me fizeram. Pareciam ter muito pouco a ver com o que era para mim o processo de contar uma história. Eles estavam curiosos sobre minha vida pessoal porque tenho personagens lésbicas.

É estranho ter pessoas dissecando minhas histórias. Existe algo a respeito disso sobre o qual não tenho certeza. Não sei que caminho minha escrita poderia ter tomado se não houvesse críticos. Eles me fazem pensar no meu trabalho de uma forma mais consciente. Enquanto escrevo, imagino como certos críticos reagirão aos vários elementos da história, mas me obrigo a seguir em frente e dizer: "Bom, normalmente você incluiria isso, então vá em frente e inclua". Mas tenho uma noção de como certas pessoas vão interpretar aspectos de personagens, estilo. Além disso, eu me vejo, embora não de uma maneira direta, respondendo, talvez dramaticamente, a certos tipos de crítica, não de uma forma que possa ser reconhecida como resposta, mas em termos de certos tipos de temas. Devo estar fazendo mais anotações agora do que quando comecei a escrever. De certa forma, prefiro assim. Acho que uma certa consciência é sempre necessária na escrita. Isso parece ainda mais verdadeiro agora.

C.T.: Qual é seu trabalho mais recente?

JONES: Acabei de terminar um novo romance, *Palmares*.[2] É sobre um homem e uma mulher e se passa no Brasil do século XVII.

C.T.: Está trabalhando em algum conto?

JONES: Alguns, mas a maioria ainda precisa de muito trabalho.

2 Gayl Jones lançou *Palmares* apenas em 2021, após 22 anos sem novas publicações. A obra foi uma das finalistas ao Prêmio Pulitzer de 2022, na categoria ficção. (N. E.)

C.T.: Você os escreve, deixa de lado e depois revisa?

JONES: Sim. Há histórias que escrevi há mais de quatro ou cinco anos. Revisei algumas há pouco tempo. Basicamente, esse é o meu método. Costumo guardar as histórias por um longo tempo antes de decidir que podem ser publicadas.

C.T.: Você deseja ter uma reputação, um nome reconhecido?

JONES: Os escritores com quem eu mais gostaria de me parecer são aqueles cujas obras têm uma reputação, mas a pessoa, o escritor, está mais ou menos de fora. Gostaria de manter um certo anonimato, como J. D. Salinger. Esse é o tipo de reputação que eu desejaria, uma em que você pode seguir em frente com o que está fazendo, mas tem a sensação de que sua obra é apreciada, de que ela tem qualidade.

Vozes Negras

Audre Lorde

Nascida em 1934 na cidade de Nova York e filha de pais caribenhos, Audre Lorde concluiu seu bacharelado no Hunter College e seu mestrado em Biblioteconomia e Ciência da Informação na Universidade de Columbia. Deixou seu emprego como bibliotecária-chefe da Universidade da Cidade de Nova York em 1968 para se tornar professora de escrita criativa e, mais tarde, no mesmo ano, assumiu a posição de poeta residente no Tougaloo College, Mississippi, e publicou seu primeiro livro de poemas, The First Cities.

Lorde descrevia-se como "poeta, negra, lésbica, feminista, guerreira" e sua identidade como mulher negra, feminista convicta, lésbica assumida e visionária de um mundo melhor inspirou a força, o tom e o objetivo de sua obra poética. Em impressionante linguagem figurativa, ela descreve o progresso de sua luta inabalável pelos direitos humanos. Em 1970, The First Cities *foi seguido por* Cables to Rage, *depois por* From a Land Where Other People Live *(1973),* New York Head Shop and Museum *(1974),* Coal *(1976),* Between Our Selves *(1976),* The Black Unicorn *(1978),* The Cancer Journals *(1980) e* Zami: A New Spelling of My Name *(1982).*

Audre Lorde faleceu aos 58 anos, em 1992. Ao longo de sua carreira, recebeu vários prêmios, incluindo o American Book Award por A Burst of Light, *em 1989, obra que detalhou sua luta contra o câncer.*

Entrevistando Lorde

CLAUDIA TATE: De que forma a vivência como Negra, lésbica e feminista direciona sua obra e, mais importante, sua vida?

AUDRE LORDE: Quando você restringe sua definição ao que é conveniente, ao que está na moda ou ao que se espera, o que acontece é a desonestidade pelo silêncio. É colocar todos os ovos na mesma cesta. Não é de onde sua energia vem.

Escritores Negros que cruzam os limites daquilo que deveriam escrever ou de como deveriam ser são condenados a silêncios nos círculos literários Negros, silêncios tão absolutos e destrutivos quanto qualquer outro imposto pelo racismo. Isso acontece particularmente com escritoras Negras que se recusam a ser delineadas pelos modelos de feminilidade estabelecidos pelos homens e que lidam com sua sexualidade como uma parte aceita de sua própria identidade. Por exemplo, onde se ensina sobre as escritoras do Renascimento do Harlem? Por que demorou tanto para que a obra de Zora Neale Hurston fosse reimpressa?

Porém, quando você tem uma comunidade literária oprimida pelo silêncio externo, como é o caso dos autores Negros nos Estados Unidos, e essa insistência implícita em alguma definição

O silêncio nunca nos trouxe nada. Sobrevivam e ensinem. É isso que temos que fazer.

unilateral do que é "negritude", você está dolorosa e efetivamente silenciando alguns dos nossos talentos mais dinâmicos e criativos, pois a mudança e o progresso interior exigem que as diferenças entre nós sejam reconhecidas.

Quando você pertence a um grupo minoritário e desafia pessoas que também ocupam essa posição marginalizada, pode haver muita dor ao examinar algum aspecto que distorce as diferenças entre vocês. Em outras palavras, quando as pessoas de um grupo vivem a mesma opressão, existem pontos fortes que elas constroem juntas, mas também existem certas vulnerabilidades. Por exemplo, falar sobre racismo para o movimento feminista resulta em: "Ah, não nos incomode com isso. Olha, somos todas irmãs. Por favor, não crie confusão". Falar com a comunidade Negra sobre sexismo resulta praticamente na mesma coisa. Você ouve: "Calma lá. Somos todos Negros. Não crie confusão". No nosso trabalho e na nossa vida, devemos reconhecer que a diferença é motivo de celebração e de crescimento, não de destruição.

Temos que ver a diferença como um diálogo, da mesma forma que lidamos com símbolos e imagens nos estudos literários. O imageamento é um processo que desenvolve uma dialética, uma tensão que lança luz sobre as diferenças e as semelhanças entre coisas em aparente oposição.

O mesmo acontece com as pessoas. Precisamos usar as diferenças de maneira construtiva, criativa, em vez de usá-las para justificar nossa destruição mútua.

Quanto a mim, sinto que não ser transparente sobre qualquer uma das diversas "pessoas" dentro da minha identidade, principalmente os "eus" desafiados por um status *quo*, é o mesmo que convidar a mim e a outras mulheres a viver uma mentira. Ou seja, seria ceder a um mito de uniformidade que acredito que pode nos destruir.

Não estou interessada em viver mentiras, por mais confortáveis que elas sejam. Sinto que estou velha demais para abstrações e jogos, e não vou interromper nenhuma das minhas fontes essenciais de poder, de controle e de conhecimento. Aprendi a dizer a verdade aceitando diferentes partes de mim mesma e fazendo-as servir umas às outras. Esse poder abastece minha vida e minha obra.

C.T.: O clima social dos anos 1980 suprimiu a receptividade dos anos 1970?

LORDE: Para começar, todas essas coisas são relativas, e, quando falamos da receptividade dos anos 1970, estamos falando mais de uma aparência do que de uma realidade. Porém, no que tange à sexualidade, é verdade que, nos anos 1970, houve um crescimento da aceitação de lésbicas Negras e gays Negros na comunidade Negra. Isso aconteceu graças ao número de pessoas entre nós dispostas a falar abertamente sobre nossas identidades sexuais. Na década de 1960, muitos Negros que falaram sobre as complexidades de sua identidade Negra sofreram por causa disso e foram silenciados de várias maneiras. Na crença equivocada de que união deve significar uniformidade, diferenças de cor, gênero, sexualidade e pontos de vista dentro da comunidade Negra foram rotuladas erroneamente, simplificadas e reprimidas. Por mais que nós reconheçamos sua importância, não devemos romantizar os anos 1960. As lésbicas e os gays sempre existiram nas comunidades Negras e, nos anos 1960, desempenhamos papéis engajados e importantes em várias frentes de luta daquela década pela libertação Negra. E assim tem sido ao longo da história dos Negros nos Estados Unidos.

Na década de 1970, algumas diferenças que sempre existiram dentro da comunidade Negra começaram a ser articuladas e examinadas conforme aprendíamos que nós, como povo, não podíamos nos dar ao luxo de desperdiçar nossos recursos, desperdiçar uns aos outros. Os anos 1980 trazem um desafio. Por um lado, há um movimento em direção ao conservadorismo e uma maior repressão dentro da sociedade norte-americana, e novos ataques contra lésbicas e gays representam apenas a linha de frente dessa repressão, tão perigosa para todos nós como pessoas Negras. Entretanto, por causa dessa guinada para a direita, algumas vozes antes dispostas a examinar o papel da diferença nas nossas comunidades estão se silenciando. Algumas pessoas que antes falavam estão se escondendo.

É muito angustiante ouvir alguém dizer: "Não posso me dar ao luxo de dizer isso. Não posso me dar ao luxo de ser visto com você". É assustador, porque já passamos por isso antes. Foram os anos 1950. No entanto, cada vez mais hoje em dia estamos todos com o nosso na reta, se você me permite a expressão, e verdadeiras alianças estão começando a ser formadas. Quando falamos sobre "Dykes Against Racism Everywhere" e "Black and White Men Together",[1] grupos gays que vêm fazendo um trabalho antirracista

1 Em tradução livre, "Sapatões Contra o Racismo em Toda Parte" e "Homens Negros e Brancos Unidos", respectivamente. (N. T.)

muito dedicado em várias comunidades, quando vemos a coalizão de organizações comunitárias Negras na região de Boston, que se reuniram para protestar contra o assassinato em massa de mulheres Negras em 1978 e 1979,[2] estamos falando de coalizões reais. Devemos reconhecer que precisamos uns dos outros. Ambas as tendências estão operando agora. É claro que estou determinada a acreditar que é por meio de coalizões que venceremos. Não existem mais questões isoladas.

C.T.: Seus críticos tentaram estereotipar sua obra?

LORDE: Os críticos querem me rotular desde que meu primeiro poema foi publicado, quando eu tinha 15 anos. Meus professores de inglês na Hunter High School disseram que um determinado poema que escrevi era romântico demais. Era um poema de amor sobre meu primeiro envolvimento amoroso com um menino, e eles não quiseram publicá-lo no jornal da escola, por isso eu o enviei para a revista *Seventeen*.

É mais fácil lidar com uma poeta, certamente com uma poeta Negra, quando você a categoriza e a restringe de forma que ela atenda às suas expectativas, de forma que ela seja socialmente aceitável e não tumultuadora demais, não discordante demais. Não posso ser rotulada. Esse tem sido tanto meu ponto fraco quanto meu ponto forte. É um ponto fraco porque minha independência me custou muito apoio, e é um ponto forte porque me deu uma posição estratégica e

2 Em 1978 e 1979, onze mulheres negras, com idades entre 15 e 34 anos, foram assassinadas em Roxbury, Boston. Os homicídios, que ficaram conhecidos como "The Stride Rite Murders", não tiveram qualquer repercussão na grande mídia, o que gerou protestos promovidos pela Combahee River Collective, entre outros grupos feministas negros, que chamaram a atenção para a conexão entre os crimes e as severas tensões raciais ocorridas em Roxbury na época. (N. E.)

o poder de continuar. Não sei como teria superado as dificuldades e continuado a produzir se não sentisse que tudo que sou preenche a mim mesma e a visão que tenho do mundo e do futuro.

C.T.: Para quem você escreve? Qual é sua responsabilidade para com seu público?

LORDE: Escrevo para mim mesma e para os meus filhos, e para o maior número possível de pessoas que possam me ler, que precisam ouvir o que tenho a dizer, que precisam usar o que sei. Quando digo que escrevo para mim mesma, não me refiro apenas à Audre que habita meu corpo, mas a todas as Negras combativas e incorrigíveis que insistem em se levantar e dizer: "Eu *sou* e você não pode me apagar, não importa quão irritante eu seja, não importa o quanto você tema o que eu talvez represente". Escrevo para as mulheres que ainda não têm voz ou cujas vozes foram silenciadas. Minha voz não é a única e eu não detenho todas as vozes, mas elas são parte da minha e eu sou parte da delas.

Tenho a responsabilidade de dizer a verdade como eu a sinto, de tentar dizê-la com o máximo de precisão e beleza possível. Penso na minha responsabilidade em relação às mulheres, porque já existem muitas vozes para os homens. Em contrapartida, há pouquíssimas vozes para as mulheres, e menos ainda para as mulheres Negras, que venham do cerne da consciência: do *eu sou*, rumo ao *nós somos* e, por fim, ao *nós podemos*.

Minha mãe dizia: "As mulheres da ilha são boas esposas. O que quer que aconteça, elas já viram coisas piores". Bom, sinto que, como mulheres Negras, já passamos por todo tipo de catástrofe. Nós sobrevivemos. E com estilo.

Sinto que tenho o dever de dizer a verdade como a vejo e de compartilhar não apenas meus triunfos ou as coisas agradáveis, mas também a dor, a dor intensa e muitas vezes implacável. É importante compartilhar a sabedoria de que a sobrevivência corresponde ao ato de sobreviver e não apenas ao hábito de passar por poucas e boas. Por exemplo, tenho a obrigação de dividir a sensação de, às três da manhã, saber que "eles" podem ferir você emocionalmente na rua e rir na sua cara. E "eles" são seu próprio povo. Compartilhar o que significa olhar nos olhos de outra irmã e vê-la desviar o olhar e escolher alguém que você sabe que ela odeia, porque é conveniente. Saber que às vezes fui covarde, ou que não fui fiel aos meus valores, ou que fui opressiva com outras mulheres, e mesmo assim saber que posso mudar. Toda essa ansiedade, essa dor e essa derrota devem ser compartilhadas. Temos o costume de falar sobre o que é agradável. Falamos sobre o que achamos que está resolvido. Parece que nunca falamos sobre os problemas de agora. Precisamos compartilhar nossos erros da mesma forma que fazemos com nossas vitórias, porque só assim ocorre o aprendizado. Em outras palavras, sobrevivemos à dor, aos problemas, aos fracassos, então o que temos que fazer é usar esse sofrimento e aprender com ele. Devemos nos lembrar e nos confortar com o fato de que a sobrevivência é uma vitória.

Nunca pensei que chegaria aos 40 anos, então me sinto como se dissesse: "Ei, eu consegui!". Estou mais forte por enfrentar as questões espinhosas do câncer de mama, da mortalidade, da morte. É difícil, extremamente difícil, mas muito fortalecedor lembrar que eu poderia ter passado a vida inteira em silêncio e então estar morta, sem nunca ter dito ou feito o que eu queria e o que eu precisava, por causa da dor ou do medo... Se eu esperar até ter certeza de que estou certa antes de falar, acabarei enviando mensagens enigmáticas pelo tabuleiro Ouija, reclamações do além.

Sinto que, se o que tenho a dizer estiver errado, haverá alguma mulher que se levantará e dirá que Audre Lorde estava enganada, mas minhas palavras estarão lá. Elas serão tema de discussão, algo para incitar o pensamento, a atividade.

Escrevo não apenas para os meus colegas, mas para aqueles que virão depois de mim, para dizer que eu estava lá, que morri, que você vai morrer também, mas que você está aqui agora, então é melhor fazer alguma coisa sobre isso. Acredito fortemente na sobrevivência e no ensino. Sinto que é esse o meu trabalho.

Isso é tão importante que vale a pena repetir. Escrevo para as mulheres que não falam, para aquelas que não têm voz, porque elas/nós estávamos apavoradas, porque somos ensinadas a respeitar mais o medo do que a nós mesmas. Aprendemos que o silêncio nos salvaria, mas não. *Precisamos* aprender a nos respeitar e a respeitar nossas necessidades mais do que o medo das nossas diferenças, e precisamos aprender a nos compartilhar umas com as outras.

C.T.: Escrever é uma forma de crescer, de compreender?

LORDE: Sim. Acho que escrever e ensinar, criar filhos, cavar para encontrar pedras — um dos meus passatempos favoritos —, todas as coisas que faço são parte do meu trabalho. Elas fluem para dentro e para fora umas das outras, e ajudam a se nutrir mutuamente. É isso que toda a questão da sobrevivência e do ensino significa. Que mantenhamos nossa experiência à tona por tempo suficiente, que compartilhemos o que sabemos para que outras pessoas possam tomar nossa experiência como base. Há muitos jeitos de fazer isso. Para mim, ensinar é, em muitos aspectos, idêntico a escrever. Ambos se tornam formas de explorar o que preciso para sobreviver. São técnicas de sobrevivência. Enquanto escrevo, enquanto ensino, respondo às perguntas fundamentais para a minha própria sobrevivência e exploro as respostas dessas perguntas com outras pessoas. Isso é ensinar. Essa é a única forma pela qual o verdadeiro aprendizado ocorre. Ele não vem de lidar com o texto de maneira isolada, mas de se envolver tanto no processo que você consegue enxergar como aquilo pode engrandecer sua vida e, então, como pode compartilhar essa engrandecimento.

C.T.: Quando você começou a escrever?

LORDE: Quando era jovem, percebi que não havia ninguém dizendo o que eu queria e precisava ouvir. Eu me sentia totalmente alienada, desorientada, louca. Pensei que deveria haver alguém que se sentisse como eu.

Eu era muito inarticulada quando criança. Não conseguia falar. Na verdade, não falei até os 5 anos, não até começar a ler e a escrever poesia. Eu usava a poesia para falar. Lia poemas e os memorizava. As pessoas diziam: "O que acha, Audre? O que aconteceu com você ontem?". Eu recitava um poema e, em alguma parte dele, havia um verso ou um sentimento que eu compartilhava. Em outras palavras, eu literalmente me comunicava através da poesia. E quando não consegui encontrar poemas para expressar o que eu sentia, comecei a escrevê-los. Tinha 12 ou 13 anos na época.

C.T.: Escritoras e escritores Negros dramatizam personagens e temas de maneiras distintas? Gayl Jones respondeu a essa pergunta dizendo que achava que uma das distinções tem a ver com os tipos de situação que homens e mulheres selecionam para retratar na literatura. Ela acredita que as autoras tendem a selecionar eventos particulares e pessoais em vez daqueles que, em linhas gerais, são considerados mais representativos.

LORDE: Acho que é verdade. Isso reflete uma diferença entre homens e mulheres em geral. Os homens Negros acabaram assimilando que você não vale nada a menos que seja "global" em vez de pessoal. No entanto, nosso *verdadeiro poder* vem do âmbito pessoal; os insights sobre a vida nascem do conhecimento profundo que brota dos nossos sentimentos. Nossos pensamentos são moldados por nossa instrução. Como Negros, não fomos instruídos para o nosso bem; na maioria das vezes, foi para a nossa desvantagem. Fomos ensinados a funcionar em uma estrutura que já existia, mas que não funciona a nosso favor. Nossos sentimentos são o caminho mais genuíno para o conhecimento. Eles são caóticos, às vezes dolorosos, às vezes contraditórios, mas vêm de dentro de nós. E devemos reconhecê-los e começar a permitir que eles extrapolem, examiná-los em busca de novas maneiras de entender nossas experiências. É assim que começam as novas visões, como começamos a postular um futuro alimentado pelo passado. É o que quero dizer com a matéria seguir a energia e a energia seguir o sentimento. Nossas visões começam com nossos desejos.

Os homens foram ensinados a lidar apenas com aquilo que entendem. É o que eles respeitam. Eles sabem que, em algum lugar, o sentimento e o conhecimento são importantes. Por isso mantêm mulheres por perto, para que elas possam sentir por eles, assim como as formigas interagem com os pulgões.

Não acho que essas diferenças entre homens e mulheres sejam rigidamente definidas nas linhas do gênero, embora a contribuição ocidental tenha sido dividi-las em *características* masculinas e femininas. Todos somos capazes de sentir de maneira profunda, de sermos guiados por nossos sentimentos e ver aonde eles nos levam. Os homens suprimiram essa capacidade. É por isso que eles têm mulheres próximas a fim de fazer isso por eles. Até que comecem a desenvolver essa capacidade, eles sempre estarão perdidos e precisarão vitimizar as mulheres.

A mensagem que tenho para os homens Negros é que seguir esse padrão os prejudica. Muitos deles fazem isso, o que resulta em violência sexual. Essa violência me apavora. É uma verdade dolorosa, quase insuportável. Como digo em um novo poema, é "*a pain almost beyond bearing*",[3] porque dá origem ao tipo de hostilidade que vai nos destruir.

C.T.: A escrita dos Negros estadunidenses tem tradicionalmente dramatizado a humanidade dos Negros. Os autores Negros homens tendem a gritar de raiva para convencer seus leitores de que eles também sentem, ao passo que as autoras tendem a retratar a dor, o amor. Elas não parecem precisar intelectualizar a capacidade de sentir; elas se concentram em descrever o próprio sentimento.

3 Em tradução livre, "uma dor quase insuportável". (N. T.)

LORDE: Uma coisa é falar de sentimento; outra é sentir. Sim, o amor muitas vezes é dor, mas acho que é necessário ver quanto dessa dor eu posso usar, quanto dessa verdade eu posso ver e ainda viver sem cegueira. Essa é uma pergunta essencial que todos devemos fazer a nós mesmos. Há um momento em que a dor se torna o foco principal, e quando isso acontece, nós devemos abandoná-la. Não devemos temê-la, muito menos nos sujeitar a ela. Não devemos celebrar a vitimização, porque existem outras formas de ser Negro.

Há uma linha muito tênue, mas muito nítida, entre essas duas reações à dor. E eu gostaria de vê-la ser traçada com mais cuidado em obras de autoras Negras. Estou particularmente ciente das duas respostas na minha própria obra. E acho que devo lembrar que a dor não é sua própria razão de ser. Ela faz parte da vida. E a única forma de dor intolerável é aquela que pode ser desperdiçada e com a qual não aprendemos nada. E acho que devemos aprender a distinguir uma da outra.

C.T.: Como você integra o protesto social e a arte na sua obra?

LORDE: Encaro o protesto como uma forma genuína de encorajar alguém a sentir as inconsistências e o horror da vida que estamos vivendo. É uma maneira de dizer que não temos que viver assim. Se sentirmos intensamente e encorajarmos nós mesmos e os outros a agir da mesma forma, encontraremos o embrião das nossas respostas para incitar a mudança. Quando reconhecermos o que estamos sentindo, quando entendermos que podemos sentir e amar profundamente, que podemos sentir alegria, então exigiremos que todas as partes das nossas vidas produzam esse tipo de sentimento. E quando não produzirem, vamos perguntar: "Por que não?". Essa é a pergunta que inevitavelmente vai provocar a mudança.

Portanto, a questão do protesto social e da arte são indissociáveis para mim. Não posso dizer que é uma ou outra. Arte pela arte não existe para mim. O que vi estava errado e tive que falar. Eu amava poesia e amava as palavras, mas o que era belo tinha que servir para mudar minha vida, ou eu teria morrido. Se não puder expressar essa dor e modificá-la, com certeza morrerei dela. Esse é o começo do protesto social.

C.T.: Como seu trabalho evoluiu no que diz respeito ao interesse e à técnica? Vejamos, por exemplo, a poesia de amor, que dominou suas primeiras obras [*The First Cities* e *New York Head Shop and Museum*] e que também aparece em *The Black Unicorn*.

LORDE: Todo mundo tem um poema sobre o primeiro amor que nasce desse primeiro amor. Todo mundo tem, o que é maravilhoso e novo e ótimo, mas quando você vem escrevendo poemas de amor há trinta anos, os mais recentes são os que realmente abordam o âmago da questão, que confrontam os limites que você impôs. Eles são testemunhas dos desafios que você enfrentou. Esses são os verdadeiros poemas de amor. E eu os adoro porque eles dizem: "Ei! Nós nos definimos como amantes, como pessoas que se amam novamente. Nós nos tornamos novos outra vez". Esses poemas insistem que você não pode separar o amor da luta, da morte, da dor, mas ele triunfa. Ele é poderoso e forte, e sinto que amadureci muito em todas as minhas emoções, principalmente na capacidade de amar.

C.T.: Sua poesia de amor parece celebrar a experiência pessoal do amor e o amor como um conceito humano, um tema que abrange a vida como um todo, que aparece com cada vez mais ênfase em sua obra mais recente. Particularmente interessantes, por exemplo, são os poemas de amor lésbico ["Letter for Jan" e "Walking Our Boundaries"]. Não parecia fazer muita diferença se os poemas retratavam uma relação entre duas mulheres, dois homens ou um homem e uma mulher... Os poemas não celebram as pessoas, mas o amor.

LORDE: Quando você ama, você ama. Só depende de como você faz isso, do quanto está comprometida, de quantos erros comete... Mas acredito que o amor entre mulheres é singular e poderoso porque tivemos que amar a nós mesmas para viver; o amor foi nosso meio de sobrevivência. E tendo amado homens e mulheres, quero resistir à tentação de encobrir as diferenças.

C.T.: Fico frequentemente perplexa com a minha tentativa, às vezes inconsciente, de identificar o gênero da pessoa a quem o poema se dirige. Como associo a voz da narradora a você e nem sempre tenho em mente que você é lésbica, o baque ocorre quando percebo que o objeto da afeição também é uma mulher. Tenho certeza de que essa surpresa se origina na maneira heteronormativa com que a sociedade define o amor. Se queremos ver o amor como um conceito "universal", a sociedade nos pressiona a enxergá-lo como heterossexual.

LORDE: Sim, a sociedade espera que vejamos o amor "universal" como heterossexual. Na minha obra, eu assevero que não existe amor universal na literatura. Existe *este* amor *neste* poema. O poema acontece quando eu, Audre Lorde, poeta, lido com as particularidades em vez daquilo tido como "UNIVERSAL". Meu poder como pessoa, como poeta, vem de quem eu sou. Sou uma pessoa específica. As relações que tive, as pessoas que me mantiveram viva, que me ampararam, que foram amparadas por mim... estas foram relações específicas. Elas me ajudaram na formação da minha identidade, que é a fonte da minha energia. Não tratar da minha vida na minha arte é interromper a origem da minha força.

Amo escrever poemas de amor. Amo amar. E para abordar isso de outra forma, isto é, além da poesia, escrevi um artigo intitulado "The Uses of the Erotic" em que examino o amor como uma manifestação, como uma fonte de tremendo poder. As mulheres foram ensinadas a desconfiar do impulso erótico, o lugar que é exclusivamente feminino. Portanto, assim como tendemos a rejeitar nossa negritude por ela ter sido considerada inferior, como mulheres estamos propensas a rejeitar nossa capacidade de sentir, nossa habilidade de amar, de versar sobre o erotismo, por ela ter sido desvalorizada. Porém, é nisso que reside grande parte do nosso poder, da nossa capacidade de postular, do nosso propósito. Pois uma vez que sabemos a profundidade da nossa capacidade de sentir, começamos a exigir que todos os nossos objetivos estejam de acordo com esses sentimentos. E quando não estão, devemos suscitar a questão: por que me sinto constantemente suicida, por exemplo? O que há de errado? Sou eu ou é o que estou fazendo? Nós precisamos começar a responder a essas perguntas, mas não podemos fazer isso se não tivermos nenhuma perspectiva de felicidade, nenhuma perspectiva do que somos capazes de conquistar. Depois que a matança acabou... Quando você vive sem a luz do sol, não sabe o que é desfrutar de seu brilho ou mesmo tê-la em excesso. A partir do momento em que você tem luz, pode medir sua intensidade. O mesmo acontece com a alegria.

C.T.: Os cargos universitários de escritor residente parecem ser uma fonte de renda importante para muitos escritores. Você já ocupou tais posições? Como foi essa experiência?

LORDE: Fui escritora residente apenas uma vez, e foi no Tougaloo College, no Mississippi, quatorze anos atrás. Foi fundamental para mim. Fundamental. Em 1968, meu primeiro livro tinha acabado de ser publicado. Foi minha primeira viagem pelo Sul dos Estados Unidos, a primeira vez que fiquei longe das crianças, a primeira vez que trabalhei com jovens alunos Negros em uma oficina. Percebi que aquele era meu trabalho. Que ensinar e escrever estavam inextricavelmente relacionados, e foi então que eu soube o que queria fazer pelo resto da vida.

Eu era "a bibliotecária que escrevia". Depois da experiência em Tougaloo, percebi que escrever era uma prioridade, e que a biblioteca, embora eu amasse livros, não era suficiente. A morte de King, a morte de Kennedy, o acidente da minha amiga Martha, todas essas coisas me fizeram ver que a vida é muito curta e o que temos que fazer precisa ser feito agora.

Nunca ocupei a posição de escritora residente outra vez. O poema "Touring", de *The Black Unicorn*, representa outro aspecto de ser uma trabalhadora cultural itinerante. Vou e leio minha poesia. Planto minhas sementinhas e vou embora. Espero que floresçam. Às vezes descubro que sim; às vezes, nunca descubro. Tenho apenas que ter fé e me divertir no caminho.

C.T.: Poderia descrever seu processo de escrita?

LORDE: Tenho um diário e escrevo nele com bastante regularidade. Extraio muitos poemas dele. Ele é como a matéria-prima dos meus poemas. Às vezes sou abençoada com um que já vem pronto, mas já cheguei a trabalhar por dois anos em um único poema.

Para mim, existem dois processos muito básicos e distintos para revisar minha poesia. Um deles consiste em reconhecer que um poema ainda não é o que deveria ser. Em outras palavras, quero dizer que o sentimento, a verdade em que o poema se ancora, ainda não está totalmente elucidado dentro de mim e, como resultado, falta alguma coisa. Tenho que senti-lo novamente. E há o outro processo, que é mais fácil. O poema é o que deveria ser, mas precisa ser lapidado. Esse tipo de revisão gira em torno de escolher a imagem mais potente ou ajustá-la para que amplifique o sentimento. É uma maneira mais fácil de reescrever e sentir outra vez.

As anotações no meu diário falam sobre o que sinto. Sentimentos que às vezes são deslocados, sem começo, nem fim. Frases que ouço de passagem. Algo de que gosto. Às vezes apenas observações do mundo.

Passei por um período em que tive a sensação de estar morrendo. Não estava escrevendo nenhuma poesia e senti que, se não conseguisse escrever, iria sair dos eixos. Continuava escrevendo no meu diário, mas não saía poema nenhum. Sei agora que foi um período de transição na minha vida.

No ano seguinte, revisitei o diário e encontrei poemas incríveis. Muitos estão em *The Black Unicorn*. "Harriet" é um deles, assim como "Sequelae" e "A Litany for Survival". Eles saíram diretamente do diário, mas eu não os via como poemas até então.

"Power" também estava no diário. É um poema sobre Clifford Glover, o menino Negro de 10 anos de idade que havia sido baleado por um policial. Ele foi absolvido por um júri em que havia uma mulher Negra. Na verdade, no dia em que ouvi no rádio que O'Shea havia sido inocentado, eu estava dirigindo na Rua 88 [Nova York] e tive que encostar o carro. Uma fúria tomou conta de mim. O céu ficou vermelho. Eu me senti tão mal. Senti como se fosse bater com o carro em um muro ou na próxima pessoa que eu visse.

Então encostei. Peguei meu diário apenas para expressar um pouco da minha fúria, para tirá-la dos dedos. Os sentimentos transformaram-se em um poema. Foi assim que "Power" foi escrito.

C.T.: É preciso haver uma transição antes que você possa transformar as anotações do seu diário em poesia?

LORDE: Há um intervalo entre o diário e minha poesia. Escrevo coisas nele e, às vezes, nem consigo ler porque há muita dor e raiva. Guardo-o em uma gaveta e, seis meses, mais ou menos um ano depois, pego-o novamente e lá estão as sementes dos poemas. As anotações do diário precisam, de alguma forma, ser assimiladas na minha vida; só então consigo lidar com o que escrevi.

A arte não é a vida. É o uso da vida. O artista tem a capacidade de pegá-la e usá-la de uma certa forma e produzir arte.

C.T.: A literatura afro-americana possui características específicas?

LORDE: A literatura afro-americana sem dúvida faz parte de uma tradição africana. A tradição africana trata a vida como uma experiência a ser vivida. Em vários aspectos, é muito parecida com as filosofias orientais, porque nos vemos como parte de uma força vital; estamos ligados, por exemplo, ao ar, à terra. Somos parte do processo da vida. Vivemos de acordo, em uma espécie de correspondência com o resto do mundo como um todo. Assim, viver se torna uma experiência em vez de um problema, não importa o quão ruim ou doloroso possa ser. A mudança vai surgir de forma endêmica a partir da experiência plenamente vivida e discutida.

Percebo muito isso na escrita africana. Aprendi muito com [Chinua] Achebe, [Amos] Tutuola, [Cyprian] Ekwensi, com Flora Nwapa e Ama Ata Aidoo. Leslie [Alexander] Lacy, um norte-americano Negro que morou em Gana por um tempo, escreve sobre essa transcendência no livro *The Rise and Fall of a Proper Negro*.

Não se trata de se afastar da dor, do erro, mas de ver essas coisas como parte da vida e aprender com elas. Essa é uma característica particularmente africana e que é transposta para o melhor da literatura afro-americana. Além disso, temos as lendas da nossa luta e da nossa sobrevivência no novo mundo.

Essa transcendência aparece na obra de Ellison e um pouco na de Baldwin. E está muito presente em *Sula*, de Toni Morrison, uma obra de ficção maravilhosa. E não importa se ela ganhou um prêmio por *Song of Solomon*. *Sula* é um livro incrível. Ele me iluminou por dentro como uma árvore de Natal. Eu me identifiquei com a ideia da mulher *outsider*. Trata-se de um longo poema. Sula é a mulher Negra definitiva do nosso tempo, presa em seu poder e em sua dor. Alice Walker usa essa característica em *The Color Purple*, outro romance maravilhoso sobre a vida enquanto poder.

C.T.: A escrita recente de muitas mulheres Negras parece explorar as preocupações humanas de maneira um pouco diferente da dos homens. Essas mulheres se recusam a culpar apenas o racismo por todos os aspectos negativos na vida das pessoas Negras. Elas examinam a natureza do que se passa entre mulheres e homens Negros — os fundamentos do poder. Os homens tendem a responder na defensiva à escrita das mulheres Negras, rotulando-as de "queridinhas Negras" da elite literária. Deus sabe que os críticos, principalmente os homens Negros, fizeram a festa com *For Colored Girls*

Who Have Considered Suicide/ When the Rainbow Is Enuf, de Ntozake Shange. E estão começando a fazer o mesmo com *The Color Purple*, de Alice Walker. Mas existem homens Negros cruéis assim como existem homens Negros gentis. Não podemos tentar mudar essa crueldade colocando-a sob os holofotes?

LORDE: Deixe-me ler um trecho de um artigo para a *The Black Scholar* que escrevi há algum tempo:

> Como eu disse em outro lugar, não é o destino dos Estados Unidos Negro repetir os erros dos Estados Unidos branco, mas é o que faremos se confundirmos o sucesso em uma sociedade doente com os sinais de uma vida significativa. Se os homens Negros continuarem a fazê-lo, definindo "feminilidade" em seus termos europeus arcaicos, isso é um mau presságio para a nossa sobrevivência como povo, que dirá como indivíduos. Liberdade e futuro para os Negros não significa absorver a doença do homem branco dominante [...].
>
> Como Negros, não podemos começar nosso diálogo negando a natureza opressiva do privilégio masculino. E se homens Negros escolhem assumir esse privilégio, por qualquer que seja o motivo, estuprando, brutalizando e matando mulheres, então não podemos ignorar a opressão masculina Negra. Uma opressão não justifica a outra.[4]

4 Audre Lorde. "Feminism and Black Liberation: The Great American Disease". *The Black Scholar*, v. 10, n. 8-9, abril de 1979, p. 19. (N. O.)

É revoltante. Homens Negros equivocados. E, enquanto isso, eles estão nos matando nas ruas. É essa a natureza da identidade nacional?

Acho essa divisão opressiva e muito persistente. Isso já vem acontecendo há muito tempo. Não começou com Ntozake. Está cada vez mais próxima da linha de frente agora. Se você perguntar a qualquer uma das escritoras Negras com mais de 30 anos que esteja entrevistando... Se ela for honesta, ela vai lhe dizer. Você sabe que há uma máfia literária Negra neste país na mesma medida em que há uma máfia literária branca. Eles controlam quem ganha visibilidade. Se você não segue as regras, não é publicado. Suas obras não são distribuídas. Ao mesmo tempo, como mulheres Negras, obviamente não desejamos ser usadas contra homens Negros por um sistema que deseja o mal de ambos.

C.T.: Você acha que, se não fosse o movimento feminista, as mulheres Negras ainda estariam lutando para conquistar sua voz no meio literário?

LORDE: Com certeza. As escritoras Negras estão aí há muito tempo e foram alvo de uma desatenção sistemática. Apesar dessa realidade, você ouve de várias fontes que elas estão “indo muito bem”. Estamos conseguindo empregos; conquistando isso e aquilo, aparentemente. No entanto, ainda constituímos o grupo econômico mais insignificante dos Estados Unidos. Enquanto isso, aquelas de nós que não se enquadram no “*meio*” não puderam se posicionar, e foi somente com o advento do movimento feminista — ainda que as mulheres Negras não concordem com muitos de seus aspectos — que começamos a impor nossa voz, como mulheres e como Negras. Acho que qualquer uma de nós que seja honesta precisa dizer isso.

Como diz Barbara Smith: *"All the women are white, all the blacks are men, but some of us are brave"*.[5] Seu livro na área dos estudos das mulheres Negras [*But Some of Us Are Brave*], que ela editou com Gloria Hull e Patricia Bell Scott, é o primeiro a tratar desse assunto.

C.T.: Você está em um momento de transição na sua carreira, na sua vida?

LORDE: Acho que aprofundei e ampliei minha compreensão sobre a verdadeira dificuldade do meu trabalho. Há vinte anos, quando eu disse que precisávamos nos entender, eu mesma não entendia muito bem a importância das diferenças nas nossas vidas, mas esse é um tema recorrente tanto na minha vida quanto na minha obra. Tornei-me mais poderosa por ter me recusado a aceitar o mito da uniformidade triste, da uniformidade fácil. O trabalho da minha vida ainda é sobreviver e ensinar. Como disse antes, ensinar também é aprender; então ensine o que você precisa aprender. Se fizermos isso com verdade, será mais eficaz. Aprofundei, por exemplo, as questões que mais tenho em vista, e com isso também a maneira como ensino e aprendo.

O trabalho que fiz sobre o erótico foi muito, muito importante. Ele me descortinou toda uma área de conexões na ausência de conhecimento codificado ou de alguma alternativa clara. O erotismo foi um verdadeiro guia para mim. E o aprendizado como disciplina

5 "Todas as mulheres são brancas e todos os negros são homens, mas alguns de nós são corajosos." Obra fundamental dos estudos feministas negros estadunidenses, publicada em 1982. (N. E.)

é a mesma coisa que aprender como alcançar, por meio do sentimento, a essência de como e onde o erotismo se origina. Esse processo de sentir e, assim, conhecer foi bastante construtivo para mim.

Acredito no erotismo como uma força que ilumina a vida das mulheres. Tornei-me mais consciente das distinções entre o erótico e outras forças aparentemente semelhantes. Tendemos a pensar nele como uma excitação sexual fácil e tentadora. Falo do erotismo como uma força vital mais profunda que nos leva a viver de forma fundamental. E quando digo viver, quero dizer a força que nos direciona até aquilo que vai causar uma mudança positiva.

Quando falo de um futuro para o qual trabalho, estou me referindo a um futuro em que todos possamos aprender, um cenário que queremos para as nossas crianças. Postulo que o futuro será guiado por meus objetivos, por meus sonhos e por meu conhecimento da vida. É esse conhecimento que chamo de erótico, e acho que devemos desenvolvê-lo dentro de nós. Acredito que grande parte da nossa vida e da nossa consciência foi formada pela morte ou pelo não viver. É isso que nos permite tolerar tantas coisas vis ao nosso redor. Quando falo do "bem", falo da vida, falo do erotismo em todas as formas. Eles são um só. Então, nesse sentido, acredito no erotismo como um princípio que ilumina nossas vidas.

C.T.: Você acabou de terminar um novo livro.

LORDE: Sim. *Zami: A New Spelling of My Name* acaba de ser publicado. É uma biomitografia, o que, basicamente, quer dizer ficção. Tem os elementos da biografia e a história do mito. Em outras palavras, é uma ficção construída a partir de várias fontes. É uma forma de expandir nossa visão.

Estou muito animada com esse livro. Como você sabe, ele demorou muito tempo para ficar pronto. Agora que saiu, vai cumprir seu papel. Quaisquer que sejam seus defeitos, quaisquer que sejam suas glórias, ele está lá.

Você pode classificar *Zami* como um romance. Mas eu não gosto de chamá-lo assim. Escrevê-lo foi uma salvação durante o câncer. Como eu disse em *The Cancer Journals*, não podia acreditar que lutaria contra o que estava lutando sozinha e apenas por mim. Não podia conceber que não houvesse algo ali que fosse útil para alguém, em algum outro momento, porque sei que as palavras de outra mulher teriam sido úteis para mim, o que quer que ela tivesse a dizer. Saber que alguém já tinha passado por tudo isso antes teria sido muito importante, mas não havia nada. Escrever *The Cancer Journals* me deu força e poder para mergulhar nessa experiência, para expressar com palavras o que eu estava sentindo. Eu acreditava que, se o livro fosse útil para apenas uma mulher, valeria a pena escrevê-lo.

C.T.: O que você pode dizer para a geração mais jovem de escritoras Negras e escritores em geral?

LORDE: Não tenham medo da diferença. Sejam verdadeiros, fortes, amorosos. E reconheçam uns aos outros. Não tenham receio de sentir, nem de escrever a respeito. Por mais que estejam com medo, escrevam assim mesmo, pois se aprendemos a trabalhar quando estamos cansados, podemos aprender a trabalhar quando estamos com medo. O silêncio nunca nos trouxe nada. Sobrevivam e ensinem. É isso que temos que fazer, e com alegria.

Vozes Negras

Toni Morrison

Toni Morrison nasceu em 1931 como Chloe Anthony Wofford, em Lorain, Ohio. Obteve seu diploma de graduação em Letras na Universidade Howard e seu mestrado na Universidade Cornell. Teve dois filhos e foi editora sênior na Random House.

Os romances de Morrison são caracterizados por uma prosa meticulosamente elaborada que usa palavras comuns para produzir expressões ricas e líricas, bem como retratar percepções emocionais precisas. Seus personagens extraordinários lutam para entender aspectos da condição humana: bem e mal, amor, amizade, beleza, feiura, morte. Ao passo que suas histórias parecem desenvolver-se com naturalidade, o leitor consegue discernir o grande cuidado com o qual Morrison as construiu.

Seu primeiro romance, *The Bluest Eye* (1970), retrata a vida trágica de Pecola Breedlove, uma jovem negra que deseja ser amada por sua família e por seus colegas de escola. Ela entende que, por ser negra *é feia, e, portanto, desprezada e ridicularizada. Como consequência, a menina sublima seu desejo de ser amada em um desejo de ter olhos azuis e cabelo loiro; ou seja, parecer-se com Shirley Temple, adorada por todos. Incapaz de resistir à brutalidade direcionada à sua frágil autoimagem, Pecola enlouquece silenciosamente e se retira para um mundo de fantasia no qual ela é a garotinha mais amada por ter o olho mais azul de todos.*

O segundo romance de Morrison, Sula *(1973), fala de uma mulher maravilhosamente não convencional, Sula Peace, cuja vida torna-se uma experimentação ilimitada. Sem estar presa a quaisquer códigos sociais de adequação, o primeiro pensamento da mulher é ser apenas incomum, em seguida surpreendente e, por fim, malévola. Ela se torna pária em sua comunidade, uma referência do que é mau e, de forma um tanto irônica, inspira bondade em quem a cerca.*

Song of Solomon *(1977) retrata a autodescoberta de Macon Dead III. Macon, ou "Milkman", como seus amigos o chamam, embarca em uma jornada para recuperar um tesouro perdido no passado de sua família. Mas, em vez de riquezas, descobre os detalhes intrincados de sua ancestralidade. A odisseia de Milkman torna-se uma espécie de épico cultural através do qual pessoas negras podem memorar seu passado de escravidão, que com frequência é invisibilizado.*

Toni Morrison foi a primeira escritora negra a ganhar o Prêmio Nobel de Literatura, em 1993. Seu trabalho continua influenciando escritores e artistas por sua dedicação ao descrever a vida afro-americana e as relações raciais. Faleceu em 2019, aos 88 anos, mesmo ano do lançamento do documentário sobre sua vida e carreira dirigido por Timothy Greenfield-Sanders, Toni Morrison: The Pieces I Am.

Entrevistando Morrison

CLAUDIA TATE: Como o fato de ser negra e mulher influencia seu trabalho?

TONI MORRISON: Quando vejo, percebo e escrevo sobre o mundo, é o mundo dos negros. Não é que eu não escreva sobre os brancos. Apenas sei que, quando tento desenvolver os vários assuntos sobre os quais escrevo, as pessoas que os expressam melhor são as pessoas negras que invento. Não é uma coisa deliberada, calculada ou conscientemente negra, porque consigo reconhecer a escrita negra artificial de alguns escritores e a desprezo. Consigo senti-los frequentando a comunidade negra para parecer descolados.

Quando escrevi *Sula,* sabia que escreveria sobre o bem e o mal, e sobre amizade. Eu tinha que imaginar que tipo de pessoa iria exteriorizar esse assunto, que tipo de pessoa teria esse tipo de relação. Nel seria esse tipo de pessoa; Sula seria diferente.

A amizade entre mulheres é especial, diferente, e nunca foi retratada como foco principal de um romance antes de *Sula*. Ninguém jamais falou sobre amizade entre mulheres a não ser que se tratasse de um romance, e não há homossexualidade no livro. Sempre se escreveu sobre as relações entre mulheres como se elas fossem

Há uma diferença bem grande entre escrever para pagar as contas e escrever para a vida toda.

subordinadas a outros papéis que desempenham, o que não se aplica aos homens. Me pareceu que as mulheres negras têm amigas no sentido mais antigo da palavra; talvez isso não diga respeito apenas às pessoas negras, mas assim me pareceu. Eu estava na metade do livro antes de perceber que a amizade em termos literários é uma ideia bastante contemporânea. Então, quando eu estava criando as pessoas em *Sula*, era inevitável que eu focasse em mulheres negras, não devido à ignorância sobre outros tipos de pessoas, mas porque elas muito me interessam.

C.T.: Você escolhe de forma consciente cidades como Lorain, Ohio, como cenários para as suas histórias?

MORRISON: Apenas *The Bluest Eye*, meu primeiro livro, se passa em Lorain, Ohio. Nos outros, eu estava mais interessada na atmosfera do que na geografia. Sou do Meio-Oeste, então tenho uma afeição especial pela região. Meus inícios sempre se passam lá, independentemente do que eu decidir escrever. Pode ser que eu abandone esse foco em algum momento, mas, por ora, é minha matriz.

Os negros levam sua cultura para onde quer que eles vão. Se eu escrevesse sobre o Maine, os negros de lá seriam muito parecidos com os de

Ohio. Você pode mudar o prato, mas o cardápio ainda será o mesmo. A barbearia no Maine seria o mesmo tipo da de Ohio; os mesmos tipos de pessoas estariam sentadas por lá. Eles cozinham de forma um pouco diferente, mas sei como a linguagem será.

C.T.: Ohio é um estado interessante e complexo, com um caráter ao mesmo tempo sulista e nortista. O rio Ohio historicamente representou liberdade. Assim, o estado parece adequado para ser o cenário de saltos em *Song of Solomon* e quedas livres em *Sula* rumo à liberdade.

MORRISON: Sim. A parte norte do estado tinha estações da Underground Railroad[1] e uma história de fuga de negros para o Canadá, mas a parte sul do estado é o mais Kentucky possível, com cruzes queimadas e tudo. Ohio é uma curiosa sobreposição do que era ideal e do que era básico neste país. Era também uma Meca para os negros, que iam para os moinhos e para as fábricas, porque Ohio oferecia a possibilidade de uma vida boa, de liberdade, mesmo com alguns obstáculos terríveis no caminho. O lugar também oferece uma fuga aos cenários estereotipados dos negros. Não é uma grande fazenda e não é a periferia.

C.T.: Como você encaixa a escrita na sua vida?

MORRISON: Para mim nunca foi um problema parar um pouco para escrever. Não faço muita coisa. Não saio. Não me distraio. E deixo de usar o telefone. Essas atividades tendem a gastar muito tempo.

1 Rede secreta de rotas e esconderijos estabelecida nos Estados Unidos em meados do século XIX, utilizada por pessoas escravizadas para fugir rumo aos estados livres no Norte do país ou para o Canadá. (N. T.)

Além disso, consigo fazer mais de uma coisa ao mesmo tempo. A maioria das coisas que faço, consigo fazer de forma a não ter que concentrar toda a minha atenção nelas. E, assim sendo, elas também não sofrem. Muito pouco do que se faz envolve toda a mente por um longo período. Em um certo sentido, todos produzimos tempo. Contudo, quando compartimentalizamos nossa vida, reclamamos do tempo. Dizemos: "Agora é hora de fazer isso, agora é hora de fazer aquilo". Aí sentimos que temos que fazer as coisas em algum tipo de sequência.

A escrita é um processo que acontece o tempo todo. Posso estar em qualquer lugar, resolvendo algum problema no trabalho. Não tenho que invocá-la. É apenas um modo de levar a vida, então quando estou escrevendo um livro, não há um determinado momento em que ele não esteja rondando meus pensamentos. Vivo com ele. Mas há horas em que tenho de me sentar e escrever. A dificuldade vem do fato de eu não ter períodos contínuos, quatro ou cinco horas por vez. Tenho tido mais períodos assim agora, mas o truque é chegar rapidamente aonde eu quero na escrita de modo a evitar três horas de escrita frustrante e desajeitada. Fiz muito se conseguir produzir seis páginas nesses momentos.

C.T.: Você usa métodos específicos para obter inspiração?

MORRISON: Quando me sento para escrever, às vezes a inspiração está lá; às vezes não, mas isso não me incomoda mais. Digo aos meus alunos que existe algo chamado "bloqueio criativo" e que eles devem respeitá-lo. Você não deve escrever durante esse processo. Se você está bloqueado é porque tem que estar, porque você não tem a inspiração agora. Então deve deixar de lado a frustração e a loucura provenientes desse momento de: “Ah, meu Deus, não consigo escrever agora”. É apenas uma mensagem que está lhe dizendo: “Isso mesmo, você não consegue escrever agora, então não o faça”. Lidamos com prazos, então encarar a ansiedade causada pelo bloqueio se tornou um modo de viver. O medo nos assusta. Não consigo escrever assim. Se não tenho algo a dizer em três ou quatro meses, eu simplesmente não escrevo. Quando leio um livro, sempre percebo se o autor escreveu durante um bloqueio. Se ele ou ela simplesmente tivesse esperado, [o texto] seria melhor ou diferente, ou um pouco mais natural. Dá para ver as emendas. Eu sempre sei qual história quero contar quando estou trabalhando em um livro. Não é difícil. Qualquer um pode inventar uma história; o difícil é tentar instilar vida nos personagens, dar espaço a eles, fazer deles pessoas com as quais me importo. Só tenho 26 letras do alfabeto; não tenho cores, não tenho música. Tenho que usar minha arte para fazer o leitor ver as cores e ouvir os sons.

Vejo minhas histórias como clichês. Um clichê é um clichê porque vale a pena. Caso contrário, teria sido descartado. Um bom clichê não pode ser substituído; ainda detém um mistério. Os conceitos de beleza e feiura são misteriosos para mim. Muita gente escreve sobre esses temas. Ao refletir sobre eles, tento me aprofundar e ver o que significam, como impactam o que as pessoas fazem. Também escrevo sobre amor e morte. O problema que encaro como escritora é fazer minhas histórias terem algum significado. Você pode ter personagens maravilhosos e interessantes, uma história fascinante, mas, ainda assim, ela não dizer nada. Não ter substância. Posso fracassar em uma porção de maneiras quando escrevo, mas quero que meus livros sejam sobre algo importante para mim, e os assuntos relevantes no mundo sempre o foram.

Os críticos não costumam associar pessoas negras a ideias. Eles enxergam pessoas marginalizadas; só mais uma história sobre negros. Eles até acham a coisa toda sociologicamente interessante, mas muito provinciana. Há essa ideia de que há seres humanos sobre os quais se escreve e que, no outro extremo, há negros, indígenas ou algum outro grupo marginalizado. Se você escreve sobre o mundo desse ponto de vista, é considerado inferior de alguma forma. Isso é racista, é claro. O fato de que escolhi escrever sobre negros significa que só me senti estimulada a escrever sobre negros. Somos pessoas, não alienígenas. Vivemos, amamos e morremos.

Uma mulher escreveu um livro sobre escritoras e acrescentou um pedido de desculpas ao prefácio, onde explica por que o livro não inclui nenhuma escritora negra. Ela afirmou não se sentir qualificada para criticar o trabalho delas. Isso é uma desonestidade acadêmica. Posso estar errada, mas é o que penso, e me dei ao trabalho de lhe dizer isso. Eu me sinto totalmente qualificada para discutir Emily Dickinson ou qualquer outra pessoa, aliás, porque presumo que o que Jane Austen e todas essas pessoas têm a dizer tem algo a ver com a vida e com a condição de ser um humano no mundo. Fiquei assustada ao ver que ela não conseguia entender que a preocupação dos personagens negros também é essa, como se nossas vidas fossem tão exóticas que as diferenças fossem incompreensíveis.

Os brancos insensíveis não conseguem lidar com a escrita de pessoas negras e muito menos com sua própria literatura. Não é uma questão de não gostar de críticos brancos. A maioria dos críticos negros também me desagrada. Grande parte das críticas feitas por negros responde apenas ao ímpeto da criticidade que aprendemos na faculdade. Isso fica evidente quando vemos comparações de escritores negros com algum escritor branco já aceito. Se alguém disser que eu escrevo como [James] Joyce, isso me dá uma espécie de credibilidade que eu acho ofensiva. Não tem nada a ver com o meu gosto por Joyce. Gosto dele, mas a comparação não tem nada a ver com o que escrevo. Acho essas críticas um tanto desonestas, porque elas nunca abordam o trabalho pelo que ele é. Elas se originam de algum outro tipo de motivação e encontram conteúdo fora da obra, o que é totalmente irrelevante para defendê-la. Você consegue ouvi-los conversando com Northrop Frye e ainda ouvir a resposta dele. Também pode ouvir um romancista conversando com o *The New York Times* e não comigo, o leitor anônimo. A crítica pode ser bem escrita, muito bem escrita, mas não fala sobre o livro em questão. Está apenas tentando situar a obra em uma tradição literária já estabelecida. O crítico está muito assustado ou desinformado para trilhar novos caminhos.

C.T.: Qual é sua responsabilidade como escritora, para si mesma e para o seu público?

MORRISON: Escrevi *Sula* e *The Bluest Eye* porque eram livros que eu queria ler. Ninguém ainda os tinha escrito, então eu os escrevi. Meu público são sempre as pessoas do livro que estou escrevendo; não penso em um público externo. Dá para ver quando um escritor está escrevendo para educar um público externo. Você pode sentir o mecanismo, não a arte, quando o autor está tentando dizer algo a alguém.

C.T.: Homens negros e mulheres negras abordam assuntos de maneira diferente em suas respectivas obras?

MORRISON: Acho que as mulheres provavelmente escrevem a partir de um enfoque distinto. Há uma certa diferença na maneira como homens e mulheres abordam conflitos, domínio e poder. Não vejo grandes diferenças entre a escrita em termos de intimidade, mas acho que as mulheres negras escrevem de maneira diferente das mulheres brancas. Essa é a distinção mais acentuada de todas essas combinações de negro e branco, masculino e feminino. Não é que as mulheres escrevam de maneira diferente dos homens; as mulheres negras que escrevem de maneira diferente das mulheres brancas. Homens negros não escrevem de maneira muito diferente dos homens brancos.

Eu identifico uma enorme diferença na escrita. A agressão não é uma novidade tão grande para as mulheres negras quanto é para as mulheres brancas. As mulheres negras parecem capazes de combinar o ninho e a aventura. Elas não enxergam conflitos em certas áreas como as mulheres brancas enxergam. São porto seguro e navio; são estalagens e trilhas. Nós, mulheres negras, fazemos as duas coisas. Não consideramos esses lugares, esses papéis, mutuamente exclusivos. Essa é uma das diferenças. As mulheres brancas acham que deixar seus maridos e sair para desbravar o mundo é um evento extraordinário. Se elas se contentam com os benefícios da vida de dona de casa que impossibilitam uma carreira, então é casamento *ou* carreira para elas. Não ambas as coisas, não *e*.

Seria interessante fazer um artigo sobre os tipos de trabalho que as mulheres desempenham em romances escritos por mulheres. Que tipos de trabalho elas fazem, não apenas os pagos, mas como elas percebem o ato de trabalhar. Quando as personagens das mulheres brancas ficam deprimidas com a louça acumulada, o que fazem? Não é apenas uma questão de estar no mercado de trabalho e fazer tarefas domésticas; é uma questão de como se percebe o trabalho, como ele se encaixa na vida de alguém.

Há uma coisa masculina/feminina que também é distinta nas obras de escritoras negras e brancas, e essa diferença é boa. Há um tipo de percepção doméstica que tem sua própria forma de violência nos escritos de mulheres negras. Não se trata de uma violência sangrenta, mas é violência mesmo assim. O amor, nos padrões ocidentais, é cheio de posse, distorção e corrupção. É um massacre exangue.

Os homens querem sempre mudar as coisas, e as mulheres, provavelmente não. Não creio que tenha muito a ver com a impotência delas. A mudança pode resultar em morte. E nem é preciso mudar tudo. Algumas coisas devem ficar como estão. A mudança em si não é assim tão importante. Mas os homens a veem dessa forma. Sob o pretexto da mudança e do amor, destroem uns aos outros, as crianças. Mudam as coisas de lugar e as colocam em locais especiais. Lembro que, quando estava no ensino fundamental, havia todo tipo de gente na minha turma: pessoas com deficiência intelectual, com deficiência física e nós. Para melhorar a situação, a escola afastou todas essas pessoas e as concentrou em turmas para pessoas com deficiência. Talvez fossem mais bem tratadas, mas não estavam mais entre nós. Uma criança que enxerga pode aprender muito com uma criança cega; mas, quando as separamos, a aprendizagem torna-se insuficiente. Esse tipo de mudança é algo masculino. As mulheres não costumam fazer isso. É tudo feito sob o pretexto da civilização para melhorar as coisas. O ímpeto para esse tipo de mudança não é o ódio; é o altruísmo.

Os negros permitem que as coisas continuem seguindo o fluxo que elas já estão seguindo. Não tememos a morte, nem temos medo de sermos diferentes. Também não ficamos muito chateados com as divisões entre as coisas, as pessoas. Nossos interesses sempre foram entender as diferenças entre as coisas, muito mais do que compreender as semelhanças. Os negros sempre veem distinções antes de ver semelhanças, o que significa que provavelmente não conseguem classificar as pessoas em grupos tão rapidamente quanto os outros. Eles não costumam dizer que todas as pessoas polonesas são assim ou assado. Eles olham para uma pessoa para ver como ela é.

As línguas chamadas "primitivas" sempre enfatizam as diferenças. Há centenas de palavras para falar sobre inhame, não apenas uma só. São centenas de palavras para cada variedade do alimento. Isso não é uma insuficiência do processo de reflexão; isso, na verdade, reflete uma ênfase nas distinções. Isso talvez responda por que os negros, de modo geral, tinham tanta dificuldade de pensar em termos puramente racistas.

C.T.: Em *The Bluest Eye* e em *Sula*, há compressão e expansão sugestivas, líricas e verbais. Em *Song of Solomon*, há uma progressão linear da linguagem, uma aura de mistério que circunda a resolução. O fato de selecionar um herói em vez de uma heroína afeta a qualidade do seu texto?

MORRISON: Os primeiros dois livros foram inícios. Eu começo todos os livros com a infância de uma pessoa; mas, nesses dois, o movimento, o ritmo, é circular, embora os círculos estejam quebrados. Se você voltar ao início, será jogado para o final. Isso fica evidente em *The Bluest Eye*. *Sula*, por outro lado, é mais espiral do que circular. *Song of Solomon* é diferente. Eu estava tentando fazer o livro nascer; seu movimento não é circular, nem espiral. A imagem na minha mente é a de um trem que aumenta a velocidade, e essa imagem transmite a linguagem. Em *The Bluest Eye* e *Sula*, o ritmo é muito diferente.

Para mim, todas as vidas têm um ritmo, um formato. Há depressões, curvas e retas. É impossível ver todos os contornos ao mesmo tempo. Um pequeno incidente que acontece hoje pode se tornar o acontecimento mais importante do ano, mas você não tem muita noção disso quando tudo acontece. Só vamos saber bem depois. Tento refletir essa percepção no meu trabalho. Em um capítulo, posso falar sobre acontecimentos do passado, para que o leitor saiba que o que vou dizer já aconteceu, mas que ele ou ela está indo de encontro a algo desconhecido. O melhor exemplo que posso dar é o capítulo de *Sula* em que Hannah acidentalmente pega fogo. Ele começa com a segunda coisa estranha para só depois citar a primeira, por isso sabemos que algo vai acontecer. Uma pessoa negra com certeza saberia que, já que estou listando coisas estranhas, algo terrível está para se dar. Essas coisas são presságios. Se estou falando de morte, os leitores devem esperar por ela, porque os presságios nos servem de alerta. Todas as coisas estranhas são presságios; não sabemos o que vai acontecer quando elas ocorrem, e às vezes reconhecemos um prenúncio só depois do acontecido, mas, quando essa coisa ruim se concretiza, de alguma forma você já a esperava. Como leitor, você pode se sentir reconfortado por saber que o que quer que seja já aconteceu, por isso não há motivos para ficar assustado. O autor já passou por isso. Aconteceu, acabou. Você vai descobrir, mas não vai ser uma grande surpresa, embora possa ser horrível. Posso magoá-lo, mas não quero puxar seu tapete. Não quero te pegar desprevenido. Quero apenas que sinta essa aflição e esse horror sem que a linguagem rivalize com o acontecimento em si. Posso querer que você se sinta confortável, mas quero que saiba que algo terrível acontecerá e que, quando for a hora, você não ficará destroçado. Quando acontecer, você já estava esperando por isso, por mais que antes não estivesse.

A linguagem tem que ser discreta; tem que despertar a participação do leitor. Nunca descrevo muito os personagens. Minha escrita espera e exige uma leitura participativa, e acho que isso é o que a literatura deve fazer. Não se trata apenas de contar a história; é sobre envolver o leitor. É ele que fornece as emoções e até mesmo um pouco da cor, parte do som. Minha escrita precisa ter buracos e espaços nos quais o leitor possa entrar. Ele pode sentir algo visceral, ver algo impressionante. Então nós — você, o leitor, e eu, a autora — nos reunimos para fazer o livro, para sentir a experiência. Não importa o que aconteça. Eu lhe digo no início de *The Bluest Eye*, na primeira página, o que aconteceu, mas agora quero que você vá comigo e olhe. Então, quando você chegar à cena em que o pai estupra a filha — que é uma coisa horrível, como se pode imaginar —, quando chegar lá, a cena é quase irrelevante, porque quero que você olhe para ele e veja o amor dele pela filha e a incapacidade que ele tem de aliviar a dor dela. Nesse momento, o abraço dele, o estupro, é o presente que ele deixou.

C.T.: Cholly [*The Bluest Eye*], Ajax [*Sula*], e Guitar [*Song of Solomon*] são heróis de olhos dourados. Até *Sula* tem salpicos de ouro nos olhos. São as pessoas livres, perigosamente livres.

MORRISON: Eles expressam tanto o esforço da vontade quanto a liberdade que ela proporciona. Isso diz respeito à possibilidade de fazer escolhas, embora mesmo assim haja uma enorme quantidade de questões que não se pode decidir. Agora, se você tem a si mesmo, pode fazer determinadas escolhas, assumir certos riscos. Eles o fazem e são mal-interpretados. São pessoas incompreendidas; têm uma natureza indomável, uma bela selvageria. Eles causam repercussões negativas na sociedade. É pré-cristão no melhor sentido possível. É Eva. É triste quando vejo essa natureza selvagem sumir em uma pessoa. Essa falta de restrição, que faz parte da vida humana e é mais bem tipificada em alguns homens negros, muito me interessa. Ela reside nos homens negros, embora a sociedade diga que isso não deveria acontecer. Todo mundo sabe quem é "esse homem", e eles podem xingá-lo e chamá-lo de "crioulo das ruas". No entanto, quando você se desfaz do vocabulário pejorativo, o que você tem é alguém que é destemido e que se sente confortável com isso. Não se trata de maldade. É uma espécie de resistência autoflagelante a certas tecnologias de controle, o que é fascinante. Opondo-se às noções estabelecidas de progresso e aos moldes da vida, eles vivem em um mundo sem amarras.

C.T.: Seus livros nos dão a impressão de que você escreve sem muito esforço. Claro, sei que há um tremendo trabalho por trás disso. Sem emendas aparentes, o tecido nos brinda com imagens maravilhosas. Os detalhes comuns se tornam extraordinários ao serem vasculhados por sua percepção, sua técnica.

MORRISON: Tento desempoar a linguagem e devolver às palavras seu significado original. Não uso os significados sabotados pelo uso constante, de modo que "casto", por exemplo, mantém o mesmo sentido de origem. Procuro fazer isso construindo frases que ponham essas palavras em destaque, mas não palavras estranhas ou "grandes". A maioria dessas são imprecisas. Elas são úteis justamente por causa de sua imprecisão. Se você escrever com muito cuidado, pode desempoar palavras comuns, poli-las e fazer com que a linguagem com parábolas pareça viva outra vez.

O diálogo bem-feito pode ser ouvido. Um leitor londrino me disse que eu raramente uso advérbios nos meus diálogos, que meus personagens nunca dizem tal e tal coisa *em voz alta*, mas que, apesar disso, ele sempre sabe qual é a entonação. Quando escrevo uma primeira versão, o texto em geral é muito ruim, porque minha tendência é escrever na linguagem do cotidiano — a linguagem dos negócios, da mídia, a que usamos no dia a dia. Se você tem amigos com quem pode falar na sua própria linguagem, você mantém o vocabulário vivo, as nuances, a complexidade, os lugares onde a linguagem tinha seu poder original. Porém, para chegar lá, tenho que reescrever, descartar e remover a qualidade de impressão da linguagem e recuperar a oralidade, onde há entonação, volume e gesto. Além disso, os personagens precisam falar sua própria linguagem. Os escritores iniciantes, mesmo quando têm um bom estilo de diálogo, com frequência fazem todo mundo falar da mesma maneira. Se eles não identificassem o orador, o leitor não saberia fazer essa distinção. E você precisa ser capaz de distinguir seus personagens uns dos outros. *Sula* não usa a mesma linguagem que Eva, porque elas percebem as coisas de um jeito diferente. Se o leitor sentir que pode visualizar um personagem, apesar de ninguém dizer como ele é, é isso! Tudo que tenho que fazer como escritora é *saber* disso. Não preciso escrever todos os detalhes. Dou algumas pistas, alguns gestos...

Eu evito incutir opiniões nas abstrações emocionais. Não suporto mais ler nenhum livro com explicações difíceis e inúteis de uma coisa simples. Se você consegue ver o personagem vivendo uma determinada situação, não precisa ficar explicando. Quando Eva olha para as costas do homem que a abandonou, ela não sabe como vai se sentir. Tudo se encaixa quando ele vai descendo os degraus e ela ouve o riso da mulher de vestido verde. Sua clareza emocional se cristaliza naquele momento. Quando você pensa em como é se deparar com o homem que te abandonou, consegue formular várias maneiras de expressar esse sentimento. Você pode usar muita retórica, mas não precisa fazer nada disso se simplesmente conseguir enxergar. Você vê uma pessoa que é um símile, uma metáfora, uma pintura. Uma pintura é capaz de transmitir esse conceito com certo triunfo porque o leitor pode se identificar com esse sentimento, mesmo que a pessoa nunca tenha sentido nada parecido. Isso é possível porque a pessoa vê as mesmas coisas que o personagem está vendo. É uma questão de como projetar o personagem e a experiência desse ponto de vista.

Não uso muita autobiografia na minha escrita. Minha vida é monótona. Escrever tem a ver com a imaginação. Com estar disposto a abrir uma porta ou pensar o impensável, por mais bobo que pareça. Quando Pilate [*Song of Solomon*] apareceu sem umbigo, isso também não pareceu fazer muito sentido para mim, então pesquisei um pouco. Claro, todo mundo me disse que isso não poderia acontecer porque era absurdo, impossível. Eu não sabia para onde estava indo, mas isso não me impediu de valorizar a utilidade disso em termos de desenvolvimento de personagem. A reflexão em si já me era interessante. Se eu havia pensado naquilo, poderia ser importante. Imagino muitas coisas que não são valiosas, mas não as descarto apenas porque não "fazem sentido". É como o final de um sonho. Você acorda e se lembra de alguns fragmentos. Essas são as partes nas quais você pode se concentrar. Não é preciso se preocupar com as partes das quais não consegue se lembrar. Se a mulher não tem umbigo, tenho que pensar no significado disso, não apenas em termos de desenvolvimento, de sua vida, mas em relação ao livro todo. Não tentei pensar em algo estranho. Eu queria delinear uma personagem que fosse irmã de um homem, alguém diferente, e parte da minha visualização incluía o fato de que ela não tinha umbigo. Então isso se tornou uma coisa muito significativa para ela. Também precisou vir no início do livro para que o leitor soubesse que essa informação seria importante. Precisava ser algo muito poderoso em sua ausência, mas sem consequência nenhuma em sua presença. Não poderia ser nada grotesco; seria algo que a diferenciaria, que a faria literalmente se inventar. Claro, isso tem grandes ramificações simbólicas, mas não foi o que falou mais alto na minha mente. Eu só pensei sobre o que aconteceria se uma pessoa não tivesse umbigo, então outras coisas ficaram bem mais claras.

C.T.: Quando você descobriu que era escritora?

MORRISON: Depois de ter escrito *Sula*. Já disse que escrevi *The Bluest Eye* depois de um episódio depressivo, mas as palavras "solitária, deprimida, melancólica" não significam o óbvio. Elas representam um estado diferente. É um estado menos agitado, quando estou mais consciente de mim mesma do que dos outros. As melhores palavras para deixá-lo claro para outras pessoas são essas. Não é necessariamente um sentimento infeliz; só é diferente. Acho que agora sei melhor o que é. Às vezes, quando estou de luto — por exemplo, depois que meu pai morreu —, há um período em que não estou lutando contra as batalhas do dia a dia, em que não posso lutar ou deixar de lutar, e sou muito passiva, como um receptáculo. Quando estou nesse estado, posso ouvir as coisas. Enquanto eu estiver ocupada fazendo o que deveria estar fazendo, o que devo fazer, não ouço nada; não há nada. Essa sensibilidade ocorria quando eu estava solitária ou deprimida ou melancólica ou ociosa ou emocionalmente exausta. Eu pensava que estava no meu nadir, até que comecei a ouvir algo. As ideias não me ocorrem quando estou preocupada. Foi o que eu quis dizer quando disse que estava em um estado menos agitado, menos produtivo e desengajado. Aconteceu depois que meu pai morreu, daí a associação com a depressão. E depois do meu divórcio. Aconteceu outras vezes, mas nem tanto porque eu estava infeliz ou feliz. Estava recolhida e, nessa situação de desengajamento da correria do dia a dia, algo positivo aconteceu. Nunca havia me colocado em uma situação como essa antes. Naquela época, eu tinha que ser jogada ao encontro dela. Agora eu sei como trazê-la para perto de mim sem ter que viver tudo isso. É bem o que Guitar disse. Quando você se liberta de toda a merda, então pode voar.

C.T.: Você tem uma predileção pelo personagem incomum, pelo pária?

MORRISON: Há vários tipos de párias nos meus escritos. A comunidade negra é uma comunidade pária. Os negros são párias. A civilização marginalizada das pessoas negras existindo em justaposição com outras civilizações é uma relação de pária. Na verdade, o conceito de negro neste país é quase sempre o de pária. Mas uma comunidade contém párias dentro dela que são muito úteis para a tomada de consciência dessa mesma comunidade.

Quando estava escrevendo sobre o bem e o mal, não os retratei de acordo com os parâmetros ocidentais. Eu achava interessante o fato de que houve uma época em que os negros pareciam não reagir ao mal da maneira como outras pessoas o faziam; para eles, o mal tinha um lugar inato no universo. Eles não desejavam erradicá-lo. Queriam apenas se proteger dele, talvez até manipulá-lo. Mas nunca o exterminar. Eles sentiam que o mal era só mais um aspecto da vida. Ver como os negros lidavam com ele me elucidou muitas outras coisas. É como uma faca de dois gumes. Isso mostra como eles têm dificuldade de organizar guerras políticas de longo prazo contra outros povos. Explica também sua generosidade e sua aceitação de todos os tipos de coisas. É porque o mal, a diferença, não lhes causa terror. Não é uma força alienígena; é apenas uma força diferente. Esse é o mal que eu estava descrevendo em *Sula*.

Mesmo quando estou falando de conceitos universais, tento ver como as pessoas — e eu me incluo nisso — os olhariam, como reagiriam a eles. Nossa cosmologia pode ser um pouco diferente, como costuma ser a de cada grupo, então o que eu quero descobrir é como essa diferença ocorre. De que forma nosso conceito de mal se distingue do de outros povos? Como a criação de crianças é diferente? Como nossos párias são diferentes? Um bandido do mundo jurídico não é a mesma coisa que um bandido da comunidade. É por isso que tenho os Dewey e Shadrack e Sula. Eles são variações da figura do pária. Contudo, a cidade pode aceitar Shadrack com muito mais facilidade do que Sula, porque ele está sistematizado. Já sabem o que esperar dele.

Uma mulher que escreveu um artigo sobre *Sula* disse que achava que a comunidade era muito desagradável para com ela. Acho isso um tanto estranho, porque sempre tive a impressão de que a comunidade era muito acolhedora. Não havia outro lugar no mundo em que ela pudesse ter vivido sem ser prejudicada de alguma forma. O que quer que as pessoas pensem sobre Sula, por mais estranha que ela seja, por mais diferente que ela seja, as pessoas não a prejudicam.

Medallion é um ambiente acolhedor mesmo para uma mulher tão diferente. Ninguém vai linchá-la ou chamar a polícia. As pessoas a xingam e tentam se proteger do mal que ela pode causar. Só isso. Mas elas se aproveitam de Sula com muita eficiência, o que é uma maneira de manipulá-la.

C.T.: Suas obras já foram mal-interpretadas?

MORRISON: Claro. Isso tudo faz parte do jogo. Algumas pessoas captam coisas no seu trabalho que você nunca nem viu, mas está tudo bem. Afinal, elas leem e entendem o que conseguem. Às vezes, falam sobre a obra com uma interpretação mais próxima da minha. Não sei se estão mais certas do que aquelas que enxergam os livros de outra maneira. De vez em quando fico desapontada quando algo que eu acho crucial passou percebido, mas isso é o ego do escritor vindo à tona. Sempre parto do pressuposto de que, se não impressionou o leitor, tem algo a ver com a escrita, e não com a pessoa que está lendo. O meu trabalho é deixar tudo ainda mais claro, tornar o texto deslumbrante. Se isso não acontece, fui muito tímida, sutil ou desajeitada. Algo estava errado. O meu trabalho é fazer o texto acontecer. Isso não tem nada a ver com o leitor.

C.T.: Você fala de seus livros antes que estejam prontos?

MORRISON: Falo sobre o pouco que sei, o que é sempre arriscado, pois posso mudar de ideia ou a obra pode acabar se modificando. Escrevo a partir da ignorância. Sobre as coisas para as quais não tenho nenhuma resolução. E, quando acabo, acho que sei um pouco mais sobre elas. Não escrevo o que sei. É o que eu não sei que me estimula. Eu só sei o suficiente para dar o pontapé inicial. Escrever é uma descoberta. É falar profundamente dentro de mim, "um intenso monólogo interno", como se diz. A publicação é um belo de um anticlímax, embora eu atue no mercado editorial. Sei as maravilhas que acontecem quando uma obra é publicada; mas, para mim, em um nível muito pessoal, essa etapa é secundária.

Meus alunos me perguntam quando vou transformar meus livros em filmes. Digo a eles que não estou muito interessada nisso, porque eles não seriam meus. O livro é meu trabalho. Não quero escrever roteiros; não quero ter o "controle" artístico de um filme. Não estou querendo dizer que adaptações não devam ser feitas, apenas que eu não preciso fazer parte disso. A ideia de que o livro é o que se faz antes do filme, que o resultado é o filme, é muito alarmante para mim.

Há uma diferença bem grande entre escrever para pagar as contas e escrever para a vida toda. Se você escreve para pagar as contas, faz concessões enormes e talvez nunca seja capaz de deixar de fazer isso. Se você escrever para a vida toda, vai trabalhar muito. Vai fazer isso de maneira disciplinada. Vai fazer o que é honesto, não o que paga melhor. Estará disposta a dizer não quando alguém quiser fazer joguinhos com seu trabalho. Você vai estar preparada para se recusar a vendê-lo. Vai valorizar seu trabalho e investir no seu desenvolvimento pessoal.

C.T.: Qual tem sido o preço do sucesso para você?

MORRISON: Não concordo com a definição de sucesso da qual acho que você está falando. Para mim, seja qual for o preço, me recuso a pagá-lo. Nesses termos, o sucesso atua como um substituto para o valor. Quando você diz que alguém é bem-sucedido, geralmente significa uma vida cercada por bens materiais. Continuo vivendo como sempre vivi, embora possa viver um pouco melhor agora, porque consigo fazer algumas escolhas que não conseguia antes. Ter mais dinheiro do que há alguns anos me possibilita ter escolhas e, portanto, fazê-las. Mas em relação às coisas mais imbuídas de significado, aos relacionamentos com outras pessoas, nada mudou. O que muda nem sempre é a pessoa bem-sucedida, mas as pessoas ao seu redor.

C.T.: Como você se sente ao terminar um livro?

MORRISON: Sinto que algo está faltando. Sinto falta dos personagens, da companhia deles, das possibilidades de cada um. Mas aí tenho outra ideia.

Algumas pessoas trabalham em vários livros ao mesmo tempo. Eu jamais seria capaz de fazer isso. Então, se fico sem ideias, me sinto um pouco sozinha, como se tivesse perdido contato, mesmo que por pouco tempo, com alguma memória coletiva. Mas o tempo de espera entre as ideias tem sido cada vez mais curto, o que me deixa contente.

Vozes Negras

Sonia Sanchez

Para Sonia Sanchez, a consciência negra dos anos 1960 não é coisa do passado, mas continua a desempenhar um papel em sua participação política e social. Nascida em 1934, em Birmingham, Alabama, Sanchez frequentou o Hunter College, em Nova York, onde obteve seu bacharelado, em 1955. Foi primeiro educadora, depois se envolveu com o movimento de estudos negros no San Francisco State University, em 1966, que evoluiu para um compromisso da vida inteira e se tornou uma fonte de sua criatividade. Também ajudou no desenvolvimento de currículos de estudos de negritude e ensinou literatura negra e escrita criativa em várias faculdades e universidades, incluindo a Universidade de Pittsburgh, Universidade Rutgers em New Brunswick, New Jersey, Manhattan Community College e Amherst College.

Sanchez tem uma prolífica carreira editorial. Suas coletâneas de poemas incluem: Homecoming *(1969),* We a BaddDDD People *(1970),* It's a New Day: Poems for Young Brothas and Sistuhs *(1971),* Love Poems *(1973),* A Blues Book for Blue Black Magical Women *(1973) e* I've Been a Woman *(1978). Suas histórias para crianças são* The Adventures of Fat Head, Small Head, and Square Head *(1973) e* A Sound Investment and Other Stories *(1980). Além de contribuir com poesia para inúmeras publicações, Sanchez é editora de duas antologias,* Three Hundred and Sixty Degrees of Blackness Comin' at You *(1971) e* We Be Word Sorcerers: 25 Stories by Black Americans *(1973).*

Ao longo da vida, Sonia Sanchez recebeu diversos prêmios e honrarias por seus trabalhos, incluindo o Prêmio Wallace Stevens, em 2018, pelo domínio notável e comprovado na arte da poesia, além da Medalha Edward MacDowell e o Prêmio Jackson de Poesia, ambos em 2022. Ela se aposentou como professora em 1999. Seus últimos trabalhos publicados são Does Your House Have Lions? (1997), Shake Loose My Skin (1999) *e* Morning Haiku (2010).

Entrevistando Sanchez

CLAUDIA TATE: O que aconteceu com o fervor revolucionário das décadas de 1960 e 1970?

SONIA SANCHEZ: Acho um equívoco quando as pessoas falam sobre os anos 1960 e dizem que o fervor acabou. O que as pessoas não conseguem entender é que o fervor não morreu por vontade própria, mas que o país, através do FBI e da CIA, começou a se mobilizar contra a chamada revolução dos anos 1960. Foram necessários de doze a treze anos de organização sistemática, mas a desintegração foi efetivamente realizada. Isso é muito grave. O que esses grupos fizeram no Chile e em Cuba, por exemplo, fizeram aqui com os negros deste país. Isso precisa ser compreendido. Os militantes dos anos 1960 não eram apenas um bando de gente pulando e dizendo que eles eram RUINS. Constituíam um movimento social negro.

Quando o país olhou para cima e viu essa força vindo em sua direção, recuou por um tempo. Claro, abriu mais universidades para negros no Norte, abriu vagas para professores negros, abriu toda a área de educação para doutores negros, e depois esperou. Algumas pessoas foram colocadas em posições de segurança; outras receberam mais dinheiro, posições de poder, o que seja. Então você começa a ver outras coisas acontecendo. O país sistematicamente trouxe mais drogas e começou a nos dar algo chamado "loucura de discoteca".

Escrevo porque devo. Escrevo porque a escrita me faz continuar.

Estou falando da destruição sistemática do ímpeto revolucionário através da manipulação e infiltração, da morte, da dopagem, através do encarceramento de pessoas.

Essas táticas também ressuscitaram um novo tipo de escritor, e as pessoas devem entender isso. Se os Estados Unidos dizem que não podem controlá-lo, então devem dar alternativas a ele. E muitos de nós as tínhamos. Certos temas foram premiados; outros ignorados. E como os escritores querem reconhecimento, muitos não falavam diretamente sobre mudança social; não necessariamente discutiam sobre o que os Estados Unidos haviam feito, mas se voltavam para dentro e começavam a falar sobre vitimização. Isso é sobretudo verdadeiro para algumas escritoras negras. Então temos uma onda de jovens escritoras negras que se veem como vítimas. O problema com isso é que, se você se vê como vítima em um relacionamento de casal, então é muito difícil para você se ver saindo do jugo de algo chamado Estados Unidos da América, imperialismo, capitalismo, racismo ou sexismo. Se você não pode se afastar da opressão de um homem, como é que vai escapar da opressão de um país?

Esse foco na vitimização é deliberado, veja bem. Portanto, começamos a ver pessoas que dirão: "Sim, aquele crioulo cretino fez isso comigo, e eu não posso fazer nada a respeito.

Ou tudo que posso fazer é me sentar e conversar com você ou escrever sobre esse assunto". Ele fez isso e aquilo comigo, mas você não age. Ou, se age, o movimento está em discussão. O movimento é verbal: você só ataca o que o homem fez, mas não se concentra no *porquê*. E nem pergunta por que isso aconteceu conosco neste país. Por que existe essa distância entre homens negros e mulheres negras. Esses escritores, em geral, não se concentram no que aconteceu com os negros em termos de escravidão no país. Tampouco falam sobre o tipo de coisa que está acontecendo conosco agora como negros e negras nos Estados Unidos. O resultado é que você não tem ninguém para culpar, então começa a se voltar para si mesmo.

Quando dou aula de escrita recebo muitas moças que chegam com poesia de "vitimização". E eu logo começo a chamar essa poesia de poesia da "mulher-vítima". Insisto que não vou me ver nesse papel. Isso não quer dizer que eu nunca tive, ou não terei, um relacionamento ruim com um homem; significa que nunca me vi como vítima de um relacionamento ruim, nem pretendo. Se tentei fazer a relação dar certo e não deu, você sabe que eu passei por todo tipo de mudança. Entretanto, segui em frente, porque tenho filhos. Segui em frente porque tenho a mim mesma. As pessoas tendem a se perder de vista em um relacionamento ruim, mas não devem fazê-lo. O melhor caminho é identificar o que precisa ser feito e tentar seguir em frente, porque está além de seu poder mudar a situação.

Com o tempo, provavelmente no dos meus filhos, devemos superar o foco no "eu pessoal", porque há um eu maior. Há um "eu" de pessoas negras. E muitos de nós teremos que fazer um sacrifício nas nossas vidas para garantir que nosso eu maior continue. Falando sério, há o perigo de não continuarmos como povo neste país. Se não tomarmos cuidado, a animosidade entre negros e negras vai nos destruir.

Veja as taxas de alfabetização de jovens negros no ensino médio. Ninguém sobrevive se não sabe ler. Você pode muito bem ter só corpos negros sintonizados na televisão e no rádio. Observe os rapazes e moças que andam pelas ruas com rádios presos aos ouvidos, e você saberá o que estou dizendo. Os corpos estarão lá, mas não teremos o tipo de pessoas pelas quais nossos ancestrais lutaram. Eles batalharam para que fôssemos pessoas alfabetizadas, educadas, autossustentáveis e que tivessem futuro. E não há futuro para um grupo de pessoas coladas a um rádio.

Quando dou aulas de literatura, tento levar meus alunos a entender que os anos 1960, como período literário, não se afastam daquilo que produziu as narrativas dos escravizados. Não estou distante de Sterling Brown, Gwen Brooks ou Phillis Wheatley. As pessoas disseram que muitos dos escritores dos anos 1960 achavam que eram absolutamente importantes, mas sempre ensinei que o são porque todos nós fazemos parte de uma tradição de escritores negros.

Então me preocupo com jovens negras que escrevem poesias de "vitimização". Fico preocupada porque outras escritoras as seguirão, e elas não podem ser programadas para derrota e pela vitimização. Os escritores que celebram a vitimização são os que recebem toda a publicidade. Esses não passam dificuldade. Este país escolhe de maneira sistemática as pessoas que devem ter sucesso! E acho que é sobre isso que devemos falar. Parece que não compreendemos esse fenômeno. Se você quiser editar tudo que eu disse, preserve apenas o seguinte: as pessoas não entendem totalmente a importância dos anos 1960. Se você sai dos Estados Unidos, compreende que o que está acontecendo na África do Sul é um reflexo dos anos 1960 aqui. O que está acontecendo no Caribe é resultado do que ocorreu na década de 1960. O que se passa neste país é fundamental.

Os Estados Unidos entendem isso perfeitamente. O que acontece no país quanto a seus escritores afetará o resto do mundo negro que está esperando. Então o que ocorre é que os Estados Unidos elevam aqueles escritores que não vão tomar posições políticas. Já aconteceu antes. O que se passou nos anos 1960 não é novo. Há alguns anos, pesquisei sobre o que houve com o movimento de Marcus Garvey[1] nos anos 1920. A destruição dessa organização revela o mesmo padrão que testemunhamos com a chamada Revolução Negra: descrédito e infiltração sistemáticos. O artista negro é perigoso. A arte negra controla a realidade do "negro", refuta influências negativas e cria imagens positivas.

C.T.: O que de fato aconteceu aos escritores da década de 1960, que não se deixavam controlar?

SANCHEZ: Não posso falar pelo que aconteceu com outros escritores. Só posso falar por mim. O país disse que eu não sobreviveria; foi isso que me disse. Enquanto eu ajudava a organizar o programa de estudos negros na Universidade Estadual de São Francisco, o FBI chegou ao proprietário do meu apartamento e disse: "Ponha-a para fora". Ela é um desses radicais. Depois fui a Pittsburg para ajudar com o programa de estudos de negritude. Fiquei lá por um ano, voltei para a minha cidade e lecionei na Rutgers por mais um ano. Lá tinha um problema sério. As pessoas estavam simplesmente andando na rua sob o efeito de drogas pesadas. Em consequência,

1 Ativista político jamaicano, fundador e primeiro Presidente-Geral da Universal Negro Improvement Association and African Communities League (Associação Universal de Melhoramento do Negro e Liga das Comunidades Africanas), por meio da qual se declarou Presidente Provisório da África. Era um nacionalista negro e pan-africanista. (N. E.)

abriram as portas do inferno naquele campus. Alguns de nós foram ameaçados por traficantes de drogas. Ameaças veladas. Então eu me demiti. Bom, eu pretendia voltar, mas depois pensei nos riscos. Eu não tinha proteção. Então apenas decidi sair e seguir em frente. Então lecionei no Manhattan Community College, na cidade de Nova York, e fiquei lá até pegarem meu registro. Você sabe como tem seu registro no arquivo e pode ir consultar. Bom, eu fui, porque tivemos uma greve lá e fui presa com os meus alunos. Fui ao reitor fazer a solicitação e ele me disse que não poderia me entregar porque tinha sido enviado ao centro da cidade. Foi quando comecei a perceber o quanto o governo estava envolvido com os professores da universidade. Então tentei conseguir outro emprego em Nova York. Nada. Eu tinha sido excluída socialmente. Os comentários corriam soltos. Falavam que eu era muito política. "Sonia Sanchez é muito política. Não a contrate", diziam. Assim, as instituições contratavam pessoas que mal tinham um diploma e nenhuma experiência. Pessoas que nem sequer tinham publicado um livro estavam lecionando em cursos de escrita. Fui para um lugar chamado Amherst, Massachusetts. Foi assim que acabei no Amherst College, porque não consegui um emprego no meu estado natal. É isso que eles fazem com você. Se não conseguem controlar o que você escreve, eles criam alternativas para você e o enviam para lugares onde você não tem público.

As pessoas escolhidas são nutridas com muito cuidado e recebem exposição direta. As forças da mídia dirão: "Ei, você não precisa ouvir Sonia Sanchez. Temos Fulano de Tal, que é ainda mais militante!". É mais do que apenas "militância". A questão, e eu tento ensinar isso aos meus alunos onde quer que estejam, é a sua totalidade. Estamos falando não apenas de como você enxerga a si mesmo e seu trabalho, mas como você vê o país e o mundo e como se encaixa nesses contextos. Muitos de nós são abençoados por conhecerem o inconsciente coletivo do nosso povo, que reside no mundo. Recebemos informações dele, poemas, histórias, romances... e devolvemos algo em troca. Não há nada de novo sob o sol. As mesmas ideias já estiveram aqui antes; outra geração entenderá o que já foi dito e a colocará em novos termos. Como escritores, temos a responsabilidade de usar essas informações para alterar situações de injustiça.

Na primeira vez que subi em um palco e disse: "Somos um povo oprimido", algumas pessoas na plateia se levantaram e saíram. Porque, no início dos anos 1960, os negros não se viam como um povo oprimido e escravizado; eles tinham carros, roupas, aparelhos de som. No entanto, a maioria dos negros nos Estados Unidos não tem casas; eles são escravizados. Existem alguns que eu chamaria de "pretos excepcionais". Isso não é um comentário negativo. De certa forma, somos "pretas excepcionais", você e eu. Mas não ganho dinheiro para ter uma conta bancária polpuda. Quando trabalho, isso significa que algumas outras pessoas que conheço, que não necessariamente trabalham regularmente, podem viver. É isso que devo. Devo aos meus ancestrais. Portanto, não tenho dinheiro na minha conta bancária. Meu dinheiro é investido em coisas reais.

C.T.: O que aconteceu com os programas de estudos de negritude no país?

SANCHEZ: Muitos fecharam. Eles foram fundados por causa dessa grande força social negra que dizia: "Como você pode ter uma universidade e não ter cursos sobre pessoas negras e nenhum professor negro?". Lutou-se contra essa afirmação, o que nos diz como algo chamado "estudos de negritude" *poderia ser* ameaçador. Não o é necessariamente, pois em geral é ensinado. Alguns programas tinham pessoas muito importantes participando; outros não davam a mínima. Alguns se tornaram elitistas e se desligaram inteiramente da comunidade. Trouxeram pessoas que disseram: "Eu sou um estudioso, portanto, não tenho nada a ver com as massas". Trouxeram outras que deliberadamente antagonizaram estudantes negros. Quando digo "trouxeram", não quero necessariamente dizer que os negros dos programas trouxeram, porque bem poucos deles eram de fato controlados por negros. Como não eram a fonte do poder, não poderiam dizer quem deveria ser contratado ou demitido. Eles não tinham poder para manter os programas fiéis aos ideais dos estudos de negritude. Então, quando chegaram algumas pessoas que só queriam empregos porque não tinham conseguido entrar no departamento de história, por exemplo, e os programas não tinham poder para exercer controle, o caos estava à solta. As universidades sabiam o que estava acontecendo e, muitas vezes, as administrações se sentavam e deixavam "os crioulos" se matarem.

C.T.: Como o fato de ser negra, mulher e ex-membro da Nação do Islã[2] constituem uma perspectiva específica no seu trabalho?

SANCHEZ: Eu escrevia quando criança. Quando comecei, eu gaguejava. No centro do meu ser jazia a percepção de que eu era preta, não que soubesse que era oprimida, mas sabia que era preta. Eu não sabia qual termo era usado, anos atrás. Eu compreendia que algo estava errado, mas não conhecia a terminologia para explicar ou o que fazer a respeito. Eu estava no Alabama na época. Havia coisas simples,

2 Movimento nacionalista islâmico e negro fundado por Wallace Fard Muhammad, em 1930. Ele é conhecido pelos ensinamentos sobre os elementos da tradição islâmica com ideias nacionalistas negras. (N. E.)

como ir a uma casa onde minha avó trabalhava, estarmos na cozinha e ouvirmos a maneira como falavam com ela. Mas eu não conseguia verbalizar meu sentimento. Quando entrávamos em elevadores nas lojas, os brancos sempre queriam nos tocar e dizer: "Não são umas criancinhas boazinhas?". Eu sempre recuava porque sabia que algo estava errado, mas minha madrasta permitia que isso acontecesse, e eu sempre ficava muito zangada. Porque eu sabia que não deveriam me tocar. De alguma forma, eu entendia que, por ser negra, ela deixava isso acontecer. Eu me lembro de perguntar a ela quatro vezes porque não experimentava um chapéu que queria comprar e nenhuma delas recebi uma resposta. Disso eu me lembro.

Também me recordo de uma tia que cuspiu no rosto de um motorista de ônibus — esse foi o assunto de um dos meus primeiros poemas —, pois ele queria que ela descesse, já que o ônibus estava enchendo com pessoas brancas. No Sul, os negros sentavam-se na metade de trás do ônibus, quando não estava lotado. À medida que enchia, o motorista os mandava ir mais para trás. E quando ficavam ainda mais cheios, os brancos sentavam-se nos bancos traseiros e os negros ficavam de pé. Só que, quando realmente ficava muito lotado, eles pediam aos negros para descer do maldito ônibus. Bom, minha tia não admitia isso, então cuspiu e foi presa. Essa foi a primeira vez que me lembro de encontrar o racismo com os meus próprios olhos.

Migrar para o Harlem, no Norte, para a "liberdade", quando eu tinha 9 anos, me apresentou uma paisagem racial totalmente nova. Aqui estava a realidade das lojas de conveniência, onde eu via homens brancos beliscarem mulheres negras nos traseiros. E fiz um juramento de que ninguém jamais faria isso comigo, a menos que eu quisesse. Continuei morando no bairro, frequentando a loja, sendo uma criança de 9 anos, e continuei indo para lá como estudante no Hunter College. Quando eu tinha entre 16 e 18 anos, eles tentavam beliscar o meu traseiro. Eu me virava e dizia: "Ah, não, nem pensar". Eles sabiam que eu estava falando sério. Não posso dizer que isso já tenha sido discutido. Não foi. Algo me fez entender que aquilo não estava certo. Então eu me certifiquei de que não acontecesse comigo.

Embora eu fosse uma criança muito tímida, muito introspectiva, que gaguejava, que não era muito autoconfiante, eu tinha algumas certezas. Uma das coisas que me impulsionaram a vida toda é um princípio ser violado. Os Estados Unidos violaram muitos no que diz respeito aos negros e é por isso que luto contra eles. Eu luto não porque acho fofo ou militante, mas porque os Estados Unidos violaram uma raça de pessoas. Isso significa que toda a minha vida foi dedicada à erradicação dessas violações.

Entrei para a Nação do Islã em 1972. Estava em Nova York há alguns anos e havia assistido a muitas pessoas que estavam "na Nação". Quando entrei, não mudei meu estilo de vida básico, minha escrita. Eu tinha filhos e pensei que era importante eles estarem perto de pessoas que tinham um senso de nação, de justiça e moralidade. Eu queria que eles fossem expostos a esse comportamento. Você não pode falar sobre progresso para as pessoas, a menos que também fale sobre moralidade. A Nação era a única organização que estava tentando lidar com os conceitos de nação, moralidade, pequenas empresas, escolas, e essas coisas eram muito importantes para mim.

Não foi fácil estar lá. Eu era/sou escritora. Também falava nos campi. Na Nação, naquela época, as mulheres deveriam ficar em segundo plano. Minha contribuição a ela foi que me recusei a deixar que me dissessem onde era meu lugar. Quando lia minha poesia, os homens se levantavam para sair, e eu dizia: "Olha, minhas palavras são igualmente importantes". Então eu tive problemas. Queria que eles entendessem, sem causar cismas, enquanto eu simplesmente continuava a SER. Um cara me disse uma vez que "a solução para Sonia Sanchez era ter alguns bebês", e eu escrevi um longo poema satírico chamado "Solução para Sonia Sanchez", que foi minha resposta. Eu já tinha dois filhos. A solução para as mulheres não é ter bebês. A solução para os negros não é ter filhos. É muito mais complexo do que isso, e nós, mulheres, também somos muito mais complexas. Lutei contra o estereótipo de mim mesma no movimento como uma mulher negra relegada a ficar três passos atrás. Foi algo muito importante para as mulheres da Nação verem. Eu disse a elas que, para tirar essa "mãe" da base de tudo, precisamos de homens, mulheres, crianças. Mas, acima de tudo, precisamos de mentes. Eu tive que lutar. Precisei combater muitas pessoas dentro e fora da Nação por causa do chamado sexismo. Eu falava. Eu acho que era importante que houvesse mulheres lá para fazer isso. Deixei a Nação durante o ano acadêmico de 1975-76.

Eu estava em Amherst enquanto era membro da Nação e foi muito difícil. Os professores de forma alguma queriam lidar com "isso" e com a influência que eu poderia ter nos alunos. Embora entre os professores negros tivéssemos discordâncias políticas, eu sempre me movia com eles em questões positivas. Nunca fomos desunidos em nada. Apesar desse esforço de unidade, eu tinha todo tipo de estudante entrando na minha sala de aula preparado para "pular em cima de mim", para discordar. Os estudantes brancos me diziam que tinham sido aconselhados a não seguir meu curso, pois eu era uma professora racista, porque estava na Nação. Esses mesmos alunos permaneceram durante o ano e mais tarde me agradeceram.

C.T.: O seu envolvimento com a Nação mudou sua poesia?

SANCHEZ: Escrevi três livros antes de entrar para a Nação: *Homecoming* (1969), *We a BaddDDD People* (1970) e *It's a New Day* (1971). Enquanto estava lá, apenas completei um livro — *A Blues Book for Blue Black Magical Women* (1974), que comecei em 1972 — e alguns poemas em *Love Poems*. Estava no processo fazia um bom tempo, porque achei importante fazer um livro sobre uma mulher que esteve na luta. O *Blues Book* é sobre meus movimentos e observações quando criança, como jovem negra, e sobre como a sociedade não prepara jovens mulheres negras, ou mulheres em geral, para serem mulheres. Apenas diz: "Oh, oh, você tem 16, 17, 18 anos. Você tem peitos, um traseiro jovem, bom. Ok. Você é uma mulher". Mas não há preparação para a condição de mulher. Há uma seção no livro sobre como de repente eu era uma mulher, e não sabia o que isso significava. Há uma outra que lida com o envolvimento político de uma mulher negra — meus dias no CORE [Congress of Racial Equality]. Naqueles dias, eu estava ouvindo Malcolm, que insistia que os Estados Unidos sempre me rotulariam como negra, por mais inteligente, rica, isso ou aquilo que eu fosse. Ele abriu a mente. Eu tentava ignorar o que ele tinha falado e, então, poderia estar conversando com alguns dos meus amigos integracionistas, e algo dito por Malcolm de repente saía da minha boca, e eles exclamavam: "O QUÊ?", "O quê?". Então eu me vi sozinha, como disse em *Blues Book*. Foi quando comecei a procurar pessoas como eu. Eu dizia: deve haver alguém por aí que esteja experimentando o mesmo. Então procurei pessoas usando cabelos naturais.

Quando cortei meu cabelo: esse era um cabelo natural. Fui à casa do meu pai e as pessoas de lá disseram: "Meu Deus, Sonia, o que você está fazendo? Por que você não se casa e tem alguns bebês?". Então eu saí de casa com raiva. Atravessei a rua, a Rua 135. Um táxi parou. O sinal estava aberto, mas ele parou o carro. Quando o sinal mudou, e eu comecei a atravessar a rua, ele acelerou e disse: "Ugaa, buga buga". Então eu percebi quanto trabalho tinha que ser feito. Meu pai me disse mais tarde que estava com medo de que eu perdesse o emprego, e isso aconteceu. Ele estava apenas tentando me preparar para o que aconteceria.

As irmãs me dizem hoje que, quando saem para procurar emprego, alisam os cabelos, porque se entrarem com eles naturais ou trançados, provavelmente não conseguirão a vaga. Então eu pergunto: "Como você pode deixar alguém ditar a sua aparência?". A razão pela qual passamos pelo que passamos é para que um grupo de pessoas não dite mais o que outro grupo deve fazer. Porque, se um país pode dizer a um povo, da maneira que costumava dizer aos negros há alguns anos, você deve se apresentar de uma certa maneira, então ele tem controle completo sobre você. Eu não me importo com quantos doutorados você tenha. Para quem mais este país dita as regras? É verdade que as pessoas dizem que, se você deseja trabalhar para a IBM, tem que usar um terno. Isso é para todo mundo. O cabelo não tem nada a ver com um trabalho. As roupas têm. As pessoas devem começar a trazer isso à tona novamente.

C.T.: Como você encaixa a escrita na sua vida?

SANCHEZ: Um ano, ministrei cinco cursos e terminei dois livros. Eu trabalho na minha escrita da meia-noite até cerca das três da manhã, todos os dias. Nesse momento, a casa está quieta. As crianças estão dormindo. Eu já me preparei para as minhas aulas, já organizei meus papéis, já respondi cartas. Recebo muitos manuscritos não solicitados das pessoas. Às quinze para meia-noite, tudo isso para. Então minha escrita começa.

Se o trabalho não estiver indo bem, então me sento à mesa. Se estou reescrevendo, costumo fazer isso na cama. Quando estou começando alguma coisa e não está indo bem, tenho algumas pessoas favoritas que posso ler: Gwen, Sterling... Esse é um processo de relaxamento. Então estou tranquila e pronta para começar. Trabalho em dois ou três cadernos; ainda tenho todos dos dez livros que escrevi. Faço tudo à mão. Odeio ver os primeiros rascunhos. Eu os leio em voz alta. São terríveis, e depois leio rascunhos sucessivos, e os alunos podem ver a mudança. Então o rascunho final. Não sei como isso acontece. Nem sempre todas as etapas podem ser vistas nele. De repente, surge o poema. Às vezes eu literalmente fico pulando para lá e para cá. Posso ir cobrir as crianças e beijá-las porque quero compartilhar minha alegria. É uma alegria que nunca é igual. Talvez a comparação mais próxima seja sexo.

C.T.: Para quem você escreve?

SANCHEZ: Escrevo porque devo. Escrevo porque a escrita me faz continuar. Provavelmente não matei ninguém nos Estados Unidos porque escrevo. Com a escrita, mantive um bom controle sobre mim mesma. Também escrevo porque acho que não devemos apenas compartilhar o que pensamos, ou as conclusões a que chegamos, mas ainda para ajudar os outros a chegarem às próprias conclusões. Escrever pode ajudá-los a sobreviver.

Meu público sempre foi um público negro. Mas também descobri que outras pessoas buscaram minha escrita. Portanto, posso dizer que escrevo para pessoas progressistas. Meu trabalho foi traduzido para idiomas europeus. Os brancos me escrevem sobre ele e dizem que os toquei, que foi doloroso, mas que os fez crescer.

Sempre soube que tinha brancos no meu público. Os Estados Unidos tentaram dizer que isso não é verdade e isolar as pessoas. Mas sempre soube que, se você escreve a partir da experiência de uma pessoa negra, também está escrevendo a partir de uma experiência universal. As pessoas tentam nos dizer para não escrevermos "para os negros", mas para um público universal. Eu posso sentir a dor de uma mulher, seja ela italiana ou o que for, porque já senti dor. Então, quando as pessoas falam sobre serem universais, eu rio, porque sei o que isso significa. E sei que você não precisa se embranquecer para ser universal.

C.T.: Você vê diferença em como escritores negros homens e mulheres dramatizam seus temas, caracterizam seus heróis/heroínas, dão tom a seus personagens?

SANCHEZ: Na prosa, talvez, mas na poesia eu quase diria que não. Veja a obra de Sterling. Veja a obra de Gwen. Veja a obra de Margaret Walker. Há o mesmo fio condutor no trabalho dessas pessoas. Há opressão contra negros, amor ao eu negro. O trabalho deles é muito progressista porque fala do movimento positivo do nosso povo.

Acho que há diferenças entre a escrita masculina e a feminina. Não quero entrar no mérito de homens verem mulheres de forma diferente e mulheres fazerem o mesmo sobre homens. Isso não é importante. Acho que os homens são diferentes das mulheres e, por isso, as ênfases podem ser distintas. Os homens tendem a escrever no que eu chamaria de atmosfera objetiva. As mulheres a escrever em uma atmosfera subjetiva. Críticos e revisores pensam que a escrita subjetiva é pessoal, mas não é. Acho que alguns homens podem escrever como mulheres, e vice-versa. Alguns homens podem escrever algumas coisas muito amorosas e ternas que você pode pensar que foram escritas por uma mulher, e algumas mulheres podem escrever coisas incrivelmente pesadas.

Quando penso nos homens e mulheres negros que escreveram poesia nos anos 1960, acho que havia uma voz semelhante, quase comunitária, porque os temas eram muito semelhantes. Uma escritora poderia falar sobre uma mulher em uma situação específica com um homem. Um homem não tendia a fazer isso. Muitas mulheres entendiam que você não pode falar sobre uma nação, a menos que fale sobre relacionamentos de grupo, que uma nação não poderia evoluir de pessoas falando sobre o que deveria ser, sem envolver os dois, sem reconhecer que o que será vem de seu trabalho conjunto. Você pode entender completamente o que é revolução se conseguir compreender completamente o que é amar um homem. Porque, para ser um verdadeiro revolucionário, você deve entender o amor. Amor, sacrifício e morte.

Um conto como "After Saturday Night Comes Sunday" é uma narrativa revolucionária, mas é personalizada. Muitas pessoas a veem apenas como uma história de amor, mas olhe para as suas texturas: o conto fala sobre amor entre um homem e uma mulher, o amor de uma mulher pelas crianças e pela responsabilidade. Por fim, a história diz que você se apega às pessoas pelo tempo que puder. Se você sai para dizer alguma coisa, sua casa deve estar em ordem, porque há muita desordem lá fora. É por isso que algumas pessoas tombaram pelo caminho durante os anos 1960. Elas não entenderam que, para combater, você deve ter um senso de lugar, uma sensação de bem-estar entre duas pessoas ou entre um adulto e uma criança ou crianças.

É por isso que muita gente só conseguia escrever histórias do que era, enquanto algumas pessoas tentaram mostrar o que poderia ser. Espero que seja isso que "After Saturday Night Comes Sunday" faça.

A história se passa em sete dias, embora nos concentremos apenas nos primeiros dois. Os dias se sobrepõem, sexta-feira/sábado, sábado/domingo. É sobre uma mulher que sai e fala com as pessoas sobre mudança social. Os problemas pessoais a estão oprimindo e ela literalmente enlouquece, mas ninguém do lado de fora sabe disso. Em um exemplo, a mulher está dando uma palestra. Enquanto fala, ela está ouvindo outras palavras. Ouvindo o caos. Há um capítulo inteiro sobre a desintegração dessa mulher, pois ocorre no palco com a ironia de aplausos. As pessoas a estão elogiando; ela está autografando livros, mas enquanto isso ela está ficando louca. Mais tarde, ela vai para casa e se despedaça. Espera até esse momento, porque entende que não se pode desmoronar na frente de pessoas que precisam de você.

As pessoas veem esse tipo de escrita como pessoal, mas não é. Há uma diferença. É verdade que mostro o movimento de uma mulher em particular, da loucura ao despertar solitário, sem cair na armadilha da tristeza ou do vinho. A diferença entre a escrita pessoal, na qual você é vítima ou apenas registra a dor, e a subjetiva é uma diferença de foco. "After Saturday Night" concentra-se na manutenção de algum tipo de força que pode ser partilhada.

É muito fácil fazer generalizações sobre escritoras negras mulheres e escritores negros homens. Existem temas comuns que todos contemplamos. Mas acho que muitas vezes os homens podem objetificá-los, e as mulheres, torná-los pessoais ou subjetivos. Estamos descobrindo que, mesmo alguns desses trabalhos de vitimização, também foram objetificados pelo fato de terem passado do subjetivo e pessoal para se lançarem para as pessoas, insistindo que elas lidem com as obras. Exigem que olhemos para o que estão dizendo e o internalizemos. Sugerem que talvez nos tornemos mais fortes por fazê-lo.

Portanto, a história pode ser pessoal, mas sem ser apenas meu fardo. Na verdade, não é apenas uma história pessoal. Pode ser uma experiência pessoal, mas o mundo inteiro faz parte dela.

Não gosto de colocar as pessoas em caixinhas. Alguns homens contam uma história como Lucille Clifton ou Louise Meriwether. Eu acho importante dizer que é muito possível que as escritoras transitem em uma atmosfera bem mais subjetiva — de uma casa, um lugar — e que elas saem de lá. No entanto, isso não é necessariamente subjetivo, porque a casa é a sociedade.

C.T.: Seus filhos interferem na sua escrita?

SANCHEZ: Não escrevo apesar dos meus filhos. Escreveria mesmo se não os tivesse. Escrevo por causa deles, e eles não interferem. Em outras palavras, posso estar fazendo algo e, se eles precisam de alguma coisa, posso dizer "droga" e fechar o livro. Posso ficar irritada, mas eles não percebem isso. Durante boa parte do tempo, não os coloco nessa situação. Na maioria das vezes escrevo perto deles. Eles não devem sentir culpa por interferir na minha escrita.

Eles gostam de algumas coisas que escrevi. Escrevi *A Sound Investment and Other Stories* para eles. Escrevi *Fat Head* para eles. Creio que seja importante deixar um legado dos meus livros para que meus filhos leiam e entendam. Deixar um legado da história das pessoas negras que avançaram em direção à revolução e à liberdade, de não ter medo de dizer a verdade, da qual você tem que aceitar as consequências, mas não precisa temer. Devemos passar isso a nossos filhos, mais do que um legado de medo e vitimização.

Quando eu costumava levar as crianças às minhas leituras — elas vão desde que tinham 2 e 3 meses de idade —, elas nunca choravam. Eu diria: "Sim, eu vou ler de graça, mas estou trazendo meus filhos e você deve ter alguém para me ajudar a cuidar deles". Em tenra idade, eles já tinham uma noção do que eu estava fazendo. Costumavam me ouvir lendo com tanta atenção que, quando tinham 2 anos ou um pouco mais, já sabiam alguns poemas de cor. No meio do processo de declamar o poema que termina *Blues Book* — *"In the beginning there was no end"* —, Mungu subiu no palco comigo. Ele tinha cerca de 2 anos e, enquanto eu recitava, ele repetia um pouco atrás de mim. Alguém tem isso em fita em algum lugar e eu gostaria de poder encontrar. Na verdade, depois ele me perguntou se iria ler comigo na próxima vez. Essas são lembranças que eu guardo. Sorrio quando penso nelas agora.

Escrevo porque devo. Também porque sei que eles lerão. E não há nada que eu tenha escrito que me envergonhe, que eles não possam ler, e isso inclui palavrões. As crianças sabem que em casa não se fala palavrão. Então, se coloquei um deles em um poema, foi de propósito.

Alguém me perguntou sobre um poema que diz: "My old tells me I'm so full of sweet pussy...".

"Short Poem"

my old man
tells me i'm
so full of sweet

pussy he can
smell me coming.
maybe
i shd
bottle
it
and
sell it
when he goes.[3]
— "I've Been a Woman"

Expliquei esse poema para as crianças. Saiu dessa situação: Eu estava na Rua 125, no Harlem, e havia um homem negro e uma mulher negra parados na esquina da Avenida Amsterdam. Nunca vou esquecer; ainda consigo vê-los agora. Ela olhou para ele e disse: "Cara, por que, por que você me pediu para fazer isso?". Ele estava de costas para mim e ela de frente para ele. Eu vi os olhos dela. Lá estava eu, apressada, indo ao correio no sábado. Eu podia ver seus olhos: estavam fixando o nada. Ela disse: "Cara, por que você pediu...". E ele disse: "Mas você não fez, querida, você não fez, querida. Então não tem problema... Tá tudo bem...". Ela disse: "Mas por que você me pediu para fazer isso?". Eu fiquei lá olhando e o poema veio. Fiquei naquele canto quinze minutos e não consegui chegar ao correio. Apenas fiquei observando o rosto dela e seus olhos. Enquanto isso, chegou um carro, e o homem pulou nele, mas ela ficou lá. Fui para casa e escrevi esse poema. É disso que trata o poema. Foi isso que eu disse aos meus filhos. Eu tive que usar a terminologia que

3 "Poema Curto": "meu velho/ me diz que/ minha buceta é tão/ doce que ele sente/ o cheiro quando gozo/ talvez/ eu/ devesse/ engarrafar/ e/ vender/ quando ele for embora". (N. T.)

usei porque conhecia esses sentimentos. Eu não conseguia fazer aquilo soar bonitinho. As pessoas leem esse poema e dizem que é vulgar. Minha resposta é: "Há coisas vulgares por aí". É preciso falar sobre elas para que não sejam mais consideradas assim.

C.T.: Quem influenciou sua escrita?

SANCHEZ: Muita gente. Eu costumava ler muita poesia. No Sul, recebemos muita poesia escrita por negros na escola para memorizar, principalmente obras de Paul Laurence Dunbar e Langston Hughes. Quando nos mudamos para o Norte, eu costumava ir à biblioteca. A bibliotecária sempre me via transitando pela seção de poesia. Foi ela quem me direcionou para Langston Hughes e Gwen Brooks. Foi ela quem me fez voltar e examinar os poetas dos anos 1920 e 1930. E ainda me contou sobre Pushkin. Um dia, essa mulher me disse: "Este livro é de um homem negro que morava na Rússia". Eu li a poesia dele e fiquei louca. Eu tinha 12 ou 13 anos. No ensino médio, li principalmente escritores brancos. Ninguém me deu nenhuma obra literária de escritores negros para ler. Não voltei para escritores negros até sair de Hunter. Esse é realmente um comentário terrível sobre educação. Fui à biblioteca de Schomburg. Tinha acabado de vir de uma entrevista de emprego. Peguei o trem errado e saí na Rua 135 e na Avenida Lenox. Estava quente, então entrei para me refrescar. A bibliotecária disse que eu não poderia retirar nenhum livro. Minha resposta foi: "Que tipo de biblioteca é essa?". E ela explicou que os livros que estavam lá tinha sido escrito por negros e para os negros. Olhei em volta e disse a ela que não acreditava. Ela me levou pessoalmente para fazer um tour pelo local.

Eu tinha sido educada para pensar que Gwen Brooks e Langston Hughes eram exceções. Nas aulas de literatura norte-americana no ensino médio e na faculdade não havia escritores negros. O resultado era que a única vez em que eu "me" via era nas aulas de sociologia, e ali eu era uma aberração. Ou seja, voltei àquela biblioteca por uma semana ou duas e ficava ali lendo. Eu não podia acreditar. Foi quando comecei a comprar livros. Fui até a Rua 125 e conheci o sr. Michaux, que tinha uma livraria só com autores negros. Ele me dizia que livros comprar. Eu voltei à Schomburg e disse à bibliotecária que um dia eu teria um livro ali. Eu estava falando sério. Não sei o que me motivou a fazer aquilo.

C.T.: Alguma de suas obras foi mal-interpretada?

SANCHEZ: Não acho que meu trabalho tenha sido mal-interpretado. Mas sei que as pessoas já ficaram assustadas com ele. E sei que o *The New York Times* disse que não resenharia um livro meu porque eu era política demais. Isso eu sei.

Eu não apenas escrevia "Sou negra", eu sou negra. Houve pessoas, alguns dos escritores mais velhos, que tentaram criticar alguns de nós dizendo que tudo que estávamos escrevendo era "blá, blá, black". Mas se realmente lessem nosso trabalho, veriam que isso não era verdade. Eles ficavam assustados com o que dizíamos. Isso eu sempre entendi. Eles se sentiam ameaçados por nós, mas eu sempre dizia que se eu fosse exatamente como eles, não faria o que deveria estar fazendo. Cada geração estabelece um nível mais alto do que a anterior. Eles deveriam nos produzir mesmo contrariados. Viemos deles e, quando chegamos, eles estavam assustados. Pais e mães estavam com medo de seus filhos e filhas, e tentaram nos negar. Somos os pensamentos que eles tinham medo de pronunciar, as coisas que diziam sobre os brancos entre si na barbearia, nas esquinas, em casa.

Sei que Don Lee (Haki Madhubuti) não entendeu *We a BaddDDD People* quando fez *Dynamite Voices*. Ele gostava de *Homecoming*, mas não entendia o que eu estava tentando fazer com *We a BaddDDD People*. Eu estava experimentando muito a linguagem, e esse livro era necessário para mim. Ele não entendeu o ponto satírico e o humor ácido do "poema suicida". E nem o poema de Coltrane e o para o meu pai, ou as necessárias palavras contundentes de revolução.

Eu sei que cheguei. Antes de mim eram Brown, Walker, Brooks e alguns outros. Senão Sterling não teria surgido. Não se vem de um vácuo. Nós não brotamos do nada. A alegria de escrever para mim é a de que tenho sido capaz de inovar em vários níveis.

C.T.: Vamos nos voltar para as suas peças teatrais revolucionárias. Você poderia dizer algo sobre a concepção de *Sister Son/ji*?

SANCHEZ: A personagem é a *mulher* de todas as idades. Eu tinha prometido a peça a Ed Bullins. Tinha acabado de dar à luz aos gêmeos — eles tinham cerca de 3 meses de idade — quando ele ligou. Falei que estava com dois bebês, dando aulas, cansada e deprimida. Ele respondeu: "Não me conte seus problemas. Só quero essa peça". Fiquei tão brava com ele que, naquela noite, me sentei e terminei a peça às cinco da manhã. Em *Sister Son/ji*, retrato uma mulher que passou várias situações. Ela perdeu filhos, maridos, passou pela dor. Ela foi para a faculdade, foi militante, se apaixonou, lutou. Ela viu a morte. Mas passou por tudo. Ela envelhece no palco, mas seu espírito não tem idade. Ela é Harriet Tubman, uma mulher.

Ntozake Shange

Nascida em 1948, em Trenton, New Jersey, Ntozake Shange escreve desde criança. Sua carreira literária, no entanto, começou como parte de seu envolvimento com os movimentos negro e feminista, e seu estilo evoluiu a partir de obras preparadas para leituras públicas em São Francisco e Nova York. Obteve um bacharelado pelo Barnard College em 1970 e um mestrado em Literatura Inglesa pela Universidade da Califórnia, em Los Angeles.

Shange mudou seu antigo nome, Paulette Williams, como um ato de protesto contra suas raízes ocidentais. Os nomes zulu adotados, ntozake *("aquela que vem com suas próprias coisas") e* shange *("aquela que caminha como um leão"), enfatizam a independência e o potencial das jovens negras por quem ela fala. Suas obras caracterizam-se por uma intensa representação da vida emocional dessas mulheres, com frequência dolorosa, por vezes eufórica, mas sempre brutalmente honesta. Shange trabalha a partir da raiva que sente pelos papéis ditados às mulheres negras pela sociedade estadunidense.*

Embora a produção da Broadway de 1976, For Colored Girls Who Have Considered Suicide/ When the Rainbow is Enuf, *tenha sido alvo de uma blitz midiática que resultou em sua transformação e exploração, grande parte da controvérsia gerada deveu-se à análise honesta que faz da vulnerabilidade emocional das mulheres negras, em uma época em que apenas imagens positivas eram consideradas aceitáveis pela mídia negra. Shange tem sido uma das poucas escritoras a abordar o tema consistentemente e é responsável por diversas obras de dramaturgia, incluindo:* A Photograph: Lovers in Motion *e* A Photograph: A Study of Still Life with Shadows/A Photograph: A Study of Cruelty, *ambas produzidas em 1977,* Boogie Woogie Landscapes *(1978),* Spell No.7 *(1979) e uma adaptação de* Mutter Courage und ihre Kinder,[1] *de Bertolt Brecht, em 1980.*

Embora tenha começado a escrever como uma atividade de meio período e planejado lecionar, Shange atualmente é colaboradora frequente de diversas revistas norte-americanas e autora de várias obras: a novela Sassafrass *(1976),* Natural Disasters and Other Festive Occasions *(1977), uma coletânea de poesia e prosa,* Nappy Edges *(1978), um volume de poesia,* Three Pieces *(1981), uma coletânea de peças, e o romance* Sassafrass, Cypress & Indigo *(1982).*

As obras de Shange ainda incluem os romances Betsy Brown *(1985) e* Liliane: Resurrection of the Daughter *(1994), além de quatro títulos infantis, sendo eles* Whitewash *(1997),* Float Like a Butterfly *(2002),* Ellington Was Not a Street *(2003),* Daddy Says *(2003) e* Coretta Scott *(2009).*

Ntozake Shange lecionou em diversas universidades ao longo de sua carreira e recebeu honrarias e prêmios, incluindo as bolsas da Fundação Guggenheim, do Fundo Lila Wallace-Reader's Digest e do Prêmio Pushcart. Faleceu em 2018, aos 70 anos.

1 "Mãe Coragem e Seus Filhos" é uma peça de teatro escrita em 1941, com a colaboração de Margarete Steffin. (N. E.)

Entrevistando Shange

CLAUDIA TATE: Como o sucesso modificou a sua vida? As pessoas a reconhecem na rua? Ficam na defensiva?

NTOZAKE SHANGE: As duas coisas. David Franklin é meu advogado agora. Quando nos encontramos pela primeira vez, ele disse que eu era louca por não ter aproveitado minha fama e riqueza repentinas. Respondi que não poderia ter aproveitado, porque estava totalmente arrasada. Levei cinco anos para conseguir fazer alguma coisa. Por mais que outras pessoas acreditassem que tinham problemas com a minha persona pública, eu mesma tinha mais problemas do que elas jamais poderiam imaginar. Nunca tinha tentado fazer nada além de manter um emprego de meio período e escrever quando tivesse vontade. Esta era minha ambição: fazer isso pelo resto da vida. Não tinha intenção de me envolver com nada relacionado ao teatro institucional.

As pessoas que mais amo não me tratam mais de forma estranha, mas passamos por quatro anos de trauma e grande drama. Estou falando de amigos próximos e familiares que passaram por tamanha aflição, inveja, rivalidade entre irmãos etc. Superamos boa parte disso, pelo menos a ponto de conseguirmos voltar a ter relacionamentos enriquecedores.

Ao escrever, eu me ofereço ao mundo. Quando alguém ataca minha obra, está dizendo que eu não estou viva.

Tenho três maneiras de lidar com estranhos. Ou não digo nada, ou tento explicar o mais educadamente possível que não estou trabalhando no momento, que não vou dar autógrafos e que não irei discutir o que os críticos estão dizendo porque não gosto de falar sobre eles. Então, por favor, me deixe em paz, ou seja gentil. Ou então minto e digo que não sou quem estão pensando. As pessoas sempre dizem: "Você é igualzinha a ela! Não é impressionante?".

C.T.: Como você lidou com a Broadway e com *For Colored Girls*?

SHANGE: Abandonei as apresentações de *For Colored Girls* na Broadway após três semanas. Para começar, eu não queria ir porque a Broadway sempre representava para mim algo espalhafatoso e cafona no teatro norte-americano. Eu disse: "Levem o espetáculo para lá sem mim". Os produtores responderam: "Não podemos fazer isso". Eles tentaram me convencer de que seria bom para mim e para os negros se eu fosse para a Broadway. Eu disse: "Tudo bem. Vou no início, mas tenho que sair dentro de um mês". O que aconteceu foi que meu inconsciente entrou em ação e me causou uma infecção de garganta depois de doze dias, então realmente saí depois disso. Tive uma febre de quarenta graus; não conseguia falar. Foi o fim da minha carreira na Broadway.

Em geral, lido muito bem com transições teatrais, mas isso vale apenas para ensaios e apresentações. Não me sinto nem um pouco confortável no meio de uma plateia que está assistindo a algo que fiz. Fico muito constrangida. Posso ver ou retrabalhar uma peça em um ensaio ou participar de uma peça minha. Só não gosto de ir a apresentações do meu trabalho. É como se eu estivesse observando as pessoas me observarem.

C.T.: Parece haver uma mínima distância entre você, a autora, e a personagem dramática no palco ou ainda a narradora do seu poema.

SHANGE: Acredito muito que uma das poucas coisas que os seres humanos têm a oferecer é a riqueza das reações emocionais, inconscientes e conscientes, à própria existência. Para mim, essa é uma das coisas mais importantes que alguém pode partilhar com outra alma, e é isso o que há de maravilhoso em viver. A maneira como o talento e a inteligência são valorizados oblitera as pessoas comuns ou as que aprendem devagar de participar plenamente da vida humana, sobretudo em seus aspectos técnicos e intelectuais. Mas você não pode excluir nenhum ser humano da participação emocional.

C.T.: Parece haver uma abundância de escrita sobre participação emocional nas obras femininas em comparação às masculinas.

SHANGE: Seria difícil para os homens ter esse foco quando eles, em geral, têm tão pouco contato íntimo genuíno com outros seres humanos. Parece perfeitamente razoável que, se alguém foi criado em um ambiente patriarcal e aceitou isso como sua definição de masculinidade, uma luta então se desenvolva contra o patriarcado, pois isso é anti-humano. Mas se você não tem nenhum outro sistema de valores, não tem, obviamente, um vocabulário. Os homens não possuem um vocabulário emocional tão desenvolvido quanto o das mulheres, porque elas vêm cuidando de outras pessoas a vida toda. Por isso são capazes de saber *imediatamente* como estão se sentindo e o que estão sentindo; enquanto os homens, alguns deles, não todos, mas alguns, são incapazes de expressar tais sentimentos, a menos que sejam relacionados à humilhação, raiva, orgulho, vingança ou domínio sobre outro ser. Coisas dessa natureza, com as quais os homens, em geral, sabem lidar muito bem. Mas há muito mais acontecendo no mundo.

C.T.: Você está a par do fato de que sua poesia é tão pessoal que parece muito autoconsciente?

SHANGE: Vejo minha autoconsciência em termos da luta comigo mesma para me desprender de algo. Por exemplo, a passagem "the white girl" em *Spell No.7*; uma peça escrita para o New York Shakespeare Festival de 1979; "the black and white two dimensional planes", em *Boogie Woogie Landscape*; e até mesmo "Allegre", em *Photographs*, ou "no more love poems", em *For Colored Girls,* foram todas escritas após momentos de grande vulnerabilidade. Enfrentei percalços emocionais muito difíceis para me permitir dizer: "Ok, por mais estranho que *isso* seja, é *assim* que me sinto. Portanto, se eu escrevesse qualquer outra coisa, seria mentira. Então, se estou pensando *nisso* e sei como me sinto sobre *isso*, você precisa ver *isso* *também*". Em outras palavras, minha autoconsciência não tem nada a ver com as outras pessoas. Tem a ver com se vou ou não confrontar o que estou sentindo.

Um dia, tive, de fato, uma "luta". Escrevi uma peça muito peculiar, que me deu muita raiva. Eu disse: "Essa é a peça mais esquisita do mundo. Como você pôde sequer pensar em uma coisa dessas?". A luta continuou por cerca de duas horas. Andei pela casa. Chorei e falei: "Isso é uma estupidez. Pare de chorar". Lavei alguma coisa. Fiz uma faxina no apartamento. Enfim, derramei minha última lágrima e falei: "Você já sabe o final da história, então por que não vai em frente e termina? Pois, se ela ficar na sua cabeça, vai continuar voltando".

A história é sobre uma garota, Marta, que não quer mais enxergar. Ela tapa os olhos com uma venda e vai ao Farol aprender a não ver. Para aprender a andar de bengala e a se deslocar usando as mãos. Ela não quer mais ver porque decide que já viu o bastante. Entrou em contato com sua memória, e suas lembranças são tão intensas que cada nova coisa que ela vê torna-se parte delas. A cada ano, surgem mais e mais e mais lembranças, que a sobrecarregam. É por isso que ela não quer mais ver, para não criar mais lembranças. Há coisas específicas que ela não quer ver: hipocrisia, abuso de crianças e mulheres e assim por diante. Há também diversos problemas sociais e sexuais dos quais ela diz especificamente não querer mais saber.

No começo, correu tudo muito bem. Era uma história um tanto espirituosa, e eu estava me divertindo ao escrevê-la. Então as implicações de ela não ver me perturbaram, porque eu compreendia que ela estaria em perigo caso se recusasse a enxergar. Eu sabia que teria que mandá-la para a rua, onde ela não conseguiria ver que havia dois homens em um terreno baldio que a acabariam estuprando e espancando quase até a morte. A última linha da peça é: "Não sei se eles tiraram a venda antes ou depois". Se ela sobreviver, terá coragem de se lembrar? Eu ficava dizendo: "Que história horrível. Não quero escrever *isso*". Mas precisava escrever *aquilo* simplesmente porque precisava.

Muitos dos meus poemas são subprodutos do meu diário. Ontem mesmo fiz uma lista de todas as histórias maravilhosas e encantadoras que ia escrever. Pensei que escreveria uma dessas fábulas bastante fantasiosas com todo tipo de criaturas imaginárias que serviriam de veículo para algo emocionalmente importante. Estava prestes a começar. Fui escrever no meu diário, e apareceu uma garota que não enxergava. Fiquei com muita raiva dela, pois não queria lidar com ela. Queria escrever coisas belas, mas sabia que qualquer outra coisa que eu quisesse fazer não daria certo porque, seja lá quem aquela garota estranha fosse, ela iria se infiltrar na peça que eu realmente queria escrever e arruiná-la. Tornaria a personagem feliz sombria ou bizarra.

Não estou dizendo que nenhuma das mulheres sobre as quais escrevo é estranha, pois é disso que gosto nas minhas personagens femininas — todas são um pouco estranhas. Sinto que, como artista, meu trabalho é apreciar as diferenças entre elas. Geralmente somos agrupadas como "peitos e bunda", boas cozinheiras ou muito boas de "fo**". Nossas personalidades e distinções se perdem. O que aprecio nas mulheres sobre as quais escrevo, nas mulheres que conheço, é como elas são idiossincráticas. Sinto prazer nas coisas muito peculiares ou específicas que as fascinam ou apavoram. Além disso, descobri que, ao reuni-las, há algumas coisas que repelem a todas e outras que atraem a todas. Só descobri isso fazendo com que tivessem uma relação especial com seus sonhos e seu inconsciente.

C.T.: Seu diário é fonte de grande parte do seu trabalho?

SHANGE: Carrego meu diário comigo quase o tempo todo. Se surgem novos poemas, escrevo-os lá como se fossem entradas. Tento escrever nele todos os dias. Parei por um ano porque estava envolvida com produções o tempo todo. Quando estou trabalhando em uma, acho melhor me dedicar apenas a ela, pois, se tento escrever alguma coisa para mim, a peça em produção se insinua naquilo que estou fazendo, mesmo que seja a obra de outra pessoa.

É difícil para os atores interpretarem meu trabalho, porque exijo todo tipo de compromisso emocional que eles não necessariamente têm que ter com outros dramaturgos. Se não fazem isso por mim, excluo o papel ou arrumo outra pessoa. Se eles, de fato, encenam qualquer que seja o trauma pelo qual eu fiz os personagens passarem, faço-os repetir talvez quatro ou cinco vezes por semana para ter certeza de que, quando aquilo acontecer com eles no palco, não os percamos como pessoas, que os traumas não os dominem. Como diretora, tenho que levar os atores para que se acostumem com todo tipo de sofrimento estranho. Por isso, agora a dramaturga em mim tem um pouco mais de respeito pelo personagem ou pelo compromisso emocional do ator com a peça do que eu tinha antes. Eu não sabia, já que não tinha que dirigir os atores, o que eu realmente estava exigindo deles. Agora tenho um respeito diferente não só por eles, mas também pelos meus personagens.

Sempre fui capaz de dar emoções aos meus personagens, mas o que estou mais atenta em fazer agora é tratá-los com um pouco mais de cuidado para que não se machuquem ou criem um estrago excessivo na alma do leitor ou espectador. Por exemplo, ontem à noite, quando estava descrevendo a garota que não podia ver para Jayne Cortez, eu disse algo como: “Bom, Marta foi ao Farol e, como ela não podia ver, foi estuprada e espancada, e morreu”. Jayne ficou horrorizada. “O que mais eu poderia ter feito?”, perguntei. Cerca de uma hora depois, Jayne disse: “Sim, acho que essa é a única maneira de encerrar a história”. “Sim, eu sei”, respondi, “mas foi muito mórbido”. E Jayne disse: “Foi, sim”. Portanto, tratar meus personagens ou atores com cuidado é encontrar uma maneira de fazer o que fiz com Jayne. Quero mostrar o que acontece, mas não quero que aconteça de uma forma que enoje as pessoas. Em outras palavras, preciso que a história se desenrole de modo que o observador/ouvinte/leitor se importe com quem quer que seja o personagem. E isso é algo que aprendi ao reescrever *A Photograph: Lovers in Motion*. A violência sexual e verbal nessa peça é a maior que já tive, mas também permite que o público se importe com alguns personagens, ou todos, para que não pareçam meio loucos e cruéis. Eu já me importo com eles. Me importo com qualquer pessoa que esteja sofrendo. Não com o motivo de sua dor. A maioria reage a alguém que está sofrendo como se a pessoa fosse muito irracional, não um indivíduo que sente dor e sofre. Eu não sabia disso. Achava que, se alguém estivesse sofrendo, você enxergaria que essa pessoa estava sofrendo. Portanto, minha tarefa é fazer que você, o espectador, também se importe. De certa forma, eu me ressenti de ter que reescrever para fazer isso, mas o resultado é que os personagens agora são pessoas mais completas.

C.T.: Qual é sua responsabilidade para consigo mesma e para com seu público? Ou sua escrita é seu esforço para manter um diálogo entre seus diversos eus?

SHANGE: Eu me ressinto muito de ter que corresponder aos padrões ou necessidades de outra pessoa ou de ter que justificar suas razões para viver. Quando comecei a escrever, escrevia para mim mesma, para me ajudar a entender melhor o que estava acontecendo à minha volta. Achava que seria ótimo se outras pessoas conseguissem entender o que eu estava dizendo, mas não fazia questão de que entendessem. Por outro lado, não gosto de ser mal-interpretada, mas se os outros realmente não entendem o que estou dizendo, tudo bem também. É perigoso para mim convidar o público para entrar na minha casa, sentar-se diante da minha máquina de escrever, ler meus manuscritos, a menos que estejam prontos, e aí sim, eles podem ter acesso. A essa altura, tudo bem, mas não posso permitir que entrem enquanto escrevo.

Ri com um tanto de cinismo enquanto tentava escrever a história de "Marta". Eu disse: "Ok, você é a pessoa que é *tão* impiedosamente honesta. Por que não segue em frente e escreve? Você deveria ter a franqueza de uma criança. Por que não segue em frente e escreve? Está com medo?". Estou citando críticos. Então disse a mim mesma: "Esta é você, então por que não segue em frente e escreve". Acho que deve ser a única coisa que posso fazer. Acho que foi Adrienne Rich ou Susan Griffin quem disse que uma das nossas responsabilidades como escritoras é descobrir as causas da nossa dor e respeitá-las. Acho que muito do sofrimento que as mulheres e os negros enfrentam não é respeitado. Também fui educada a fazer o mesmo. Por exemplo, somos ensinados a não respeitar mulheres que não conseguem dar conta de suas vidas sozinhas. Elas têm três filhos e um salário de 200 dólares. A casa está uma bagunça; elas são meio tolas. Somos ensinados a não respeitar seu sofrimento. Então escrevo sobre coisas que sei que nunca tiveram o devido valor. Tenho que fazer isso. Esses são os momentos da vida importantes para mim. Quero que as pessoas ao menos entendam ou tenham a chance de ver que *aquela* é uma pessoa cuja vida não apenas é válida, mas valorosa. Minha responsabilidade é ser o mais honesta possível e usar todas as habilidades técnicas que possuo para tornar essas experiências ainda mais claras ou nítidas ou devastadoras ou mais belas.

A razão pela qual escrevi *Sassafrass* da forma como eles dizem, "sem pontuação" — o que é muito bizarro para mim, pois acho que é muito pontuado —, é que eu não queria que o leitor conseguisse largar o livro. Se você o largasse, teria que começar tudo de novo. Não queria que o livro fosse algo que você pudesse abandonar quando ficasse muito emocional. Não gosto de livros assim. Não gosto de ter a oportunidade de parar e dizer: "Já é o bastante. Quero ir fazer outra coisa". Como você pode ter o bastante da vida de uma pessoa? Elas estão vivendo. Pelo que sei, uma personagem está vivendo uma vida. Ela não pode parar e ir fazer outra coisa; então você também não pode. Obviamente, isso é muito árduo. Essa é uma das razões pelas quais o texto é tão curto, para que possa ser lido de uma só vez. A linguagem foi totalmente padronizada na edição da St. Martin's Press [*Sassafrass, Cypress & Indigo,* 1982]. É claro que acho importante não abortar uma descoberta emocional. Isso é algo com que as pessoas de língua inglesa têm muita dificuldade. Impedir progressos emocionais significativos permite manter o decoro em todos os momentos. Nossa sociedade autoriza que as pessoas sejam absolutamente neuróticas e desligadas dos próprios sentimentos e dos de todos os outros e ainda assim consideradas muito respeitáveis. Isso, para mim, é uma farsa. Então escrevo para alcançar a parte da vida emocional das pessoas sobre a qual elas não têm controle, a parte que pode e irá responder. Se tiver que escrever sobre sangue e bebês morrendo, tudo bem, escreverei. Como você pode ver no meu trabalho, estou interessada, acima de tudo, em evocar uma resposta emocional. Tenho momentos intelectuais, mas não estou tão atenta a eles.

Estou tentando mudar a ideia de que as emoções e o intelecto são faculdades distintas. Muitas das passagens de *Nappy Edges*, de *For Colored Girls* e, principalmente, de *Spell No.7* referem-se a todo tipo de disciplinas e tópicos intelectuais como psicoterapia, filosofia, música, literatura, línguas e países estrangeiros. Sem dúvida, leio muito, viajo muito e penso muito, mas não separei o pensar do sentir. Por exemplo, há uma passagem em *Spell No.7* chamada "flying song", que é um poema de amor e fala de pobreza, racismo e imperialismo e sobre a morte da Europa, mas é um poema de amor. Não é um de amor didático. É só que, quando amo alguém, quero que a pessoa amada esteja em um mundo onde essas coisas não ocorram. Então preciso dizer a ela: essas são as coisas com as quais não quero que você tenha que lidar. Quando as pessoas costumavam zombar de mulheres que escreviam poemas de amor, não viam que enxergamos o mundo de uma maneira que permite que nos importemos mais com as pessoas do que com o poder militar. O poder que enxergamos é o de alimentar, o poder de nutrir e educar, mas esses tipos não são respeitados e, em consequência, é parte da nossa responsabilidade como escritoras tornar essas coisas importantes. Se não for possível, devemos ao menos deixar registrado que, no século xx, alguém se importou de fato com outros seres humanos. Isso não quer dizer de forma alguma que eu seja pacifista. Nunca sugeri que se importar não inclua a luta na forma como os homens a definem. Não estou dizendo que não devemos lutar fisicamente, mas isso, é claro, deve ser o último recurso.

C.T.: Como seus pais reagiram às suas ambições com a escrita?

SHANGE: Meus pais eram grandes entusiastas da minha escrita. Achavam-na maravilhosa. Eram as consequências da escrita que os incomodavam. Eles sempre foram profundamente envolvidos com todo tipo de cultura dos países em desenvolvimento. Íamos ouvir música latina, jazz e sinfonias, ver balés... Sempre tive consciência de que havia diferentes tipos de pessoas negras no mundo inteiro, porque meu pai tinha amigos de quase todos os países colonizados de língua francesa, espanhola e inglesa. Então eu sabia que não estava neste planeta sozinha. Tinha uma certa conexão com outras pessoas.

Meus pais respeitavam minha escrita. Eles respeitavam o que eu estava tentando fazer. Mas, ao mesmo tempo, não entendiam que ser escritora significava não ser e fazer o que todo mundo é e faz. Era isso que os desconcertava. Não acho que meu ofício os perturbasse tanto quanto eu não me parecer com Fulana de Tal. Ou não ir ao baile com eles. Ou não me filiar à NAACP.[1] Essas coisas eram totalmente abomináveis para mim naquela época e ainda são. Não participo delas. O que os incomodava era uma diferença de valores que eu poderia ter se fosse médica, não o fato de eu ser escritora em si.

C.T.: Eles conseguiram se adaptar aos ataques da crítica contra você?

1 National Association for the Advancement of Colored People (Associação Nacional para o Progresso de Pessoas de Cor), instituição a favor dos direitos civis da população negra nos Estados Unidos, fundada em 1909. (N. T.)

SHANGE: Meus pais se adaptaram muito melhor do que eu. Não veem como um ataque à pessoa deles. Para eles, é um artigo na *Ebony* ou no *The New York Times*. Minha mãe imediatamente escreveria uma carta muito inteligente e racional explicando por que aquele artigo está errado. Já eu não leio ou fico vitalmente abalada porque, ao escrever, eu me ofereço ao mundo. Quando alguém ataca minha obra, está dizendo que eu não estou viva, ou que não estou fazendo o que estou fazendo, ou que não vi o que vi, ou que não poderia ter sentido o que senti, ou que não conheço quem eu conheço. Certa vez, um crítico disse que as pessoas sobre as quais eu havia escrito não podiam existir. Isso significaria que todo mundo que eu conhecia não existia. Esse tipo de reação me desorienta e me perturba totalmente. Já melhorei quanto a isso, mas, em geral, não leio o que os críticos escrevem.

Contanto que eu tenha um grupo estável de outros escritores e um público estável, ficarei bem. Não há razão para estar perto de pessoas que não amam meu trabalho. Nunca foi minha premissa fazer proselitismo entre os que não querem ouvir. Tudo bem se você gosta do meu trabalho, ótimo. Se não, ótimo também. O problema com os críticos é que, se eles não gostarem de você, podem fechar seu espetáculo ou impedir a distribuição do seu livro. Isso pode acontecer simplesmente porque eles não gostam do seu trabalho. O resultado é que as pessoas que querem me ler e gostam do que faço não têm acesso a ele. É isso que me deixa tão ressentida com os críticos.

C.T.: Por que você precisava falar sobre Beau Willie Brown [*For Colored Girls*]?[2]

2 Beau Willie Brown é um personagem importante em *For Colored Girls*. (N. O.)

SHANGE: Porque tenho que conviver com pessoas como ele. Não posso viver endossando um monte de mentiras. Já existem mentiras suficientes por aí. Não posso sustentá-las. Meus críticos podem dizer que ele não existe. Depois podem tentar me explicar por que dois milhões de crianças norte-americanas são abusadas pelos pais todos os anos.

Fiquei muito chateada uma noite, quando um homem estava me entrevistando para o *The New York Times*. Ele já tinha sido repórter de guerra, entre todas as coisas possíveis, e havia sido transferido para a função de crítico de teatro. Ele me disse que nunca tinha estuprado ninguém. Minha resposta foi: "Olha, todo homem que conheço que quer falar sobre estupro sempre diz que nunca fez isso. Talvez devêssemos fazer uma audiência no Congresso para descobrir se são os OVNIS que andam estuprando as mulheres. Talvez devêssemos ir ao zoológico e descobrir se são os crocodilos ou as girafas, porque eu gostaria muito de saber e não quero culpar ninguém que não esteja fazendo isso". A essa altura, eu estava à beira das lágrimas. Afinal, isso é uma negação da realidade. Não importa se você fez algo ou não. Se não fez, significa que não aconteceu? Quando alguém vai assumir a responsabilidade por aquilo que acontece onde vivemos? As pessoas se apressaram para enviar dois milhões de cartões de Natal para cinquenta pessoas no Irã que tinham o que comer e onde dormir todas as noites. Há mulheres e crianças, principalmente garotos aqui vivendo em condições abomináveis. Eles não receberam nenhum cartão de Natal. E estão bem aqui neste país. Esse tipo de coisa não faz sentido para mim. É por isso que escrevo a respeito. Eu me recuso a fazer parte dessa conspiração de silêncio. Não vou agir assim. É por isso que escrevi sobre Beau Willie Brown. Estou cansada de viver mentiras.

"With no immediate cause" [*Nappy Edges*] foi baseado diretamente em citações do *The New York Times*, e as pessoas ficaram irritadas comigo. Eu disse: "Por que se chatear comigo quando estou simplesmente dizendo o que está no jornal? Você não lê o jornal?". Não é minha culpa que eles tenham relatado essas coisas.

É como se fosse uma estatística, não uma mulher! Deixe-me colocar os pingos nos is. Isso aconteceu com uma mulher, com uma criança. Ah, eu simplesmente não suporto. Veja, é isso que me incomoda: a lenta erosão da nossa humanidade, a ponto de sequer sabermos que devemos nos importar uns com os outros. Isso está acontecendo porque os tecnocratas quase nos convenceram de que uma máquina pode fazer qualquer coisa melhor do que uma pessoa. Então a pessoa não precisa se preocupar com o que está fazendo.

Algum tempo atrás, a [revista] *The Black Enterprise* sugeriu o que pode acontecer no ano 2000. O artigo diz muita coisa sobre como as pessoas não teriam praticamente nada para fazer além de apertar botões. Seu maior problema, ou melhor, seu único problema seriam as relações interpessoais. Meu Deus! Que outro tipo de problema poderia haver? Isso foi abordado em apenas uma pequena frase. Então o artigo prosseguia falando um monte de coisas sobre que tipo de equipamento as pessoas teriam. Meu Deus, não quero jamais viver em um mundo onde você possa se livrar das relações interpessoais em uma pequena frase. Para mim, não há outra tarefa para os seres humanos. Simplesmente não há nada mais importante! Você quer mais máquinas para poder deixar sua psiquê de lado? Essa repressão de sentimentos é a razão para que a taxa de homicídios tenha aumentado 300% em dez anos na cidade de Nova York. Ninguém sabe o que dizer a ninguém, então simplesmente matam. Algumas pessoas não conseguem lidar com um problema, então elas simplesmente matam. Este é o perigo de viver como estamos vivendo. Quando você está vivendo mentiras, não sabe o que é real.

C.T.: Você nota alguma diferença na forma como os escritores e escritoras negras abordam seu trabalho criativo em termos de seleção de temas, personagens e acontecimentos?

SHANGE: Tenho um problema com muitos escritores homens porque há sempre *a ideia*. Jamais consigo sentir a pessoa. Sempre tenho a impressão de que vamos espancar os brancos ou os brancos espancaram esse homem até a morte... Ele é o líder e está sitiado pelo racismo... Em obras masculinas, geralmente há uma *ideia* em oposição a uma *realidade*. De modo que o protagonista, às vezes, apenas personifica uma noção ou perspectiva filosófica em vez de ser uma pessoa que sente e pensa. Em geral, os homens também abordam os conflitos envolvidos na identidade sexual ou política de um personagem masculino de uma forma que lhes permita passar por cima de qualquer que seja a verdadeira crise. Por exemplo, em *The Toilet*, de [Amiri] Baraka, *The Mighty Gents*, de Richard Wesley ou *Sidnee Poet Heroical*, de Baraka, há insinuações sexuais, respectivamente, sobre homossexualidade, ser estuprado e medo de mulheres. Mas elas são abordadas de maneira superficial, quando a peça inteira poderia ter sido sobre esses temas. O respeito por esse foco exige muito mais crescimento emocional.

Tenho que lutar comigo mesma. Bato com a cabeça na parede porque não quero saber todas as coisas terríveis de que tenho conhecimento. Não quero sentir todas essas coisas atrozes, mas elas já estão em mim. Se eu não me livrar delas, nunca mais vou sentir nada. Quando a nossa cultura, como um todo, perceber que o ato de *não* dizer algo não significa que você não está vivendo aquilo, quando isso acontecer, vamos ter peças dramáticas, todo tipo de arte, tão ricas. Atualmente, apenas nos apressamos para chegar ao final e, como resultado, temos uma ideia em vez de conhecer uma pessoa nova. Uma peça ou um livro deve trazer uma pessoa nova para a sua vida, alguém a quem você possa se referir, até mesmo conversar, pois deve conhecê-la muito bem.

Um dos autores masculinos que amo profundamente, cujo trabalho não é tão conhecido quanto eu gostaria, é Bill Gunn. Ele tem dois personagens masculinos incríveis, dos quais me sinto muito próxima, em *Black Picture Show*, mas acho que a honestidade deles assusta o público em geral por se tratar de dois homens adultos sendo absolutamente honestos consigo mesmos. Esse tipo de honestidade coloca em dúvida a percepção do público sobre o que "um homem" deve ser. E assim, o público rejeitou a peça. Sean David, em *A Photograph: Lovers in Motion*, é outro exemplo. No primeiro ano em que ele apareceu conosco, duas ou três pessoas vieram até mim e disseram que a única forma de falar de uma forma tão gentil ou bonita era o homem ser gay, ele era gay? "O quê? Se ele era gay? Não, ele tem três amantes mulheres na peça. Ele não é gay." Essa é a reação! Ele não poderia existir porque "homens de verdade" não sentem, agem ou falam assim. Meu Deus, conheço homens que sentem, agem e falam assim. Há um equívoco geral de que um homem gentil deve ter algum tipo de problema sexual. Isso é muito, muito trágico para todos nós. Trágico para os homens e triste para as mulheres, porque significa que não recebemos metade da ternura e intimidade que poderíamos receber.

C.T.: A literatura feminina tende a se concentrar em descrições emocionais muito vívidas da intimidade sexual, enquanto a masculina tende a se concentrar no movimento físico no sentido de um trem que se aproxima. Na escrita feminina, temos a sensação de contato psíquico entre as pessoas.

SHANGE: Isso acontece porque as mulheres estão mais em contato com seus sentimentos, portanto, são capazes de identificar o que estão fazendo e sentindo. Acho também que as mulheres usam seus sentimentos em maior grau e de maneiras mais variadas do que os homens. Por outro lado, conheço tantos homens — poetas, pintores, entre outros — com quem me sinto à vontade em qualquer situação, como amigos, como amantes e como pares.

C.T.: Você escreve para um público em particular?

SHANGE: Coleciono bonecas, e a razão para isso é que há uma pessoa em mim que ainda é uma garotinha e as ama. Além disso, as coleciono porque quero dar à garotinha em mim coisas que eu deveria ter tido e nunca tive. *For Colored Girls* se chama *For Colored Girls*[3] porque é para quem se destinava. Queria que elas tivessem informações que não tive. Que soubessem de verdade como era ser uma mulher adulta. Eu não sabia. Tudo que tinha era um monte de mitologia, fábulas e mentiras deslavadas. Quero que uma menina de 12 anos procure e obtenha informações que não apenas sejam contraceptivas, mas também emocionais, para que a grande desilusão pela qual passei na minha noite de núpcias, por exemplo,

3 Em tradução livre, *Para Garotas Negras*. (N. T.)

não aconteça ou não seja tão grande. Talvez não haja muito o que fazer se você foi criada para ser virginal e acreditar que algo incrível vai acontecer na noite de núpcias, mas não quero que elas cresçam em um vácuo de mentiras misóginas. Se há um público para o qual escrevo, são as garotas que estão amadurecendo. Quero que saibam que não estão sozinhas e que nós, mulheres adultas, já pensamos e continuamos pensando nelas.

No livro de Adrienne Rich, *Of Woman Born*, e no de Susan Griffin, *Women and Nature*, é o silêncio das mães que é tão devastador. Elas sabem que é uma proposição terrível renunciar à própria vida pela família e pelo companheiro e, assim, perder-se no processo de cuidar dos outros. Mandar a filha para esse tipo de autossacrifício em silêncio, sem nenhuma preparação, é um pecado mortal para mim. Fazer isso sem dizer à filha que isso é um sacrifício é algo muito desnecessário. Quebrar esse silêncio é minha responsabilidade e estou totalmente comprometida com ela. Quando eu morrer, não serei culpada de ter deixado para trás uma geração de garotas que acreditam que existe alguém que pode cuidar de sua saúde emocional além delas mesmas. Vemos mulheres que, aos cinquenta, olham para suas vidas em retrospecto. Elas são muito amargas ou infantis porque seu desenvolvimento foi interrompido. Não somos obrigadas a isso como nossas mães eram.

C.T.: O título *Nappy Edges*[4] traz lembranças.

4 *Nappy* é um termo historicamente racista para se referir ao cabelo de pessoas negras. Com esse título, a autora faz referência aos fios que retornam à textura natural em cabelos que passaram por processos temporários de alisamento, em situações como as que ela descreve no subtítulo do livro: "As raízes do seu cabelo/ O que volta quando suamos, corremos, fazemos amor, dançamos, sentimos medo, ficamos felizes: O sinal que denuncia a vida". (N. T.)

SHANGE: A maioria das pessoas age como se não soubesse o que isso significa ou do que estou falando. As que sabem apenas riem, mas, durante boa parte do tempo, parece que o título passa despercebido. Talvez seja um sinal da minha idade. Muitas jovens que estão na faixa dos 15 aos 20 anos não tiveram que passar por isso porque cresceram com o cabelo afro ou alisamentos definitivos. Evidentemente, nunca passaram pela experiência de alisar o cabelo e serem instruídas a não dançar com meninos depois das 22h30.

Gosto muito do título. Acho que tem algo a ver com como me sinto e vejo o mundo. A aspereza e a crueza são justamente sua parte mais rica. Por mais bruta e dolorosa que seja essa crueza, ela ainda é o cerne da vida humana. É o suor do trabalho, do medo, da raiva, do amor, que está na base de tudo que nos diferencia das plantas e dos outros animais. Podemos fazer todas essas coisas, e as fazemos intencionalmente. Não porque somos compelidos ou porque estamos no cio. Fazemos amor porque queremos e precisamos. Trabalhamos porque amamos. Essas atividades nos tornam seres humanos. E ser humano envolve um certo desgaste.

C.T.: Quem ou o que influenciou a aparência da sua obra na página impressa?

SHANGE: Minha opção pelas letras minúsculas, barras e ortografia... Acho que fui muito influenciada por *The Dead Lecturer* e *The System of Dante's Hell*, de LeRoi Jones,[5] e *Yellow Back Radio Broke-Down*, de Ishmael Reed. Gosto dos tipos de dicção que Ishmael usa e da aparência dos poemas de LeRoi na página. Não me refiro ao

5 LeRoi Jones é o nome de batismo do escritor Amiri Baraka, com o qual assinou seus primeiros trabalhos. (N. E.)

que ele descreve. Me refiro à sua sintaxe e estrutura — a aparência do poema. Às vezes me incomoda ver poemas em que todas as primeiras letras são maiúsculas. É muito chato para mim. É por isso que uso o alfabeto minúsculo. Além disso, gosto da ideia de que as letras dançam, não apenas as palavras. Obviamente, elas também dançam. Preciso de um estímulo visual para que a leitura não se torne apenas um ato passivo e seja mais do que uma atividade intelectual, mas exija uma participação rigorosa. Além disso, acho que existem maneiras de enfatizar ideias e emoções muito sutis para que o leitor não esteja no controle do processo. Isso significa que preciso ter mais truques do que todo mundo, porque não posso deixar você achar que sabe o que eu quero dizer. Afinal, eu não quis dizer aquilo que você pode simplesmente ignorar. Quero dizer aquilo com que você tem que lutar, e, nessa transição, o texto se torna especial.

As grafias das palavras resultam do modo como eu falo ou como o personagem fala, ou da maneira como ouvi algo ser dito. Basicamente, elas refletem a linguagem como eu a ouço. Não escrevo porque as palavras saem do meu cérebro, mas porque ouço as palavras. É como se alguém estivesse falando comigo. Não quero parecer louca, mas ouço meus personagens. É realmente muito peculiar porque, às vezes, ouço ritmos muito particulares ao fundo do que estou escrevendo, e isso afeta a estrutura do texto. Por exemplo, se estou ouvindo uma rumba, você terá um poema que parece uma rumba na página. Então a estrutura está ligada à música que ouço sob as palavras.

Fico irritada quando as pessoas pensam que minha escrita não é intelectual. Para mim, isso é uma depreciação da cultura afro-americana. Tenho uma quantidade imensa de material com que poderia fazer notas de rodapé se quisesse. Eu poderia tornar meu trabalho muito oficial e europeu e dizer que os "Del Vikings" eram um grupo de cantores... os The Shirelles eram um grupo... mas por que deveria? Não estou interessada em fazer uma *versão comentada de Shange*. Poderia deixar um europeu fazer isso, mas não vou. Ou você nos conhece ou não. Se não, deveria pesquisar. Os Del Vikings e as decisões de Brown e Ferguson[6] [veja "just as the del vikings stole my heart" em *Nappy Edges*] foram dois eventos culturais importantes para os negros. Se você não consegue compreender isso, então acho que você simplesmente não consegue. Não posso ensinar e escrever poesia ao mesmo tempo. Portanto, não vou escrever notas sobre essas coisas. Se você é ignorante, é isso. Se me refiro a Pacheco e Rodriguez, ou a Roland Young ou David Murray, ou se falo sobre a *l'Arche de Triomphe* é porque os negros têm todas essas referências.

Houve um ataque cultural sistemático aos negros. Espalhou-se o equívoco de que só temos esta coisinha aqui: esta tampa de garrafa e este chiclete. Então quando as pessoas leem as minhas coisas, as de Thulani Davis, de June Jordan ou mesmo as de Ish [Ishmael Reed], aqueles que propagam esse mito ficam confusos porque não são as "pessoas negras" que eles conhecem. Bom, lamento. Já tive alunos negros que tentaram corrigir a poesia dialetal de Paul Laurence Dunbar, então não são só os brancos. Eles tentaram lê-la em inglês "correto". Aquilo me machucou tanto. Por isso é importante para mim continuar escrevendo essas coisas que se referem à nossa cultura, mesmo que nos Estados Unidos ela seja chamada de "cultura

6 Em 17 de maio de 1954, Earl Warren, então juiz da Suprema Corte dos Estados Unidos, proferiu a decisão unânime no caso de direitos civis Brown v. Conselho de Educação de Topeka, Kansas. Nesta decisão histórica, a justiça decidiu que separar crianças em escolas públicas com base na raça era inconstitucional. Isso sinalizou o fim da segregação racial legalizada nas escolas dos Estados Unidos, anulando o princípio "separados, mas iguais" estabelecido no caso Plessy v. Ferguson, de 1896. (N. E.)

popular" ou "cultura vernacular". Para mim, James Brown, Earth, Wind & Fire, o Art Ensemble of Chicago, Cecil Taylor, Pacheco e Rodriguez são todos arte *erudita*. Vou me manter firme quanto a isso. Não precisamos nos referir o tempo todo à arte europeia como padrão. É totalmente absurdo e racista, e não vou participar dessa grande mentira. Meu trabalho é uma das poucas maneiras que tenho de preservar os elementos da nossa cultura que devem ser lembrados e, sem dúvida, reverenciados.

C.T.: Você notou uma evolução no seu interesse criativo?

SHANGE: Meu trabalho mudou significativamente. Uma das razões para que eu aceitasse dar esta entrevista, pois, na verdade, odeio entrevistas, é que pensei que seria um bom projeto para descobrir exatamente como me sentia e o que pensava. Aconteceram duas ou três coisas. Estou um pouco menos leviana do que antes. Sou capaz de escrever e escrevi coisas muito perniciosas, desagradáveis, horrorosas, terríveis, cruéis, quase sádicas. Parei de fazer isso, porque sofri esse tipo de crueldade. Portanto, sou um pouco mais cuidadosa quanto a atacar as pessoas. Quando sinto vontade de atacar alguém agora, pergunto a mim mesma: o que essa pessoa fez para eu me sentir assim? Posso expressar minha crítica sem hostilizá-la abertamente? Posso contar o caso e sugerir a crítica sem dizer que ela está falando merda e que não a suporto? Posso simplesmente mostrar, sem precisar dizer, que uma pessoa está falando merda e deixar que o público decida? Dessa forma, não preciso ser um chicote. Tenho trabalhado nesse método de expressar críticas apenas porque não quero fazer com mais ninguém o que fizeram comigo. É uma tarefa muito pessoal, e talvez não esteja ligada à literatura.

A outra mudança diz respeito à língua. Estive muito confusa quanto ao idioma em que gostaria de escrever. Durante um tempo, havia trechos em inglês, em francês e em português. Eu disse: "Ninguém vai conseguir entender isso, só eu e minha irmã". Em seguida, eu disse: "Isso é ridículo. Não posso fazer assim". Então tive que me desfazer das coisas multilíngues. Mas não totalmente. Percebo que tenho uma certa responsabilidade pela posição que ocupo agora na literatura. Guardei essas coisas porque algum estudioso, em algum momento pode querer vê-las, mas, basicamente, parei de escrever dessa maneira. Essa fase durou, talvez, oito meses.

Em seguida, eu me envolvi unicamente em escrever o que chamo de "não poesia". Outras pessoas chamam de poesia, mas digo que são contos. Elas insistem em falar sobre os poemas em *Spell No.7*. Não sabia que havia poemas. Tive dificuldade para entender o que as pessoas diziam que eu estava fazendo. Decidi que não ligaria para o que diziam. Vou chamar esses textos de "coisas". Quando resolvi isso, vários personagens começaram a aparecer. Eu tinha que decidir se devia escrever um romance sobre uma determinada pessoa, se essa outra pessoa precisava de mais duas histórias sobre ela. Devo, por exemplo, prosseguir com a personagem porque sei que ela tem uma vida? Ou devo parar porque tenho um bom produto acabado? É um problema técnico em que estou trabalhando, pois em *A Photograph: Lovers in Motion* existem cinco peças, uma para cada personagem. Não há protagonista. Cinco peças inteiras seriam uma coisa maravilhosa de se fazer... um quinteto. Mas devo fazer assim? Ou não seria melhor passar para outras pessoas que ainda não conheço? Isso tem me preocupado.

É claro que ainda quero fazer o que sempre quis fazer, mas *a maneira* como faço agora é diferente. Pareço estar evitando quase completamente as paisagens. Às vezes, não tenho ideia de onde as pessoas estão, e a romancista em mim se ressente disso, mas a poeta adora. As histórias acontecem dentro de alguém. Elas me satisfazem, mas de vez em quando sinto falta do ambiente. Por exemplo, em "Allegre" [*Photographs: A Study of Cruelty*] não tenho ideia de onde ela está. Não há menção de sua casa. Não há descrição de suas roupas. Não tenho ideia de como ela é. Simplesmente não sei. Não sei em que cidade ela mora. Não importava. Ela está apenas nos contando o que sonhou, então essas outras coisas não são importantes. Enquanto com "Sue Jean" [*Photographs*], sabemos que ela mora em algum lugar na Virgínia Ocidental, em uma pequena vila nas colinas. Ela tem um bar com serragem no chão e uma casa com itens específicos. "Crystal Lee" [*Photographs*] parece morar na parte antiga de uma grande cidade do Meio-Oeste, já que tem um quintal e uma árvore. São todas diferentes, mas ainda assim me incomodam, porque adoro exuberância; adoro árvores. Adoro coisas bonitas, mas morar em Nova York me impede de tê-las. *Sassafrass* é um dos meus livros favoritos, porque ela mora em algum lugar. Há espaço e vegetação. Ela tem todas essas coisas lindas que posso descrever porque, na época, eu morava na Califórnia e podia vê-las. Em Nova York, vejo apenas o que está na minha casa. Assim, o que você obtém é o interior de uma pessoa, pois não há nada de interessante para mim do lado de fora. É tudo feito pelo homem e muito desinteressante.

Não tenho nenhuma relação com a terra aqui em Nova York. Quando morei em Houston durante os ensaios de *A Photograph*, me sentia muito bem. Escrevia quinze páginas por dia. Era muito fácil, pois eu tinha árvores e grama. Havia o farfalhar das folhas e o canto dos pássaros, e eu sentia o cheiro da terra quando saía. Isso é muito importante para mim. Me incomoda que meu ambiente afete o que consigo oferecer, tanto que decidi que, para preservar a qualidade do trabalho que gosto de escrever — não estou dizendo que não gosto do que escrevo aqui, mas é diferente do que quero escrever —, preciso me mudar. É o que tenho que fazer. Se eu morasse em Connecticut, não escreveria sobre Marta. Nos últimos tempos, escrevi todas as coisas horríveis em que pude pensar. Não é que eu vá parar de escrever essas histórias, mas pelo menos conseguirei acrescentar um pouco de bondade quando sair daqui. Eu realmente preciso. Então foi isso que mudou no meu trabalho. Ele ficou muito mais duro.

Escrevi no meu diário ontem: "Quero que os outros vejam o que eu vejo, mas como? Liricamente, como paisagem ou verbo, como racializado ou não étnico, seja o que for. E eu me pergunto se eles, os outros onipresentes, algum dia entenderão, mesmo que eu arrume e apare cada linha e deixe apenas o que destilei, se eu deixar apenas o cheiro de uma pessoa, seus olhos, os outros entenderão que esse era o propósito?". Tudo que escrevo aqui em Nova York me parece ter mais a ver com verbos. O trabalho fala sobre um fazer constante. Enquanto fora daqui, a textura de alguém ou algo está mais disponível para mim. Na cidade, é ela *partiu*. No interior, é ela *está*. Lá, você pode *ter*, em vez de *conquistar*, como aqui. Nas histórias de Nova York, acho que eu *conquisto*, enquanto nas da Califórnia, eu *tenho*, e adoro isso. Nunca passaria com uma personagem aqui em Nova York o tempo que passei com Sassafrass, porque uma personagem daqui não tem esse tempo. Ela não dispõe de tempo para fazer o que Sassafrass fazia. E nem para preparar todas aquelas receitas. "Fay" [*Photographs*] tinha [apenas] uma noite em que podia sair, e era isso. Enquanto devemos passar meses com Sassafrass. Jamais me permitiria passar meses com uma personagem de Nova York. Eu enlouqueceria. Nem ia querer saber dela. Espancada, estuprada e abandonada é o símbolo desta cidade, assim como Marta.

C.T.: Poderia descrever seu processo de escrita?

SHANGE: Vou até a máquina de escrever se for absolutamente necessário. Isso acontece em duas situações: quando tenho um poema que preciso escrever porque sei o bastante sobre ele a ponto de que ele simplesmente surja. Ou quando tenho um prazo e preciso colocar alguns poemas em um determinado lugar. Então vou para o meu diário e os datilografo. Em geral, espero até sentir que tenho muitas coisas prontas, então me sinto muito satisfeita quando me sento em frente à máquina de escrever e datilografo, embora tenha o costume de escrever à mão.

Escrevo assim que me levanto. Também gosto de ir a um dos cafés que frequento e escrever nos períodos de menor movimento, entre as 14h e as 16h30 e entre as 18h30 e as 20h. Peço uma taça de vinho e água Perrier e escrevo em meu diário durante uma hora e meia ou duas. Isso é muito bom para mim, por ser um ambiente bastante protegido. Não estou aqui em casa, sozinha; quaisquer que sejam meus demônios, eles não serão capazes de me dominar porque estou só e vulnerável. Se tiver que escrever um texto muito assustador, talvez eu saia. Seria demais fazer isso sozinha, pois os personagens se espalhariam e eu teria medo. Por outro lado, se eu sair e souber que estou cercada de pessoas, me sinto muito segura. Então posso escrever sobre todo tipo de coisas estranhas ou assustadoras. Os demônios são obrigados a se controlar. Escrevi "with no immediate cause" [*Nappy Edges*] em um café. Escrevi "the white girl" em um café. Escrevi "it's not so good to be a girl"[7] em um café. Lá posso escrever sobre coisas que me assustam ou mesmo sobre meu próprio desenvolvimento emocional, que também pode ser muito assustador. Entro lá, me sento, tomo uma taça de vinho, um pouco de água Perrier. Fico sentada lá durante horas, escrevo e me divirto muito. Talvez veja alguns conhecidos, mas eles me conhecem o bastante para não me incomodar. No entanto, estou em contato com outras pessoas vivas, então esses personagens estranhos que estão saindo têm que se comportar. Quando estou sozinha em casa, tenho que enfrentar esses demônios. Às vezes eles aparecem às cinco da manhã. Não vou a lugar algum então.

Escrevi "Beau Willie" em casa. Datilografei, porque simplesmente sabia. Aquilo não era assustador para mim; me dava raiva. Coisas assim eu consigo escrever em casa. Preciso sair para escrever aquelas que me ameaçam. Coisas que me dão muita alegria eu escrevo tanto fora quanto em casa. Elas podem ser escritas em qualquer lugar. Não gosto de sentir medo em casa. Sempre saio, pois minha casa deve ser um porto seguro. As coisas não deveriam me dominar aqui. Eu as domino.

Se já escrevi algo muito assustador aqui? Escrevi a menina "black & white two dimensional planes" aqui. Escrevi-a de uma forma que nunca tinha feito antes. Uma seção de cada vez, durante duas semanas. Se tenho um poema "acadêmico", acho que provavelmente é ela. Ela é muito específica; é ritmada. É todas aquelas coisas que a poesia "acadêmica" deveria ser.

7 Publicado em *The Black Scholar*, v. 10, n. 8-9, maio-junho de 1979, p. 28-29. (N. O.)

C.T.: Você se refere aos seus poemas, ao seu trabalho como um todo, no feminino.

SHANGE: É verdade. É por isso que não gosto que as estranhas saiam do controle. Quando estava dirigindo *A Photograph: Lovers in Motion*, havia cinco dessas personagens estranhas morando comigo. Como diretora, eu era responsável por todas elas emocionalmente. Tinha que compartilhá-las com os atores. Compartilhar minha vida com elas estava me deixando muito "insana" porque eram cinco criaturas devassas e incontroláveis. Foi muito difícil. Fiquei muito feliz quando as apresentações começaram, porque então pude colocá-las *lá*.

C.T.: A transição entre criar a obra e dirigi-la foi um grande salto?

SHANGE: Na verdade, não. Estive presente em cada peça que escrevi, inclusive *A Photograph*. Acompanhei os ensaios fechados por duas semanas. Estive na divulgação de *Spell No.7*. Conheço como funciona a atuação. Mas houve uma transição tendo em vista que eu tinha que dirigir as peças além de escrevê-las. Dessa forma, tinha que ver meu trabalho de duas maneiras bem diferentes. Em geral, não acredito nisso, mas tive que fazer pelas circunstâncias, não por escolha. Não consegui os diretores [para *A Photograph*] que queria, porque estavam todos trabalhando. Alguém tinha que fazer, então eu fiz. Estava me sentindo confiante e competente porque tinha acabado de terminar *The Mighty Gents*, de Richard Wesley e *The Issue*, de June Jordan, mas não acredito nem jamais sugeriria que escritores devam dirigir sua própria obra. Jamais farei de novo, mas naquele momento tinha que ser feito.

Meu maior problema como diretora foi tentar não exagerar com os meus atores, para que eles não desistissem. Afinal, eu tinha convivido com os personagens durante três anos; eles os conheciam há três semanas. Logo, eu não podia empurrá-los para diferentes tipos de clímax e descobertas emocionais mais rápido do que eles poderiam suportar. Essa foi a área em que mais precisei me restringir. Tive que ver que estava sendo muito egoísta e narcisista por não enxergar as necessidades das outras pessoas. Elas não poderiam estar onde eu estava no que dizia respeito à compreensão dos personagens, então eu tinha que parar de pressioná-las. No primeiro dia de ensaio, vi que os atores não entendiam nada e foi péssimo. Então falei: "Meu Deus, Zaki, este é o primeiro dia deles. Relaxe". Também tive muita ajuda não apenas do próprio pessoal do teatro, mas da minha família e do meu círculo de amigos.

C.T.: Já se passaram cinco anos desde a produção sensacional de *For Colored Girls*.

SHANGE: Durante anos, não quis falar sobre *For Colored Girls*. Nem assistir. Se alguém a mencionasse em uma entrevista, eu diria: "Se você falar sobre *For Colored Girls*, vou embora".

As pessoas dizem que viram minha peça e eu respondo: "Qual delas?". Estou falando muito sério quando pergunto isso; não se trata de arrogância. Não sou artista de um trabalho só. Fiz cinco espetáculos, e todos foram bem recebidos. É nisso que baseio minha relação com o mundo, não apenas em *For Colored Girls*. Tinha entre 24 e 26 anos quando a escrevi. Por que desejaria basear minha pessoa de 34 anos nela? Seria um absurdo! Essa era a peça que estava comercialmente disponível para as pessoas, o que é uma pena, pois foi tudo que conseguiram ter. Esta é uma das razões pelas quais me ressinto da Broadway: ninguém consegue se tornar um escritor de alcance nacional nos Estados Unidos, pelo menos não no teatro, a menos que tenha sido um herói ou heroína *underground* por anos e anos ou tenha tido um grande sucesso na Broadway. Aí ninguém quer saber de qualquer outra coisa que você faça, só o que esteve lá. Você pode querer fazer uma peça em Detroit simplesmente porque a ama, e as pessoas reagem perguntando quando ela vai para a Broadway, como se lá tivesse alguma coisa a ver com a peça.

C.T.: *For Colored Girls* foi vítima de manipulação da mídia?

SHANGE: É claro que sim. As pessoas procuram o que melhor servirá aos seus interesses. Quem deseja ler minha obra, tem obrigação de lê-la. Não tenho obrigação de ser famosa, mas as pessoas têm de procurar os livros. Elas têm obrigação até mesmo de comprar livros de teatro. É claro que seria ótimo se *Spell No.7* estivesse na Broadway, ou se *Sassafrass* fosse um musical, ou se "Carrie" [*Boogie Woogie*] fosse um filme, ou então *A Photograph*. Tudo isso é possível, mas improvável neste minuto. Isso não impede que as pessoas leiam essas obras. Pelo menos continuo sendo publicada. Então isso não é um problema.

Para mim, ler é simplesmente expandir a mente para incluir pessoas que você não conhecia antes.

Isso me faz lembrar de outra questão. Fiquei muito chateada com algumas pessoas que devo respeitar, pessoas que conhecem bem o teatro, que me perguntaram qual era o sentido de *Spell No.7*. Qual era o sentido de *Boogie Woogie*. Qual era o sentido de tal e tal. Eu repetia: "Você não sentiu nada enquanto lia?". E elas diziam que sentiram várias coisas. Então eu dizia: "Esse era o sentido!". Um dos meus maiores problemas com o teatro feito por negros neste momento é que me ressinto muito da ideia de que ainda temos que ter peças não de "raça", mas de "problema" ou "sentido". Para mim, *For Colored Girls* não é uma peça de problema. É uma exploração. Toda a minha obra é apenas uma maneira de explorar a vida das pessoas. Portanto, não há qualquer sentido. Há apenas pessoas interessantes. Há algo ali para fazer você sentir intensamente. Escritores negros têm o direito de fazer isso.

As pessoas do departamento comercial me dizem que uma das razões para que o restante da minha obra não tenha sido tão bem-sucedido comercialmente quanto *For Colored Girls* é que não há um *sentido* que elas possam vender. Isso acontece porque *não vai ter mais sentido*. Não escrevo sobre um sentido. *For Colored Girls* também não tem, mas criaram um sentido para ela. Aquelas meninas eram pessoas com quem eu me importava, pessoas que ofereci a você para que as visse e conhecesse. Escritores negros e latinos precisam começar a exigir que o fato de estarmos vivos já seja sentido o suficiente!

Metade das peças no *New York Times* de hoje não tem um sentido. *Babes in Toyland* não tem um. *Sugar Babies*, também não. Nem *Bent*. Ou *Elephant Man*. São apenas pessoas — brancas. São pessoas, e nós vivenciamos suas vidas. Esse é o sentido. Mas, com os negros, estarmos vivos não é sentido o suficiente. Bom, é o bastante para mim.

C.T.: Quando soube que era escritora?

SHANGE: Escrevia quando criança. Escrevia histórias. Então tornou-se muito difícil frequentar a escola porque alguém me disse que os "*negroes*" — não éramos "*Black*"[8] na época — não escreviam. Algum incidente racial bloqueou minha escrita e eu simplesmente parei. Não lembro exatamente quando foi. Voltei a escrever no ensino médio. Escrevia poesia, que chegou a ser publicada em uma revista da escola. No mesmo ano, escrevi várias redações nas aulas de inglês, sempre sobre pessoas negras. Disseram que aquilo era chover no molhado, então parei de escrever novamente. Recomecei com 19 anos.

C.T.: Pretende incluir pessoas brancas no seu trabalho?

SHANGE: Jamais teria uma pessoa branca nas minhas histórias, com a possível exceção de "the white girl" [*Spell No.7*]. Não tenho nenhum motivo para isso. Ontem à noite, estava escrevendo uma coisa muito engraçada na minha cabeça. Havia colocado uma história em uma cápsula do tempo para que as pessoas do ano 20.000 a encontrassem. Era uma conversa com um diretor branco: "Sim, acho maravilhoso você ter gostado tanto a ponto de achar que deveria ser só com brancos. Realmente não vejo problema em você pensar, mesmo a personagem sendo negra, que uma atriz branca poderia interpretá-la muito melhor, porque você sabe que os negros não sabem falar, embora eu me lembre de que, quando minha mãe conversava comigo na minha casa, não recordo de ouvir ela falar da forma como a garota branca que você vai contratar vai falar quando for imitar uma pessoa negra. Mas, enfim, sou apenas

8 O termo *negro* (pl. *negroes*) era usado até a segunda metade do século XX nos Estados Unidos para se referir a pessoas negras, mas atualmente é considerado ofensivo. Hoje em dia, os termos politicamente corretos são *Black*, *Afro-American* ou *person of color*, sendo que este último inclui não só negros, mas também todas as minorias étnicas consideradas não brancas, como latinos e asiáticos. (N. E.)

uma negra, como eu saberia o que é melhor? Sim, acho maravilhoso que você pense que, por ser uma personagem negra, você com certeza precisa que essa atriz branca a interprete porque ela é tão boa. E onde no mundo você encontraria uma pessoa negra capaz de interpretá-la? Afinal, é uma personagem negra, e você sabe que uma atriz negra não teria a formação ideal para fazê-la. Então, sim, acho que você deveria tirar meu nome e me dar meu dinheiro. Sim, você pode perfeitamente usar a história como ela é, mas lembre-se de que ninguém no mundo vai acreditar que essas pessoas eram brancas. Afinal, elas suam".

Essa indústria está muito doente. O teatro está muito doente. Eu me sinto muito mal com isso, embora seja obrigada a continuar trabalhando nesse meio. O que me mantém no teatro não tem nada a ver com o público; tem a ver com a aventura disponível naquele pequeno palco tridimensional. Posso ver um personagem que existe para mim tornar-se de certa forma um corpo humano real. Isso é uma grande aventura. Não importa se vai vir alguém. Meu eu artista, a pessoa que escreve essas coisas, não se importa. O teatro dá às minhas criações o que não posso dar. Os atores passam tantos anos aprendendo a atuar quanto eu passei aprendendo a escrever. Passam muitos anos tentando me dar algo que não tenho. Fazem a peça ganhar vida de uma nova maneira. Por exemplo, os escritores acham que sabem como seus personagens se sentam, mas se você der uma peça a Avery Brooks ou Laurie Carlos ou Judy Brown ou Mary Alice, a forma como elas se sentam pode mudar tudo. O timbre de suas vozes, a maneira como andam, o que fazem, torna-se disponível como uma experiência comunitária. Você não pode ler um livro com alguém. Ao passo que, quando você tem um personagem diante de você, é alguém que você conhece e que qualquer outra pessoa sentada ali também conheceria. Como escritora, o teatro me ajuda a saber quando não dei muita substância a um personagem ou quando contei uma mentira. É simplesmente glorioso ver os atores fazerem meus personagens ganharem vida, mas não gosto quando meu eu artista precisa ser confinado para que as outras pessoas entendam. No teatro, você tem que fazer dessa forma; caso contrário, chamam seu trabalho de "peças performáticas", o que significa que você deveria ser branco e morar no centro da cidade. Obviamente, não posso fazer isso.

Correr riscos em uma performance é praticamente proibido neste país. Acho que corro muitos riscos. Foi arriscado para nós fazermos a dança de menestréis[9] em *Spell No.7*, mas insisti nela porque pensei que os atores da minha peça vinham de outras em que não queriam ter estado, mas que os tinham ajudado a pagar as contas. Personagens negros estão sempre sendo enquadrados em um "sentido". Foi decidido, por exemplo, que *Spell No.7* de Zaki Shange é uma peça feminista e, portanto, não é poesia. Bom, isso é mentira. Isso corresponde a me dar uma máscara de menestrel. Corresponde a me forçar a preencher o ideal de outra pessoa. Então coloquei aquela dança lá porque era assim que me sentia. Presa, parodiada, ridicularizada e explorada. Fiz a dança de menestréis porque é isso que acontece com os negros nas artes, não importa o quanto nos tornemos famosos. Ainda se referem a Alvin Ailey como se ele fosse uma aberração; ele tem uma companhia há vinte anos. Ainda agem como se Carmen de Lavallade fosse a última bailarina afro-americana,

9 Surgidos no início do século XIX, os shows de menestréis eram espetáculos norte-americanos em que artistas brancos se pintavam de preto, usando *blackface*, para representar pessoas negras de forma caricata. (N. T.)

sendo que ela mesma formou pelo menos cinquenta pessoas. É essa caixa, esses estereótipos, que as pessoas esperam, então os coloquei em uma dança de menestréis.

O teatro negro não está avançando da maneira como as pessoas gostam de pensar. Ainda não estamos livres da nossa tinta! Os espetáculos mais lucrativos — *Wiz*, *Bubblin' Brown Sugar*, *Ain't Misbehavin'* — são todos shows de menestréis. Então foi por isso que fiz a peça com eles.

C.T.: Como você conseguiu integrar a atividade feminista com a receptividade negra a ela?

SHANGE: Não integrei. Estava simplesmente escrevendo, e as pessoas que queriam ouvir o que eu escrevia eram mulheres. Não comecei a escrever panfletos feministas. Estava escrevendo o que tinha que escrever. Os lugares que me convidavam para fazer leituras em São Francisco eram lugares femininos. Minha primeira experiência feminista foi o livro que escrevi com Thulani Davis, *Fat Mama*. É um livro feminino, uma antologia que fizemos em 1969, em Barnard, com uma bolsa da faculdade e doações dos nossos amigos. De lá fomos para a Califórnia, onde pertencemos a uma Third World Women's Cooperative,[10] que foi muito encorajadora e fundamental para o nosso desenvolvimento. Portanto, não fiz nada para integrar o feminismo e a consciência negra. Nos reunimos em grupos por iniciativa própria: mulheres negras, brancas, asiáticas e nativas americanas. Fazíamos nosso trabalho para nós mesmas, e toda a minha obra se desenvolveu a partir daí.

10 Ativa de 1968 a 1980, a Cooperativa de Mulheres do Terceiro Mundo foi uma organização socialista revolucionária para mulheres negras nos Estados Unidos. (N. T.)

Vozes Negras

Alice Walker

Como muitos de seus personagens fictícios, Alice Walker nasceu filha de um meeiro sulista na zona rural da Geórgia e participou ativamente do movimento pelos direitos civis. Frequentou o Spelman College como bolsista e, em 1965, se formou no Sarah Lawrence College.

Walker iniciou sua carreira literária como poeta com a coletânea Once: Poems *(1968), seguida de* Revolutionary Petunias *(1973) e* Good Night, Willie Lee, I'll See You in the Morning *(1979). Além disso, editou uma antologia da obra de Zora Neale Hurston intitulada* I Love Myself When I'm Laughing... *(1979).*

Após a publicação de seu primeiro romance, The Third Life of Grange Copeland *(1970), Alice Walker declarou ao* Library Journal *que, para ela, "as relações familiares são sagradas". De fato, grande parte da obra de Walker retrata a ruína espiritual e física que se segue à violação da confiança familiar.* The Third Life of Grange Copeland *retrata a vida de uma jovem negra, Ruth Copeland, e seu avô, Grange. Após brutalizar a própria família em decorrência das circunstâncias raciais esmagadoras da Geórgia rural do início do século* XX *e de seus próprios desajustes pessoais, Grange aprende que o autorrespeito e a estima familiar só podem ser conquistados quando se assume a responsabilidade pelas próprias atitudes.*

Em In Love & Trouble *(1973), uma coletânea de contos vigorosos, esse tema é retomado, mas ampliado para incluir relações pessoais como um todo. O segundo romance de Walker,* Meridian *(1976), narra a corajosa vida de Meridian Hill, uma ativista dos direitos civis. Sua resiliência origina-se, ironicamente, na culpa oriunda da violação do vínculo familiar.* You Can't Keep a Good Woman Down *(1981), sua segunda coletânea de contos, dramatiza a resiliência de mulheres negras diante da opressão racial, sexual e econômica.* The Color Purple *(1982) mostra a determinação de uma mulher para sobreviver às crueldades de sua vida, registrando cada detalhe em cartas, primeiro para Deus e depois para a irmã perdida.*

Os romances de Walker têm sido aclamados pelo público e pela crítica. Seu trabalho de maior sucesso, The Color Purple *(1982), que Steven Spielberg adaptou para as telonas, lhe garantiu um Prêmio Pulitzer.*

Alice Walker continua publicando romances, contos, poemas e ensaios, incluindo suas memórias em The Chicken Chronicles *(2011).*

Entrevistando Walker

CLAUDIA TATE: Os críticos têm feito comentários frequentes sobre a estrutura não linear do romance *Meridian.* Você tinha em mente uma forma ou uma estrutura simbólica quando o escreveu?

ALICE WALKER: Tudo em que pensei ao escrever *Meridian* foi que eu queria uma estrutura que continuasse sendo interessante para mim. A organização cronológica de *The Third Life of Grange Copeland* foi pertinente uma única vez, já que eu nunca havia escrito um romance antes. Então, ao escrever *Meridian*, percebi que a sequência cronológica não me permite o tipo de liberdade da qual preciso para criar. E eu queria fazer uma colcha maluca, ou algo como *Cane* [de Jean Toomer], para citar um exemplo literário. Algo que possa funcionar de jeitos diferentes. Sobre as metáforas e os símbolos, fiz que nem boa parte dos escritores e não pensei muito neles; eles simplesmente aconteceram.

Veja bem, existe uma grande diferença entre uma colcha maluca e uma colcha de retalhos comum. A de retalhos é exatamente o que o nome indica, uma colcha feita de retalhos. A maluca, por outro lado, apenas *parece* maluca. Não é um conjunto aleatório de "remendos"; é uma composição planejada. A colcha de retalhos talvez seja uma boa metáfora para o capitalismo;

Escrever me permite ser mais do que sou.

a colcha maluca é, talvez, uma metáfora para o socialismo. Uma história colcha maluca é aquela que pode ir e vir no tempo, se apresentar de vários jeitos diferentes e incluir mitos. Em geral, ela evoca muito mais metáforas e simbolismos do que um romance de estrutura cronológica ou outro que seja mais ou menos devotado ao realismo rigoroso, como *The Third Life of Grange Copeland*.

The Third Life of Grange Copeland é um romance muito realista. Eu queria que ele fosse visual. Queria que o leitor pudesse se sentar, pegar o livro e ver um pouco da Geórgia desde o início dos anos 1920 até os anos 1960 — as árvores, as colinas, a terra, o céu. Queria que pudesse senti-la, sentir a dor e a luta da família e o crescimento da menina Ruth. Minha meta sempre foi deixar tudo muito realista. Não queria que houvesse qualquer tipo de fuga por parte do leitor. Não queria que o leitor dissesse: "Acho que esse não era o objetivo dela". Quero que diga: "Esse com certeza era o objetivo dela. Ele é um homem cruel. Ela *queria* que ele fosse um homem cruel". Claro, recebi muitas críticas sobre Brownfield. Tudo que tenho a dizer é que conheço muitos homens como ele e que é lamentável que eu conheça tantos.

Não vou ignorar pessoas como Brownfield. Quero que você saiba que eu sei que eles existem.

Quero lhe contar sobre eles, e você não vai poder evitá-los. Terá que lidar com eles. É isso que eu queria que as pessoas fizessem em vez de me dizer que não é a imagem certa. Sabe, dizem que esse tal de Brownfield é cruel demais, que ninguém é tão cruel assim.

C.T.: A crueldade de Brownfield é contrabalançada pela terceira vida de compaixão e compreensão de Grange. Portanto, a mensagem não é totalmente negativa.

WALKER: As pessoas que me criticam por causa de Brownfield raramente mencionam Grange. Loyle Hairston é o único crítico negro que entendeu o equilíbrio entre os dois. Francamente, acho que é porque ele já leu muito. Acho que boa parte dos críticos não leu muita literatura e, por isso, parecem pensar que você não deve criar personagens negativos, ponto final. Mas acho que o conhecimento de Loyle sobre literatura russa, da qual gosto muito — em que há "malvados" e "mocinhos" e tudo o mais —, ajudou-o a lidar com esse livro, mas não o ajudou em nada com *Meridian.* Sei disso porque ele me disse que não tinha entendido e teria que lê-lo outra vez. E eu disse: "Claro, vá em frente".

Quando você me perguntou sobre a reação dos críticos a *Meridian*, sendo bem sincera e um tanto humilde, não conheço nenhum crítico que lhe tenha feito justiça. Não consigo pensar em ninguém. As resenhas que vi abordaram pequenas partes do livro, mas nunca o comentaram na íntegra. Por exemplo, saiu uma resenha maravilhosa de Greil Marcus na *New Yorker*, mas ele só enfatizou a influência de Camus na obra. Só falou sobre culpa e expiação. Outra pessoa discorreu sobre as questões sociais e políticas dos anos 1960. Outra falou sobre os indígenas! E ainda houve uma que falou sobre a invenção da lenda que diz que as línguas das mulheres são enterradas sob a árvore e esta cresce milagrosamente e tudo o mais.

Ah, e há aqueles, principalmente "garotas" judias, que chegam à parte sobre Lynn. E toda "garota" judia com menos de 50 anos que conheço é Lynn ou pensa que é. E elas afirmam que a) Lynn é um estereótipo ou b) Lynn é igualzinha a elas. Então há todo o dilema sobre os homens negros e qual é a responsabilidade deles para com as mulheres negras e vice-versa. Alguns alunos do Spelman chegaram a me ligar e dizer: "Procuramos pela árvore por todo o campus. Onde ela está?". Então pensei: "Onde está esse crítico que vai conseguir entender tudo?".[1]

Os críticos não sentem muita dificuldade com o primeiro romance. Ele é real. O realismo está presente, mesmo que as pessoas não queiram aceitar Brownfield como um personagem realista. No entanto, há muita coisa acontecendo em *Meridian*. E quando as pessoas me dizem que o leram apenas uma vez, só consigo sorrir, pois não vejo como alguém pode lê-lo uma vez só e entender alguma coisa.

O que sinto sobre *Meridian* é que, enquanto o escrevia, eu sabia que ele ainda era interessante para mim, o que é muito importante, pois diversas vezes você escreve coisas que deixam de ser interessantes para você no meio do caminho. O melhor a fazer é jogá-las fora, pois elas não se sustentam. A estrutura de *Meridian* é interessante e construída com muito cuidado. É como a obra de um dos meus artistas favoritos, Romare Bearden. De certa forma, *Meridian* é como uma colagem.

1 Barbara Christian, em seu livro *Black Women Novelists: The Development of a Tradition, 1892-1976* (Greenwood Press, 1980) faz uma interpretação incrivelmente rica e completa de *Meridian*. (N. O.)

Outra razão pela qual acho que ninguém foi capaz de lidar com *Meridian* em sua totalidade é a subcamada de consciência indígena, que, à medida que envelheço, se torna cada vez mais evidente na minha vida. Sei que soa um pouco estranho, mas tenho trabalhado com afinco, ainda que de forma um tanto instintiva, para absorver plenamente tudo que significa estar nos Estados Unidos, sem deixar nada de fora. É algo em que tenho trabalhado em um nível inconsciente. Também tenho tentado eliminar da minha consciência e do meu inconsciente a noção de Deus como um homem britânico de cabelos brancos, pés grandes e barba. Alguém parecido com Charlton Heston, sabe como é. Tendo sido um povo dominado, essa imagem foi praticamente gravada nas nossas mentes, mesmo quando achamos que não. Ela está lá por causa de todo o conceito de Deus como pessoa, pois, se Deus é uma pessoa, ele tem que se parecer com alguém. Mas se ele não é uma pessoa, se ela não é uma pessoa, se isso não é uma pessoa... Ou, se é uma pessoa, então todo mundo é, e está tudo bem. Porém, tenho substituído essa imagem original opressora com todo o resto que vem junto, então você tem o deserto, as árvores, os pássaros, a terra. Você tem tudo. E tudo isso é Deus.

Não sei como explicar, mas, às vezes, é como ouvir vozes. Digo, não as ouço de verdade, felizmente. Mas, de vez em quando, recebo uma espécie de visita, e sei que essas visitas vêm da minha ancestralidade indígena, e não quero necessariamente dizer sangue indígena, pois não vou tocar nesse assunto de novo; você sabe que minha avó era isso e aquilo, embora eu tenha certeza de que os Cherokees eram muito próximos dos negros da Geórgia antes de desaparecerem. Enfim, recebi uma visita, e era sobre fumar um baseado, que eu fumava. Ele disse: "Não há problema em fumar um baseado para esquecer por um tempo ou aliviar seus problemas,

mas, em algum momento, você deve encará-los sem o fumo. Caso contrário, eles não serão resolvidos, apenas se tornarão camada sobre camada, como teias cruzadas".

Gosto disso. Gosto dessas visitas brotando na minha mente. Não conheço nenhum indígena. Quando estive no deserto, pouco tempo atrás, vi indígenas. Mas não os conheço para valer, só de uma forma um pouco saudosa, como se ansiasse por eles. Na Geórgia, há tantos resquícios de sua presença que existe uma verdadeira afinidade por essas pessoas que foram expulsas da terra que lhes pertencia.

C.T.: Como você chegou à caracterização de Meridian?

WALKER: Acho que tudo começou quando me dei conta de que as pessoas corajosas e incríveis que conheci no movimento pelos direitos civis também tinham seus defeitos e que era isso que as estimulava. Seus defeitos, que por vezes as deixavam desnorteadas, também as mantinham em movimento. Fiquei fascinada pela maneira como a gente quase nunca via essas falhas. E, no entanto, elas existiam, escondidas. A televisão mostrava o controle admirável que elas tinham, sua plenitude, sua beleza. Resumindo, elas eram heroicas. No entanto, o outro lado desse controle todo era o custo de seu heroísmo, algo que, como pessoas negras e como norte-americanos, tendemos a não querer enxergar, pois o custo é muito alto e doloroso.

Para a maioria das pessoas, a doença de Meridian parece meio exótica, e elas não conseguem entender por que ela adoece. Mas a questão é que, quando você está estressado, como era o caso da maioria dos defensores dos direitos civis, o corpo faz coisas inacreditáveis. Não me surpreende nem um pouco que pessoas que foram muito corajosas e enfrentaram brutalidade e intimidação racial... Não vou ficar nem um pouco surpresa se, ao longo de suas vidas, elas apresentarem algum tipo de distúrbio físico; o sofrimento não é só psicológico. O corpo e a mente estão interligados, e se o sistema nervoso central sofre um desequilíbrio crucial em decorrência de alguma coisa, também haverá repercussões físicas.

A culpa também causa estresse, e se for agravada por uma intensa atividade política em uma situação perigosa — e acentuada porque você abriu mão de seu filho, porque você perdeu alguém que ama —, esse estresse se torna tão intenso que resulta em problemas físicos.

Acredito que, de certa forma, Marge Piercy acertou na mosca em um aspecto de sua resenha de *Meridian*, embora também tenha sido muito cômica. Ela disse que o livro precisava ter terminado com um casamento ou com um funeral. Cogitar um casamento é absurdo. Meridian não está interessada em se casar, mas entendo que o fim mais esperado para esse tipo de luta seja a morte. Porém, além de todas as outras lutas, a dela é para não morrer. É isso que ela quer dizer quando fala sobre os mártires não se permitirem ser mártires, mas que, pouco antes do martírio, eles deveriam apenas seguir em frente e fazer outra coisa.

Ela fala sobre Malcolm X e Martin Luther King Jr. irem para uma fazenda ou criar dálmatas ou fazer outra coisa em vez de permitir o martírio. Essa necessidade de fugir representa a dificuldade que ela tem de romper com o cristianismo, pois ele insiste no martírio. Para ela, a vida de Cristo é exemplar. E realmente é. É uma bela vida. Mas logo antes da crucificação, segundo Meridian, Jesus deveria ter deixado a cidade.

C.T.: Truman assume a luta de Meridian no final do romance?

WALKER: Ah, sim. Nesse sentido, a luta de Meridian é simbólica. Sua luta é a que todos nós teremos que assumir, cada um à sua maneira. E Truman precisará se encarregar da dele porque sua vida está repleta de ambivalência, de hipocrisia e do esquecimento das consequências geradas por suas atitudes.

C.T.: As escritoras negras estão mais preocupadas em dramatizar encontros íntimos entre homens e mulheres do que confrontos sociais com a sociedade branca?

WALKER: Não consigo pensar em nenhuma escritora negra do século XX que esteja interessada no que os brancos pensam. Isento Phillis Wheatley e todas as escritoras negras do século XIX que realmente *tinham* esse problema. Todas as outras escritoras parecem estar muito mais interessadas na comunidade negra, em relacionamentos íntimos, tendo o mundo branco como *pano de fundo*, o que, a meu ver, é a perspectiva apropriada. Nós, escritoras negras, sabemos que nossa sobrevivência depende da confiança. Não teremos ou não poderemos ter nada até analisarmos o que fazemos umas às outras e o que fazemos umas com as outras. Ainda não houve uma análise ou algum tipo de aplicação das soluções para os problemas do nosso cotidiano. As mulheres negras continuam falando sobre relacionamentos íntimos para que possamos reconhecer o que está acontecendo quando tivermos essas experiências, então talvez haja alguma mudança de comportamento da parte dos homens *e* das mulheres.

Quando você vê *For Colored Girls Who Have Considered Suicide/ When The Rainbow is Enuf* [de Ntozake Shange], por exemplo, e vê o comportamento no palco e o reconhece, você o está identificando como um comportamento que viu no mundo real e pode julgar as consequências dele. Esse reconhecimento precisa se tornar muito comum para todas as pessoas negras. Devemos ser capazes de ver o que está acontecendo, identificar tal comportamento e *fazer um julgamento*. O julgamento é crucial, porque é algo que falta aos negros hoje em dia.

Vamos ver se consigo explicar o que quero dizer com isso. Houve uma época em que o comportamento era julgado com muito mais rigor do que agora. Se você estivesse andando na rua e algum homem negro achasse que tinha o direito de abordá-la e dizer gracinhas desagradáveis, a comunidade se levantaria e diria: "Isso está errado! Você não pode fazer isso. Essa é a filha da srta. Fulana". Em outros tempos, a comunidade julgava esse tipo de comportamento, mas hoje os negros não fazem mais isso. Eles acham que não julgar é um progresso. Mas, na verdade, quando isso gera sofrimento para as pessoas, não é. E as pessoas sofrem porque não há ninguém que diga com a autoridade da comunidade que o que você está fazendo está nos prejudicando como comunidade.

C.T.: Você acha que as mulheres negras estão se beneficiando de uma imprensa antagônica, como afirmou Ishmael Reed?

WALKER: Li em algum lugar que Reed disse ter vendido apenas oito mil cópias de seu último livro e que estava chateado. Ele achava que, se fosse uma poeta negra lésbica, teria vendido muito mais. Mas comprei quase todos os livros de Reed e não foi por ele ser uma poeta negra lésbica. Eu os comprei porque ele escreve sobre a comunidade negra, presumivelmente de dentro dela. Como *sou* a comunidade negra, represento seu público. E é esse público que é importante.

Acho que qualquer pessoa pode apenas *escrever*. Escrever ou não escrever não depende do mercado, não depende de você conseguir vender seus livros ou não. Se fosse assim, nenhuma mulher negra escreveria. E isso inclui Phillis Wheatley. Imagine o antagonismo do mercado *a ela*! Se alguém de fato pensasse no mercado, provavelmente arrumaria um emprego enlatando peixe. Mesmo as escritoras negras mais bem-sucedidas não ganham muito dinheiro em comparação ao que escritoras e escritores brancos costumam ganhar. Vivemos em uma sociedade racista e branca. Esse é um dos problemas. Outra questão é que não temos um grande número de leitores negros. Os negros, de modo geral, não leem. Esse é o nosso *maior* problema. Em vez de atacarmos uns aos outros, podíamos tentar resolver esse problema fazendo o que estivesse ao nosso alcance para ver mais obras negras se espalhando pelo mundo — o que, por exemplo, Reed faz com sua editora — e estimulando o interesse pela literatura entre os negros. As escritoras negras parecem estar tentando fazer exatamente isso, o que é muito louvável.

Isso me faz lembrar do livro de Ntozake Shange, *Nappy Edges*, que li há pouco tempo e do qual gostei muito. Ele tem uma introdução maravilhosa em que ela comenta sobre um discurso que fez em Howard. Ela falou que os negros deveriam tentar se identificar com seus escritores e permitir que tivessem o mesmo tipo de individualidade que seus músicos de jazz. É um texto muito bem escrito e engraçado, e tenho certeza de que o público adorou o que ela disse. As mulheres negras sentem a necessidade de se conectar com seus leitores, de serem diretas, de construir um público para todos nós, de construir *independência*. Nenhum de nós sobreviverá, a não ser de maneiras muito deturpadas, se tivermos que depender de editores e de leitores brancos para sempre. E de críticos brancos. Se Reed vendeu apenas alguns milhares de cópias de seu livro, deve primeiro investigar quem *controla* o mercado editorial e, em seguida, quem está comprando seus livros ou não, a fim de determinar se há alguma falha séria na comunicação entre ele e seus potenciais leitores. Embora eu tenha todos os seus primeiros livros, fica mais difícil gastar dinheiro com obras que falam de mulheres negras como predadoras. À medida que as mulheres negras se tornarem mais conscientes do sexismo — quando elas se tornarem tão sensíveis a ele quanto são agora ao racismo, *e assim se tornarão* —, muitos escritores negros terão sérios problemas. Nós também não saímos comprando os livros de William Styron aos montes.

É deprimente pensar em culpar as mulheres negras pelas baixas vendas de alguém tendo em vista o triste estado das coisas. A Skylab[2] está caindo, as armas nucleares estão vazando, estamos ficando sem petróleo e gás, há uma recessão acontecendo. As pessoas estão desempregadas. A maioria dos escritores que conheço, brancos e negros, vive angustiada porque estão tentando sobreviver. É irônico ver escritores negros, assim como os homens negros em geral, achando que, quando não conseguem o que desejam, é por causa das mulheres negras e não do sistema capitalista que está nos destruindo. Sociedade capitalista. Sociedade capitalista racista. Sociedade capitalista racista, sexista e colorista que não dá a mínima para a arte, exceto aquela que pode ser colecionada ou vendida por muito dinheiro. Ela não se importa com a arte que é crucial para a nossa comunidade, porque não se interessa pela nossa comunidade, o que talvez seja sua única característica imutável.

2 Skylab, a primeira estação espacial dos Estados Unidos, foi lançada em maio de 1973 e caiu de volta à Terra no dia 11 de julho de 1979. (N. E.)

Se a comunidade negra não apoiar seus próprios escritores, nunca terá o conhecimento necessário sobre si mesma para fazer com que ela se torne grandiosa. E por razões tolas, frívolas e desinformadas — o que remonta à sua profunda preguiça da mensagem escrita, priorizando sempre a cantada — vai continuar errando e jogando fora este e aquele sem nunca nem ouvir ou usar o que está sendo dito. Foi basicamente o que aconteceu com Zora Neale Hurston. É preciso que chegue o momento em que a maioria dos negros, não apenas dois ou três, deseje seus próprios romances e poemas, seus próprios contos populares, deseje suas próprias canções populares, seus próprios o que quer que seja. Há tantas coisas nossas que perdemos e sequer sabemos que nos fazem falta: o Antigo Egito, a Antiga Etiópia, Eatonville, na Flórida! E, no entanto, não há um entendimento geral de que o espírito pode ser amputado, de que uma parte da alma pode ser cortada por causa da ignorância de seu desenvolvimento no passado. Mas sei de uma coisa: quando realmente nos respeitarmos, nossas próprias mentes, nossos próprios pensamentos e palavras, quando realmente nos amarmos, não teremos nenhum problema para vender e comprar livros ou qualquer coisa assim.

Veja o que acontece com os judeus. Eles transformam livros judaicos em best-sellers. Tudo que é escrito por e sobre eles, eles apreciam e perpetuam. Quando sentirmos que valemos dinheiro, que valemos tempo, quando sentirmos que valemos amor, faremos isso. Mas, até lá, nada vai mudar. E é isso! Toda essa questão de depender de pessoas brancas para publicidade e para isso e aquilo e assim por diante... Tudo que posso dizer é que espero que acabe logo. Estou cansada dessa situação.

Em geral, as escritoras negras apoiam umas às outras, e há um espírito comunitário muito maior do que o de qualquer outro grupo com o qual já tive contato, exceto na era dos direitos civis, quando as pessoas trabalhavam mais em prol do coletivo. Isso era verdade para eles e é verdade para nós. E eu gosto disso.

C.T.: Qual é sua responsabilidade para com seu público?

WALKER: Sempre fico feliz por ter um público. É muito bom, pois seria muito solitário e inútil se eu escrevesse e não o tivesse. Por outro lado, embora eu esteja *disposta* a pensar no público antes de escrever, geralmente não o faço. Procuro, antes de mais nada, saber o que sinto e o que penso e então escrever sobre isso. Se houver público, tudo bem, mas, se não tiver, não me preocupo.

Se já escrevi uma história apenas com personagens brancos? Bom, é claro que sim. Anos atrás, escrevi uma história maravilhosa que preciso encontrar, se não estiver guardada em um baú em algum lugar no Brooklyn. É uma boa história, e sei que vou publicá-la um dia. Mas, na época em que a escrevi, ninguém quis comprá-la por ser uma visão muito assustadora dos brancos, daqueles brancos em particular. Eu tinha escrito o que via. O que pensava. Escrevi o que sentia, mas era uma perspectiva totalmente inaceitável para todos. Ninguém queria aquela perspectiva.

Então o que costumo fazer é escrever e, se houver público, então há, mas, se não houver, apenas guardo o texto e espero.

C.T.: Já lhe perguntaram se *Meridian* é autobiográfico?

WALKER: Ah, sim. Acho que as pessoas não compreendem que um livro como *Meridian* é autobiográfico apenas no sentido de projeção. Para começar, Meridian é muito melhor do que eu. É uma pessoa admirável; uma revolucionária exemplar e *imperfeita* porque me parece que o revolucionário que vale a pena seguir é aquele que é falho. Quando falei sobre defeitos antes, não quis dizer que eles tornam essas pessoas menos dignas de serem seguidas; isso as torna *mais* dignas.

Desde que me tornei adulta, minha vida tem sido muito mais de classe média do que a de Meridian. Se bem que o que acontece com frequência quando escrevo é que tento criar modelos para mim. Projeto outras formas de ver. Na verdade, escrever, para mim, não tem a ver com o público. Tem a ver com viver. Quando escrevo, me expando o máximo que posso e tento me enxergar em vários papéis e situações. Digo, se eu pudesse viver como uma árvore, como um rio, como a lua, como o sol, como uma estrela, como a terra, como uma rocha, eu viveria. Escrever me permite ser mais do que sou. Me permite aproveitar a vida como se ela fosse uma série de estranhas criações.

C.T.: Você se sente atraída pelo herói/heroína popular como ponto focal de seu trabalho?

WALKER: Eu me sinto atraída por personagens da classe trabalhadora assim como pelas pessoas da classe trabalhadora em geral. Tenho um antagonismo básico em relação ao sistema capitalista. Como quero mudá-lo, não me interessa escrever sobre pessoas que se encaixam nele. E a classe trabalhadora nunca vai se encaixar confortavelmente em uma sociedade capitalista.

Acho que meu objetivo como escritora é lidar com a história para saber onde estou. Era necessário que eu escrevesse algo como *The Third Life of Grange Copeland*, que começa nos anos 1920 e tem passagens que voltam ainda mais no tempo, para que eu pudesse, mais tarde, chegar a *Meridian*, a *In Love and Trouble* e a *The Color*

Purple. Não consigo me locomover pelo tempo de outra forma, pois tenho fortes sentimentos sobre a história e a necessidade de trazê-la comigo. Uma das coisas que me assustam é quanto do passado, principalmente do nosso passado, é esquecido.

C.T.: Você escreveu várias vezes que algumas histórias eram também da sua mãe:

> No entanto, muitas das histórias que escrevo, que todos nós escrevemos, são histórias das nossas mães. Só recentemente percebi que, ao longo dos anos ouvindo as histórias da minha mãe sobre sua vida, absorvi não apenas as histórias, mas um aspecto da maneira como ela falava, um aspecto da urgência que envolve saber que as histórias dela, tal como sua vida, devem ser registradas [...]. Ela havia transmitido o respeito pelas possibilidades — e a vontade de agarrá-las [...]. Guiada por minha herança de amor e beleza e respeito pela força — em busca do jardim da minha mãe, encontrei o meu.
>
> — "In Search of Our Mothers' Gardens",
> *Ms.*, maio de 1974

WALKER: Sim, algumas histórias de *In Love and Trouble* vieram das histórias da minha mãe, como "Strong Horse Tea", por exemplo. Ela sempre falava sobre como, "em outros tempos", os pobres tinham que inventar remédios caseiros para os doentes. Ela me fazia rir com a história sobre a gagueira do meu irmão e de como ele gaguejava e gaguejava sem que eles conseguissem descobrir o que fazer a respeito. Por fim, alguém disse para bater na boca dele com passarinha de vaca. Até onde sei, é algo como o baço. É cru, úmido e sangrento, e você pega e o bate na boca do gago. Isso faria qualquer um parar de gaguejar ou até mesmo de falar. E foi o que ela fez; ela bateu na boca dele com a passarinha de vaca e ele parou de gaguejar.

Enfim, minha mãe divagava e contava como fazia chá de casco de vaca quando um de nós estava doente. Anos depois, quando eu morava no Mississippi, época em que escrevi grande parte dessas histórias, o mundo dela estava ao meu redor.

Em algum momento, as pessoas tendem a pensar que a vida progride para todos, mas, na verdade, apenas *algumas* pessoas progridem. Os outros ficam estagnados. Há sempre alguém usando "chá de cavalo forte" no mundo; hoje, neste exato minuto, tem alguma mulher pobre fazendo esse chá para uma criança por ser pobre demais para chamar um médico. Talvez não seja o caso na Califórnia, talvez nem mesmo na Geórgia ou no Mississippi. Pode ser na Índia. Mas, em algum lugar, isso acontece. Foi o que comecei a entender quando morei no Mississippi. Então criei a história sobre a mulher que tenta salvar seu bebê porque o médico não veio. O bebê morre, e a maioria das pessoas ao redor da mãe, principalmente os brancos, não consegue entender o sofrimento dela, que é o sofrimento de qualquer mãe.

"The Revenge of Hannah Kemhuff", que saiu em *In Love and Trouble*, também é baseado em uma das histórias da minha mãe. Um dia, na época da Grande Depressão, ela foi a um supermercado para militares para conseguir comida e foi rejeitada. Carreguei o embrião dessa história comigo por anos a fio, apenas esperando por uma oportunidade de usá-la aonde fosse melhor.

Escrevi "The Child Who Favored Daughter" [*In Love and Trouble*] em 1966, depois do meu primeiro verão no Mississippi. Escrevi para tentar entender como um pai negro se sentiria se sua filha se apaixonasse por um homem branco. Foi tudo muito oportuno, porque eu tinha acabado de romper um longo noivado com um jovem branco, e meu pai nunca o havia aceitado. Não engoli fácil sua resistência. Sabia que precisava entender a profundidade de seu antagonismo. Afinal, tinha uns 20 anos e não conseguia entender os sentimentos dele, já que a história é ensinada de forma muito descuidada. Eu precisava compreender o que estava acontecendo com ele e que aconteceria com qualquer homem negro de sua geração criado no Sul, tendo filhos no Sul, cuja filha se apaixonasse pelo "inimigo".

Estava escrevendo o conto fazia uns seis meses, acho, e o levei comigo para o Mississippi. Ironicamente, foi por causa dessa história que conheci o homem com quem me casei. Nós nos conhecemos no movimento no Mississippi, e eu andava com um caderno que dizia: "Sou escritora". A maioria das pessoas acha, quando você diz que é escritora, e principalmente quando tem 20 anos, que você não está falando sério. Bom, li a história para ele. Ele se convenceu.

"To Hell with Dying" [*In Love and Trouble*] foi o primeiro conto que escrevi e o primeiro a ser publicado. Escrevi quando ainda estudava no Sarah Lawrence. É a minha história mais autobiográfica. Por outro lado, a maneira como a autobiografia funciona para um escritor é diferente do que você entenderia como tal. É autobiográfico, embora, na verdade, nada disso tenha acontecido. O *amor* aconteceu.

A história nasce de um anseio. Havia um homem que eu amava muito, não no sentido romântico, mas eu o amava, me preocupava com ele, e ele morreu enquanto eu estava na faculdade. Eu não tinha dinheiro para ir para casa, para comparecer ao funeral. Então a história foi uma homenagem. Era o que eu podia dar. Quanto à sua pergunta sobre ter um público, essa história não tinha nada a ver com isso. Todo o público que me importava estava morto. *Ele* era o público. Eu teria ficado feliz se ele soubesse que foi isso que pensei quando não pude ir ao seu enterro.

Vozes Negras

Margaret Walker

Margaret Abigail Walker nasceu em Birmingham, Alabama, em 1915. Obteve o bacharelado pela Universidade Northwestern e o mestrado e o doutorado pela Universidade de Iowa. Aos 26 anos, em 1941, Margaret Walker recebeu o Yale Younger Poet Award por For My People, que lhe rendeu reconhecimento instantâneo. A coletânea, que posteriormente foi publicada pela Yale University Press, encorajou o orgulho da herança afro-americana e incitou a militância pela dignidade racial.

Aos 19 anos, Walker começou a escrever seu primeiro romance, Jubilee (1966), e levou trinta anos para terminá-lo. Em uma narrativa inspiradora para todos os negros norte-americanos que lutam por liberdade e igualdade, a escritora incorporou eventos históricos à vida fictícia de sua bisavó materna, Margaret Duggans, desde *a escravidão até a Reconstrução.*[1] *Outras publicações de Walker incluem* The Ballad of the Free *(1966),* Prophets for a New Day *(1970) e* October Journey *(1973).*

Walker recebeu muitas homenagens e prêmios, incluindo seis títulos honorários, bolsas da Fundação Rosenwald, da Fundação Ford, da Comissão Fulbright e do National Endowment for the Humanities. Além disso, foi aceita no Hall da Fama Literária Afro-Americana em 1998.

Na década de 1990, Margaret Walker publicou dois volumes de ensaios. O último, On Being Female, Black, and Free *(1997), se tornou sua última publicação. Faleceu em 1998, aos 83 anos.*

1 A era da Reconstrução foi um período na história norte-americana após a Guerra Civil (1861-1865). Seus principais objetivos eram reconstruir a nação após a guerra, reintegrar os antigos estados confederados e abordar os impactos sociais, políticos e econômicos da escravidão. (N. E.)

Entrevistando Walker

MARGARET WALKER: Gostaria de ler este trecho da minha autobiografia a ser lançada pela Howard University Press, que fala por si:

> Eu me formei na Northwestern e [trabalhei para] a WPA. Depois de três anos, migrei para o mestrado, a fim de aprimorar minhas aulas. Fazer o mestrado em um ano letivo quase me matou. Eu estava na NYA [National Youth Administration] e tinha tão pouco dinheiro que almoçava apenas uma vez por semana, quando um amigo me pagava o almoço. Assim como na época da faculdade, eu passava fome, a menos que meus amigos me alimentassem. Em agosto, quando voltei para casa, meu pai teve que me tirar do trem. Eu estava desmaiada. Por dezoito meses, não consegui trabalhar. Nem encontrar um emprego, diga-se de passagem. Enquanto isso, uma das minhas irmãs se formou na faculdade de música e conseguiu um emprego como professora de música em uma pequena escola no Mississippi. Seu salário era de 40 dólares por mês. Como minha mãe, ela trabalhava sete dias por semana, tocando em celebrações vespertinas e na igreja aos domingos. Ela também praticava com o coral. Dizia que o único tempo que tinha para si mesma era à noite, perto

Escrever é o primeiro item da minha lista.

da meia-noite até o amanhecer. Depois de lecionar por dois anos no Mississippi, ela foi para Knoxville, Tennessee, por um salário maior, porém com a mesma agenda extenuante.

Minha carreira docente foi repleta de conflitos, insultos, humilhações e decepções. Sempre que tentei fazer uma contribuição criativa e consegui, fui imediatamente substituída por um homem. Comecei a lecionar há mais de trinta anos no Livingstone College, em Salisbury, Carolina do Norte, pela bela soma de 135 dólares por mês. Fiquei muito feliz por ter conseguido isso. Eu tinha um mestrado, mas nenhuma experiência docente. Eles não receberiam um homem por menos de 150 a 200 dólares por mês. Cheguei a Salisbury em uma madrugada fria de fevereiro, às duas horas. Embora eles estivessem me esperando, não havia ninguém na estação para me receber. Finalmente consegui um táxi para me levar ao campus e fiquei batendo na porta do dormitório feminino por meia hora até que alguém a abrisse. Menos de três horas depois de eu ter ido para a cama, às seis, a matrona me falou para ir tomar o café da manhã e disse que eu tinha aula às oito.

Minha vida era organizada para mim de hora em hora e controlada por meia dúzia de pessoas. Havia ressentimento contra mim na cidade e também por parte de alguns professores e funcionários, pois eu estava substituindo um de seus favoritos. E eu nunca nem vira essa pessoa. Eu não tinha absolutamente nenhuma vida social; passava boa parte das tardes e das noites no meu quarto, escrevendo.

Naquele verão, ganhei o prêmio Yale e comecei a receber ofertas de emprego de todos os lugares. Senti uma forte pressão para ficar em Livingstone, mas, quando voltei para casa, minha mãe aceitou um emprego para mim no West Virginia State University. Ele pagava a grande soma de 200 dólares por mês. Minha querida mãe achou que era seu dever aceitá-lo antes que outra pessoa o fizesse. No tempo que passei lá, nunca tive uma vida muito estável. Na noite em que cheguei, não tinha para onde ir [...]. Foram cinco lugares em um ano letivo. Eu já estava farta. Se eu fosse um homem, ninguém teria ousado me mandar de um lado para o outro daquele jeito.

Entretanto, o momento mais angustiante da minha vida veio no Jackson State University. Em setembro de 1949, quando comecei a lecionar em Jackson, Mississippi, eu era casada e tinha três filhos. Meu filho mais novo tinha 9 semanas. Durante nove meses tudo correu bem, e eles continuaram dizendo que se sentiam honrados em me receber. Até que eu levei minha família e meus móveis. Quando viram que meu marido era doente e estava inválido por causa da guerra, que eu tinha três filhos todos menores de 6 anos, que era pobre e tinha que trabalhar, aí eles viram que eu estava na mão deles [...]. Se eu fosse solteira, teria me demitido naquele dia, mas eu tinha três filhos, um marido doente e acabara de me mudar. Então baixei a cabeça e decidi ficar. Talvez eu devesse ter aceitado outro emprego [...].

Um ano depois, me pediram para produzir um festival literário para o 75º aniversário da faculdade. Me disseram para escrever uma ou outra poesia e para escrever e produzir um concurso para o evento. Eu disse: "Se eu for bem-sucedida, devo sair daqui. Se falhar, devo sair daqui". Deu tudo certo, mas fiquei muito estressada e tensa e envergonhada. Então consegui uma Bolsa Ford e fui embora. Fiquei quinze meses fora e, quando voltei com um aumento substancial, também tinha outro filho.

Enquanto estava na Jackson State, de 1954 a 1960, meu salário permaneceu bem abaixo de 6 mil dólares anuais. Enquanto isso, criei um projeto social para atender às necessidades dos estudantes negros no Mississippi, que elevou o nível cultural em 75% e ofereceu créditos acadêmicos para os estudos raciais e para as pesquisas sobre as grandes contribuições das pessoas negras no mundo moderno [...].

Então minha luta mortal para voltar à pós-graduação começou. Falei que, por ser uma poeta, não estava mais contente em ser classificada como o equivalente a uma doutora. Meu salário não era equivalente. Eu estava determinada a voltar e obter o diploma que todos tanto adoravam. Assim, eles seriam forçados a me pagar mais. Afinal, meus filhos estavam crescendo e prestes a entrar na faculdade, e meu marido era uma pessoa com deficiência. Eu precisava muito do dinheiro. Estava cansada de viver de empréstimos para conseguir passar o mês.

Peguei emprestado 500 dólares da cooperativa de crédito, consegui mais 300 dólares como salário da faculdade, mais dinheiro do meu marido e da minha mãe. Levei meus dois filhos mais novos, de 6 e 11 anos, e voltei para o Iowa, para a escola de verão. Lá eu perguntei sobre minhas chances de voltar para o doutorado e de usar meu romance sobre a Guerra Civil como tese. Também perguntei sobre assistência financeira. No outono, voltei para o Jackson State College, para mais um ano infernal, mas, em setembro de 1962, consegui escapar.

Eu tinha comigo dois filhos que estavam na faculdade durante esses três anos. Um deles se formou uma semana antes de mim. Quando voltei para Jackson com o meu diploma, pedi para não me envolver com a área de humanas; em vez disso, tentei formular um novo programa de inglês para calouros escreverem temas a partir de leituras relevantes. Depois de um ano, a administração da faculdade nem sequer teve a decência de me dizer que não precisaria dos meus serviços nessa função no ano seguinte; eles apenas me substituíram por um homem. E não foi um homem com treinamento, posição ou habilidade superiores. Reavivei um antigo interesse pela escrita criativa e ministrei cursos de crítica literária, de Bíblia como literatura e de literatura afro-americana. Depois de mais um ano mediano, desenvolvi o programa de estudos negros. Os três anos com esse programa foram os mais felizes da minha carreira de professora no Jackson State College.

CLAUDIA TATE: Como foi viver com *Jubilee* por trinta anos?

WALKER: Você simplesmente se torna parte do livro, e ele de você. Trabalhar, constituir família, tudo isso faz parte dele. Embora estivesse preocupada com as coisas do dia a dia, costumava pensar no que queria fazer com *Jubilee*. Parte do problema com o livro era a sensação terrível de que eu não conseguiria terminá-lo, já que estive doente durante boa parte do tempo. E mesmo que tivesse tempo para trabalhar nele, não tinha certeza se seria capaz de fazer do jeito que queria. Viver com o livro por tanto tempo foi uma verdadeira agonia. Apesar de tudo isso, *Jubilee* é fruto de uma pessoa madura. Quando comecei o livro, não sabia metade do que sei agora sobre a vida. Isso eu aprendi durante esses trinta anos. Afinal, comecei a escrevê-lo quando tinha 19 anos; não poderia ter lidado, por exemplo, com os problemas do parto. Eu não tinha como saber sobre nada disso até então, não até que eu me tornasse uma mulher madura com meus próprios problemas. Há uma diferença entre escrever sobre uma coisa e viver tal coisa. Eu fiz os dois. Acho que era para eu escrever *Jubilee*.

C.T.: *For My People* foi publicado em 1941 e *Street in Bronzeville*, de [Gwendolyn] Brooks, em 1945. Houve alguma competição entre as duas obras?

WALKER: Aqui vai um contexto histórico sobre as duas obras. Escrevi o poema-título de *For My People* em julho de 1937, por volta do meu vigésimo segundo aniversário. Ele foi publicado na *Poetry Magazine* em novembro daquele ano. Fui para o Iowa no outono de 1939 e obtive meu título de mestre no verão de 1940, aos 25 anos. Depois fui para o Sul com o objetivo de lecionar, embora, na verdade, só tenha começado a lecionar em 1942. Conheci Gwendolyn Brooks em 1938, depois de ter escrito o poema-título "For My People"; fomos apresentadas por Margaret Burroughs, uma amiga em comum. Acho que Gwen não tinha publicado em revistas de circulação nacional naquela época. Sou dois anos mais velha que ela.

For My People ganhou o prêmio Yale no verão de 1942. Yale o havia rejeitado três vezes. Stephen Vincent Benét, o editor na época, queria publicá-lo desde a primeira vez que eu o enviara. Ele o guardou de fevereiro a julho de 1939, quando me escreveu dizendo que achava os poemas excelentes. Ele me pediu para reenviá-los no ano seguinte. Eu mandei. Ele disse que ficaria com eles enquanto tentava se decidir. Eu não sabia o que estava acontecendo em Yale até vencer. Aquele ano de 1941 foi o último em que Benét editou a Yale Series of Younger Poets. Acho que ele meio que confrontou seus colegas com o fato de que, se eles não me agraciassem com o prêmio, ele não indicaria mais ninguém. Em outras palavras, acho que ele estava lhes dizendo que romperia com eles se eu não fosse premiada. Afinal, tinha dito várias vezes que a obra era perfeita. Acho que sentiu que Yale estava se recusando a fazê-lo por causa da minha raça. Eu não sabia a dimensão do problema até ir lá. A mulher com quem eu me correspondi disse que eles tinham que "vir mendigar" porque precisavam pedir o manuscrito. Eu não tinha enviado o livro naquele ano porque estava cansada de fazer isso.

Três anos após a publicação de *For My People*, *A Street in Bronzeville* foi publicado, em 1945. Era um livro muito bom. Eu me lembro de ter dito a Langston que a poesia era promissora do ponto de vista técnico e intelectual; o trabalho tinha um grande potencial. *Annie Allen* [1949] atingiu esse potencial. Considero-o um livro excelente. Tecnicamente é impressionante. As sutilezas transparecem de maneira muito melhor do que em *A Street in Bronzeville*.

Voltando à sua pergunta... Nunca senti que estava competindo com Gwen. Mas tive uma sensação... Posso estar muito errada e já me disseram que estava. Eu disse no livro com Nikki [*A Poetic Equation: Conversations Between Nikki Giovanni and Margaret Walker*] que achava irônico que todas as pessoas que haviam lidado negativamente com o meu trabalho lidassem de forma positiva com o de Gwendolyn Brooks. Citei os nomes deles naquele livro. Primeiramente, Gwen ganhou um prêmio de poesia na Northwestern. Isso nunca aconteceu comigo. A Northwestern me deu muito reconhecimento mais tarde, mas não quando eu era estudante lá. Paul Engle era meu professor e ficou bem zangado comigo por ter enviado *For My People* para a Yale. Ele passou anos fulo da vida com isso. Acho que ele ajudou Gwen. Em segundo lugar, Richard Wright era um homem que conheci muito bem por três anos. Nunca fomos íntimos, mas éramos amigos muito próximos e queridos. Depois que nos separamos e nossa amizade acabou, ele ajudou Gwen. Tenho certeza de que ela foi publicada na Harper porque Wright estava lá. Ninguém nunca me contou nada disso, mas acho que ele mexeu uns pauzinhos por ela. Paul Engle, a própria Northwestern, Richard Wright e o grupo Friends of Literature do North Side, com quem meus professores da Northwestern estavam envolvidos, todos a ajudaram. Paul fez duas coisas por mim: me ajudou a conseguir um emprego e deu um jeito de me fazer estudar em Iowa em 1939 e na década de 1960. Mas, respondendo à sua pergunta, nunca nem pensei que estivesse competindo com Gwen.

Espero que a nova coletânea de poemas, *This is My Century,* seja publicada. Acho que é um bom livro; não vi nada parecido. Ele é mais consistente do que *For My People*. Eu vinha querendo fazer esse livro há muito tempo. Ele estava dentro de mim há pelo menos meia vida. É uma acusação contra a sociedade atual, contra o mundo inteiro. O que há de errado com tudo isso é o dinheiro, querida, o dinheiro. O que temos é uma grande inflação. O que tentei fazer nessa obra é integrar o que [Alex] Haley fez comigo para mostrar que é apenas parte do mesmo cenário corrupto.

C.T.: O que está acontecendo com a biografia de Wright?

WALKER: Às vezes fico muito assustada porque sei muito. Sei que estou na "lista negra" há muito tempo. Me assusto toda vez que pego as coisas de Wright. Percebo que estou lidando com um material muito sensível. Às vezes, eu me afasto disso tudo e me pergunto se vou assinar minha sentença de morte se fizer o que sei que deve ser feito com esse livro. Você vê que existem várias áreas muito delicadas. Uma delas é o próprio comunismo, que dizia respeito ao grande debate intelectual entre o nacionalismo negro e o Partido Comunista: seus ditames e suas políticas sobre os negros. Se você contar a história da maneira como ela precisa ser contada, terá problemas com os dois lados, com o governo dos Estados Unidos e com o Partido Comunista. Nenhum deles é amigo dos negros. Quando Wright percebeu isso, saiu do partido.

Pareço uma mulher louca, tola e supersticiosa para você? Bom, eu posso ser. Brinco com astrologia há quarenta anos. Em 1936, quando me encontrei com Wright pela primeira vez, foi quando a *Horoscope Magazine* foi lançada. Comprei as primeiras edições por dez centavos. Sei como fazer um mapa astral. Quando Martin Luther King foi morto em Memphis, eu estava no Leamington Hotel em Minneapolis, Minnesota. Eu me sentei fiz seu mapa de morte. Fiquei chocada e confusa; o que vi em todo o mapa de King não era tanto sobre morte. Vi a arma, o governo. Na verdade, não passava de dinheiro, de milhões e milhões de dólares. Dinheiro de todos os tipos, de todos os países. Uma enxurrada de dinheiro.

Sobre Wright... Eu me lembro das notícias na televisão sobre a morte dele. Eu estava preparando o café da manhã. Isso me chateou tanto que me sentei e comecei a tremer. Wright era como alguém da minha família. Eu era muito próxima dele. Passei o dia todo pensando nisso e comentei com Eubanks: "Disseram que ele teve um ataque cardíaco, mas acho que tem a ver com o estômago". Porque ele tinha um estômago delicado. Eu sei porque havia cozinhado para ele e sabia que ele tinha que comer alimentos leves. Nunca nem cogitei um homicídio. Eu não sabia que a morte dele havia sido escondida da imprensa por dois dias. Nenhuma autópsia jamais foi realizada. A *Ebony*[1] publicou o artigo "The Mystery Around Richard Wright's Death".[2] E *The Man Who Cried I Am*, de John A. Williams, sugeriu de uma maneira muito simbólica que Wright poderia ter sido assassinado.

Senti que Wright queria que eu escrevesse sua biografia, porque ninguém seria mais empático e compreensivo do que eu. Eu estava apaixonada por ele, e ele sabia disso. Ele não podia se casar comigo. Eu não era a pessoa com quem ele poderia se casar. A verdade é essa. Você não pode dizer que ele nunca me amou. Eu sei que sim.

As pessoas pensam que Wright me ajudou, que ele me ajudou com a minha escrita, mas eu já estava escrevendo poesia em New Orleans quando era criança. Eu havia publicado na [revista] *Crisis* antes mesmo de conhecê-lo. Ele tinha muita influência sobre mim, mas não sobre minha escrita. Era mais sobre a perspectiva social, o marxismo e os problemas enfrentados pelos negros. Eu ajudei Wright. Ele não era muito bom de ortografia; não conseguia escrever direito. Eu era recém-formada na Northwestern com ênfase em Literatura Inglesa. Você acredita que eu estava sendo apresentada à literatura por Wright?

Michel Fabre, biógrafo de Wright, reconheceu que Wright e eu tínhamos uma amizade literária. Ele me escreveu há pouco tempo em nome de Yale para perguntar se eu doaria as cartas de Wright.

1 Revista mensal de fotos e notícias fundada em 1945 e voltada para leitores negros de classe média nos Estados Unidos. Foi a primeira desse segmento a atingir circulação nacional no país. (N. E.)

2 "O Mistério em Torno da Morte de Richard Wright", em tradução livre. (N. T.)

Yale quer minhas cartas. A Harper & Row me ligou e disse que eu tinha uma dívida com a posteridade literária. Eu disse: "Vou pagar essa dívida como eu bem quiser".

Eles sabem o que escrevi para Wright, mas não sabem o que ele escreveu para mim. Aqui está uma de suas cartas. Você percebe que ele morava em um lugar diferente a cada carta: Avenida Gates, Avenida Carlton, Praça Rutledge, Rua 136... Ele morou em vários endereços diferentes em três anos.

Sabe, "Goose Island" foi a história que Wright tirou de mim para *Native Son*. Eu escrevi essa história para um projeto e ele a leu. Era uma história sobre favelas. A personagem principal era uma garota que começou a se prostituir. Era muito parecida com as coisas de Studs Lonigan. Comecei a escrever essa história como parte de um projeto e levei três anos para terminar. Eu deveria ter inscrito "Goose Island" no mesmo concurso em que Wright concorreu com *Uncle Tom's Children*.

Lembro que Wright me escreveu uma carta de entrega especial solicitando que eu enviasse a ele todos os recortes de jornal sobre o julgamento de Robert Nixon. Enviei o suficiente para cobrir um piso de dois metros e meio por três metros e meio. Então ele veio para Chicago e me pediu para ajudá-lo por um dia ou algo assim. Fomos à biblioteca e, no meu cartão, retirei esse livro de [Clarence] Darrow e o levei ao escritório de [Ulysses] Keys, que havia sido o advogado no caso. Keys me deu um resumo. Eram partes integrais de *Native Son*. Eu ainda não sabia sobre o que era a história dele. Quando ele me falou, eu disse: "Ah, estamos escrevendo sobre a mesma coisa, a diferença é que seu personagem é um homem e o meu é uma mulher". Meu personagem era uma garota muito talentosa, uma musicista que se tornou uma prostituta. Foi o que a vida fez com ela. Claro, meu texto não tinha violência, nem assassinato.

Wright voltou para Nova York. A partir de então, o relacionamento começou a se deteriorar. Mas ainda não havia terminado na semana em que ele enviou o manuscrito aos editores e depois disse que não precisava mais de mim. Ele me usou. Não pretendia se casar comigo. Fico feliz com isso, porque não teria funcionado.

Bom, a violência de Wright vem de sua raiva. Fiz um discurso em Amherst no qual disse que os sustentáculos da personalidade de Wright eram: raiva, ambivalência e alienação. Na biografia, começo com ele ainda criança e mostro como essa raiva é gerada. Se você o conhecesse, não saberia o quanto essa ira estava fervendo dentro dele. Ele estava sempre com raiva. Eu não entendia. Era como um demônio possuído. Uma das minhas teorias é que Wright estava com raiva quando criança. A obra de Farnsworth [*Richard Wright: Impressions and Perspectives*, organizado por David Ray e Robert M. Farnsworth] revelou como eu o conhecia bem e que fui eu quem fez a biografia. Também mostrou o conteúdo literário da nossa amizade. Não comecei a fazer uma biografia definitiva. O que os editores descobriram quando citei trechos das cartas foi que eu tinha em mãos uma espécie de tratamento psicanalítico de Wright. Além disso, amarrei tudo com a escrita. Fiz o que ninguém poderia fazer. Lidei com o ambiente formativo de Wright: seu histórico familiar com o lar desfeito, a pobreza, o racismo, a fome e seus efeitos. Era para Horace Cayton escrever a biografia. Ele havia coletado entrevistas com pessoas que conheciam Wright e, em 1968, estava a caminho de Paris para concluir a pesquisa. Vincent Harding sugeriu que eu fizesse o livro, assim como Charles Rowell. Parei de lecionar para escrever em tempo integral. Recebi uma Bolsa Ford em 1979 e completei o livro no outono de 1980, apenas duas semanas antes da morte do meu marido.

Eu o organizei em cinco ou seis partes. Na introdução, explico por que estou escrevendo o livro. Dediquei uma seção inteira à ferida psicológica do racismo nos primeiros dezenove anos de sua vida. Incluí uma citação de Wendell Berry, que disse: "Se o homem branco possibilita a ferida do racismo em homens negros, o custo foi que ele receberia a imagem espelhada daquela ferida em si mesmo. Quero saber da forma mais plena e exata que puder o que é a ferida e o quanto estou sofrendo com ela. E eu quero ser curado". Fiz a pesquisa. Falo sobre o que há de errado com o livro de Constance Webb e com o livro de Fabre. O último foi escrito à sombra da viúva. Ela determinou o que deveria ser inserido no livro. Ele estava em dívida com ela e queria agradá-la. Se ele descobrisse algo, não poderia fazer nada com essa informação. Se bem que ele nunca conheceu o homem. Nunca o viu na vida. Constance Webb pode tê-lo visto, mas esse livro é muito desorganizado. Ela fica falando sobre o "caro Richard" sendo que qualquer um que conhecia Wright o chamava de Dick Wright ou de Wright. Eles não o chamavam de Richard. Ela está equivocada. Em 1973, todos sentiram que Fabre havia escrito a biografia definitiva. Eu discordo. Uma biografia definitiva deve recriar o homem para você, para que você o veja e o conheça. Nenhum desses livros fez isso. Eu o conhecia. E nenhum dos livros descreve Wright com veracidade.

Fui para Natchez [Mississippi]. Fiz alguns contatos com o lado paterno da família. Isso nunca tinha sido feito. Os Wright ainda existem em toda essa área, no Mississippi, na Louisiana e na Califórnia. Eles são tão de classe média quanto o lado materno. Na verdade, Blyden Jackson descobriu que um dos parentes de Wright por parte de pai era formado e lecionou na Universidade Southern [em Baton Rouge, Louisiana]. No entanto, você fica com a impressão de que a família por parte de pai dele não passa de um bando de idiotas.

Wright não nasceu em Natchez. Fabre descobriu isso também. Wright nasceu a quarenta quilômetros de lá, em uma fazenda. Descobri que ele também não nasceu em Roxie. Wright nasceu antes de fazerem registros no Mississippi. Só foram começar a fazer isso em 1912, e com certeza não registravam pessoas negras. Na época, todas as pessoas tinham registros de batismo. Quando eu nasci, isso era feito no Alabama. Eu tinha uma certidão de nascimento, mas Wright era sete anos mais velho que eu. Enfim, há pessoas lá em Natchez e Roxie que se lembram da família.

Como eu disse, foi no simpósio de Richard Wright, realizado em 1971, em Iowa, que Allison Davis chamou a minha atenção para a raiva neurótica de Wright. Ele falava sobre a raiva que tinha uma base realista, a raiva que Wright tinha em relação à sociedade e à sua família. Então Davis falou sobre a raiva neurótica que Wright não conseguia entender e muito menos controlar. Ele disse que ninguém pode dizer quais são as fontes criativas de um homem. O que você pode fazer é adivinhar. Quanto mais eu pensava sobre isso, sendo uma pessoa criativa, mais eu entendia. É por isso que selecionei o título *Richard Wright: The Daemonic Genius.* Existem diferentes tipos de gênios: o demoníaco, o intuitivo, o inquietante e o órfico. Talvez Faulkner tenha todos os quatro. Wright era definitivamente demoníaco. É mais do que uma ideia sobre demônios. É a ideia de criatividade sendo extraída da raiva, da loucura, por frustração, por fúria. A criatividade vem da fronteira entre a loucura e a genialidade. Allison Davis disse que o gênio de Wright sem dúvida saiu da raiva neurótica decorrente de seu ambiente formativo e do fato de ele sentir que sua mãe não o amava. Ele se sentia rejeitado por ela e abandonado pelo pai. Essa rejeição foi combinada com a crueldade e com o fanatismo religioso que havia em sua casa.

Eu falo sobre os linchamentos que Wright descreve em seu trabalho. Há o poema "Between the World and Me" e a história de *Black Boy* (1945), que é sobre um homem em Memphis sendo linchado e desmembrado. Também sabemos que tia Maggie teve dois maridos mortos por pessoas brancas em Elaine, Arkansas. Houve um levante racial na mesma época e no mesmo lugar de *Black Boy*. Um desses tios [um dos maridos da tia Maggie] foi morto naquele tumulto. Então Wright escreveu "Big Boy Leaves Home", que é uma história sobre um linchamento. Há um outro em *Eight Men* (1961). Então ele tem três obras substanciais que lidam com linchamento.

Quando Wright estava trabalhando em *12 Million Black Voices* (1941), ele perguntou onde poderia encontrar pessoas negras reais, pobres e que vivessem nas favelas. A resposta que ele recebeu foi: "Vá para casa, pobre crioulo, vá para casa".

Quando eu conheci Wright, ele morava no número 3836 da Indiana Avenue. Eles agora derrubaram essa parte de Chicago. Essa era uma favela muito ruim quando eu a conheci nos anos 1930. Eu morava, então, no que era tido como a parte boa, Woodlawn — no número 6337 da Evans —, perto de Cottage Grove e da Rua 63. Agora é uma favela. E você fala sobre depravação! O prédio em que Wright vivia tinha "La Veta" escrito por cima da porta. Ah, Deus, como La Veta era. Fui ver Wright e o encontrei em uma sala que tinha apenas uma porta. Eu continuava tentando descobrir que tipo de cômodo era aquele; não havia janela e era menor que o meu banheiro. Depois percebi que o espaço tinha sido originalmente construído como um armário. Ele e seu irmão estavam dormindo nele. Não me diga que ele não estava vivendo em pobreza abjeta. Eu me lembro com muita clareza de ver Wright olhar em um saco de papel e tirar dali de dentro um sanduíche que era feito de duas fatias de pão branco e um pedaço de salsicha de mortadela que parecia estar ficando verde. Não tinha maionese, mostarda, nada. Ele apenas olhou para ele e o jogou no cesto de lixo…

A segunda parte da biografia é o período que cobre os anos de Chicago, quando Wright começou a cantar sua música sofrida. Ele aprendeu a escrever nessa época, e sua conscientização começou. Então vieram os anos em Nova York — a cabeça da Medusa. Você conhece "Medusa", o poema de Louise Bogan? É sobre a frustração psicológica. Toda vez que você olha para a cabeça da Medusa, você vira pedra. A analogia psicológica é que você ficou paralisado e deixou de crescer. Os anos em Nova York foram os anos em que Wright teve sucesso: publicação, fama e dinheiro, mas também foi o momento em que ele rompeu com todo mundo. Ele começou a fazer isso em Chicago. Agora ele não tinha mais amigos íntimos. Pessoas como Baldwin não eram as únicas. Eu não era a única. Nem Ellison. Ele rompeu com o Partido Comunista. Rompeu com sua família. Ele passou dezenove anos no Sul, dez anos em Chicago, dez em Nova York e quatorze em Paris.

Ele se mudou de "Nova York e a Cabeça de Medusa" para Paris, onde temos a "Tocha Torcida e o Paradoxo Político do Nacionalismo Negro x Internacionalismo". O casamento e os filhos de Wright eram apenas uma parte de sua expatriação. A ruptura com o Partido Comunista foi outra. O Partido Comunista havia sido a única vida significativa que ele teve depois de deixar o Sul. Agora ele estava fora disso tudo. Ele sempre manteve estudiosos e escritores negros por perto. Em Chicago, Nova York e Paris, ele sempre cultivou amizades como a nossa. Não importa o que pensasse sobre elas, ele as tinha. Mas ele sempre as cortava em algum momento. Não conseguia ter relacionamentos próximos e importantes. Fazia parte de um processo interno de alienação, de uma falta de confiança. Como ele havia dito, era sua couraça protetora, porque ele já havia sido muito magoado.

Os anos em Paris foram os anos do homem internacional; ele se esforçou para criar uma filosofia que incluiria pessoas negras de todos os lugares: África, Ásia, América, Caribe e América do Sul — o pan-africanismo. Ele queria ser o porta-voz dos negros de todo o mundo. E queria dizer: "Trabalhadores do mundo, uni-vos". Mas não conseguiu conciliar o nacionalismo negro com o internacionalismo "vermelho". Durante a conferência Présence Africaine, esse dilema se tornou aparente. Ele negou o que tinha dito em 1937, em "Blueprint for Negro Writing". Apenas se levantou no meio da conferência e disse esperar que esses ditames não fossem mais necessários. Não era como se ele estivesse dizendo que não éramos mais irmãos. Enquanto falava, ele alienou seu público dizendo que esperava que o escritor negro fosse além da escrita prescritiva. Os africanos ficaram bravos; os caribenhos e os negros norte-americanos ficaram bravos. Todas as pessoas negras ficaram furiosas, o que significava que ele havia destruído a união da irmandade negra, seu grande objetivo. Ele se tornou um estranho novamente. E não iria mais para a conferência de Roma.

Wright era uma pessoa estranha. Poderíamos passar o dia todo, a noite toda conversando. Eu nunca o beijei e, mesmo assim, passamos horas, dias e semanas juntos. Houve uma vez, quando ele voltou para Chicago e nós nos abraçamos muito brevemente... Eu o senti ficar todo travado.

C.T.: Você organizou um simpósio sobre escritoras negras.

WALKER: Foi o simpósio Phillis Wheatley. Não vou fazer nada disso novamente. Essa fase da minha vida acabou. Não tenho mais energia para nada disso. Tenho que escrever pelo resto da minha vida, não importa quão curto ou longo seja esse período. Tenho que escrever. Nunca quis lecionar. Às vezes pode parecer que perdi tempo, mas a sala de aula não foi um desperdício. Eu gostava de ensinar; era uma boa professora. Quando comecei a perder o interesse e o entusiasmo pelo ensino, parei. Nunca só me sentei lá e fiquei esperando o salário cair, embora tenha dado aulas para pagar as contas. Além disso, nunca prostituí minha escrita. Flertei com a ideia de ser escritora residente, mas acho que não vou fazer isso. Sei que já está tarde para eu fazer uma lista de prioridades, mas é necessário.

Escrever é o primeiro item da minha lista, e não vou viver o suficiente para escrever todos os livros que tenho em mim. A sequência de *Jubilee* começa em 1877, com Minna se casando, e termina com a morte de Vyry. Ela morreu um mês antes de eu nascer. O primeiro filho de Minna nasceu em 1878, e foi aí que a família chegou ao Mississippi. A sequência é a história de Minna e de Jim. É a história da igreja negra e da escola negra. É sobre sociedades benevolentes negras, sobre jazz e blues. É sobre o Alabama, o Mississippi e a Flórida.

Tenho outra história que diz respeito a um enredo que se tornou sensacional. Não trabalha nele há dez anos, embora tenha escrito mais de cem páginas. É uma narrativa folclórica intitulada *Mother Broyer*. É sobre uma benzedeira negra e líder de um culto. Aconteceram duas coisas que tornam essa história sensacional. Uma é o massacre em Jonestown.[3] A outra diz respeito à atividade de cultos satânicos aqui no Mississippi. Muitos negros no Mississippi se envolveram nesse tipo de coisa. Isso destrói famílias, mata as pessoas, deixa-as loucas. É uma coisa quase psicossexual. Muito assustador.

3 Em 1978, em uma comuna remota na Guiana, mais de 900 pessoas beberam cianeto após serem instigadas a encontrar o paraíso por Jim Jones, fundador e líder da seita Templo Popular. O incidente ficou conhecido como o maior suicídio coletivo da história. (N. E.)

Minha mãe me contou a história quarenta anos atrás. A história começa em New Orleans, depois vai para Los Angeles, para o Harlem e acaba no lado sul de Chicago, envolvendo judeus, católicos e negros. A personagem principal é uma garota que começa como católica, vai para a Igreja da Santidade, depois para uma Igreja Pentecostal e acaba na prisão, em Nova York.

Eu teria feito para os negros o que Faulkner fez pelo Sul. Wright queria fazer isso e não fez. Nos últimos anos, tive que decidir que nada é tão importante quanto minha escrita. Tive que olhar para o efeito de Haley no meu público, mas, no que tange ao público, sei que ainda estou no topo. Sei que ainda tenho leitores. É por isso que é tão importante para mim fazer o que comecei a fazer e não me deixar desviar.

Sobre minha autobiografia... Eu me lembro de algo que Lawrence Reddick me disse. Ele me perguntou se eu contaria toda a verdade. Eu lhe disse que não estou escrevendo uma confissão. Não preciso dizer nada que não queira. Respeito quando as pessoas são honestas. Nikki é uma pessoa muito honesta; acho que não tenho esse tipo de honestidade. Não acredito em desprezar o que é contrário ao convencional. Em *On Being Black, Female and Free*, falei que nunca senti que poderia simplesmente desafiar as convenções a ponto de sair por aí sozinha. Essa é uma espécie de honestidade descarada que não tenho.

Os Estados Unidos tendem a elogiar o fenômeno da ascensão meteórica, a imagem do empreendedor de sucesso. Pretendo acabar com essa ilusão com a história de Richard Wright. O homem branco na América, o mundo branco, é ideal para a pessoa negra que não estudou. Eu represento educação, família e formação. Eu represento a erudição. Não vejo por que devo sair por aí e me tornar uma empreendedora. Todo mundo tem ajuda. Richard Wright não aprendeu tudo sozinho. Não existe essa história de crescimento natural e desenfreado.

Ser classificada como uma mulher negra de classe média tem sido minha ruína. Sou considerada uma esnobe negra. Tenho que lidar com o fato de que herdei uma tradição — sou da terceira geração de graduados. A sociedade não quer reconhecer que esse tipo de escritor negro existe. Eu sou uma mulher negra que é doutora. Isso é horrível. Isso deve ser desprezado. Eu não imaginava quão ruim era até voltar para a escola [para a docência].

C.T.: A imagem das mulheres negras na literatura norte-americana mudou?

WALKER: Vou ler um trecho de um manuscrito inédito para você, porque ele responde à sua questão sobre a imagem das mulheres negras na literatura negra norte-americana. Aqui vai uma parte dele:

> A imagem das mulheres negras na literatura norte-americana raramente tem sido positiva e benéfica. A literatura branca norte-americana retratou a mulher negra como ela é vista na sociedade: explorada por causa de seu sexo, de sua raça e de sua pobreza. O escritor negro imitou seus colegas brancos e rotulou os personagens negros, sobretudo as mulheres, como inferiores na escala socioeconômica: escravizados, servos, subalternos, marginais, perversos, desonestos e incapazes. O status das mulheres em todo o mundo provavelmente é maior agora do que nunca. As mulheres negras têm tanto prestígio nesse sentido quanto as mulheres brancas (que na realidade não têm muito).

Todos os personagens negros se enquadram em padrões típicos e estereotipados. Os negros foram retratados em contextos de escravidão e de segregação, comparados a animais e tendo uma posição sub-humana: selvagens e primitivos. Isso, diante de grandes civilizações e culturas africanas, é apenas chocante se não entendermos por que papéis degradantes e desumanizantes foram designados para os negros pelos brancos. Se entendermos a filosofia subjacente ao racismo branco e seu desenvolvimento como agente de reforço da escravidão e da segregação, se encararmos essas esferas sociais como necessárias para o desenvolvimento do capitalismo mundial ocidental, então saberíamos por que esses papéis subjugados foram designados para os negros. Mas por que os negros sentem que deveriam imitar tal castigo de personagens negros é mais difícil de responder.

Ao discutir a literatura afro-americana — seja ela poesia, prosa, ficção ou teatro — é necessário fornecer um contexto histórico e das forças socioeconômicas e políticas antes de prosseguir para uma análise ou síntese literária. Só assim teremos as ferramentas necessárias para examinar os fenômenos estranhos encontrados nas literaturas norte-americana e afro-americana. A raça é objeto de grande parte da literatura norte-americana, mas ela é quase todo o assunto da literatura afro-americana. Personagem, cenário, ação, reviravolta, tom e filosofia, tudo isso faz parte do mito e do *ethos* americano da raça. Esse foco pode parecer próprio da literatura sulista dos brancos, mas também é uma característica da literatura negra onde quer que ela seja encontrada. Há alguns negros que debatem esse problema, que levantam a questão da humanidade negra evitando assuntos raciais e propondo um recorte mais amplo, com assuntos universais. Não quero evitar o assunto. Acho que é um ponto de partida natural para um escritor negro. No entanto, não me sinto confortável com o tipo de tratamento que as mulheres negras têm recebido.

A tradição das grandes fazendas é a fonte de personagens femininos como a mãe-preta, a empregada fiel, a negrinha, a Pequena Eva e a Topsy,[4] a mulata trágica,[5] a macumbeira e a benzedeira, o objeto sexual, a duas caras, a prostituta e por último, mas não menos importante, a matriarca. Esses são papéis típicos e estereotipados de mulheres negras na ficção, na poesia e no teatro norte-americano. Além disso, tanto os escritores negros quanto os brancos investiram nessa tradição. Era nas grandes fazendas que a brutalização das mulheres negras era maior. Cozinheiras, empregadas domésticas, amas de leite, amantes e concubinas foram os papéis mais "refinados" das mulheres escravizadas negras. Nesse sistema, era "olho por olho, dente por dente". Muitos críticos tentaram mostrar que o trabalhador do campo era a verdadeira pessoa negra, enquanto os negros da casa foram tratados de maneira mais favorável. (Eles tentaram fazer isso com Vyry em *Jubilee*.) A miscigenação se tornou um tema banal e vulgar [...].

4 Personagens de *Uncle Tom's Cabin*, romance de Harriet Beecher Stowe publicado em meados do século XIX. Topsy é uma criança negra escravizada, e Pequena Eva, a filha branca de um escravocrata. O livro, que virou um fenômeno de vendas na época do lançamento, descreve os personagens negros de forma racista e condescendente, e foi duramente criticado por autores como James Baldwin e Richard Wright. (N. E.)

5 O estereótipo da mulata trágica se refere à mulher birracial que é invisibilizada e sujeita a violências por não conseguir se encaixar tanto na comunidade preta quanto na comunidade branca. (N. E.)

Em *Love and Death in the American Novel*, Leslie Fiedler fez um estudo brilhante sobre comparar o negro com o mal. A mulher negra é retratada como a prostituta ou a vagabunda despudorada, amoral e imoral, enquanto a mulher branca, loira e de olhos azuis foi colocada em um pedestal e adorada por sua virtude e sua pureza virginal. O branco era certo e puro, e a escuridão e o negrume representavam o mal… *Swallow Barn*, de John Pendleton Kennedy, e *The Sound and The Fury*, de Faulkner, sem dúvida influenciaram os escritores negros. W. E. B. Du Bois em *Dark Princess* e *The Spook Who Sat by the Door*, de Sam Greenlee, tentaram retratar mulheres negras com empatia. James Weldon Johnson escreveu um romance famoso durante o período entre Dunbar/Du Bois e o Renascimento do Harlem, mas nele vemos que a mulher branca é novamente favorecida em relação à mulher negra. Langston Hughes e Arna Bontemps se saíram um pouco melhor […].

Os homens negros parecem melhores em retratar mulheres velhas. Ernest Gaines faz isso excepcionalmente bem. Ninguém pode negar que um tema recorrente no trabalho de Chester Himes seja o ódio pela mulher negra de classe média, quem ele acredita que castra e destrói seu amante negro. Richard Wright faz um péssimo trabalho com as mulheres, ponto final. Mas suas mulheres negras se saem ainda pior do que as brancas. A violência em seus romances é um padrão, e essa violência com frequência é causada pelas mulheres. A mulher negra é, portanto, um estereótipo na ficção. Pelo menos nas mãos de escritores masculinos, ela raramente consegue ter alguma humanidade.

> A visão positiva das mulheres na literatura afro-americana é obviamente retratada apenas por mulheres negras. O romance mais antigo — *Iola Leroy*, de Frances Harper — criou uma mulher inteligente, atraente, humana e de personalidade forte. Harper vê mulheres negras como ela mesma se vê: pessoas com idoneidade moral, determinação implacável e perseverança para superar todas as desvantagens e obstáculos em seu caminho. Zora Neale Hurston criou uma história de amor imortal em *Their Eyes Were Watching God*, e seu retrato de Janie e seu amor por Tea Cake é reconhecido pelas mulheres negras como típicas de seu amor pelos homens negros [...]. As mulheres negras receberam um tratamento tão cruel na literatura. Somente quando a autora é uma mulher negra, ela tem alguma chance. Com a poesia, é ligeiramente diferente. A garota preta era um lindo assunto durante o Renascimento do Harlem.[6]

Eu estava distraída com *Roots*. Não estou mais. Não há nada que aconteça, a não ser com a minha saúde, que vá me impedir de trabalhar. Você me perguntou que conselho eu tinha para dar aos jovens escritores. Bom, evito dar conselhos porque as pessoas não os querem. Elas querem empatia. Querem que alguém os apoie e diga que elas estão fazendo a coisa certa. E eu descobri que as pessoas não vão ouvir seu conselho. Elas precisam aprender sozinhas.

Muitas pessoas me disseram que eu não podia escrever. Bem poucos professores me incentivaram a acreditar que eu seria capaz de escrever. Se eu tivesse acreditado neles, não estaria tentando.

6 Trecho de uma palestra que Margaret Walker deu em Purdue e nas Universidades do Sul do Texas, no final dos anos 1970. (N. O.)

Vozes Negras

Sherley Anne Williams

Crítica literária e escritora, Sherley Anne Williams nasceu em 1944, em Bakersfield, Califórnia. Em 1966, tornou-se bacharel pela Universidade Estadual da Califórnia, e, em 1972, mestre pela Universidade Brown.

Williams iniciou sua carreira como professora de Língua Inglesa, mas escrevia para si mesma "em qualquer lugar, a qualquer hora". Lecionou Língua Inglesa na Universidade Estadual da Califórnia, sua alma mater, *e Literatura na Universidade da Califórnia.*

Give Birth to Brightness *(1972) foi sua primeira grande publicação. Ela define uma estética preta ao proporcionar o pano de fundo cultural para o termo e ao elucidar a dimensão política do dialeto negro. Williams também explora o conceito de herói ao analisar os protagonistas de* Dutchman and the Slave, *de Amiri Baraka,* Blues for Mister Charlie, *de James Baldwin, e de* Of Love and Dust, *de Ernest*

Gaines, concluindo que os verdadeiros heróis negros têm suas raízes na tradição folclórica negra. The Peacock Poems *(1975) foca no* blues *da mulher negra, expressão que sintetiza emoções complicadas e desesperadoras, passíveis de serem superadas por meio de uma catarse, dando surgimento a uma resolução de sobreviver com orgulho e dignidade. Em 1982, lançou* Someone Sweet Angel Child.

Na década de 1990, se dedicou à literatura infantil, com Williams, Working Cotton *(1992), baseado em sua infância e que recebeu um Caldecott Honor Book e um Coretta Scott King Book Award, e* Girls Together *(1999), ilustrado por Synthia Saint James.*

Além dos já mencionados, Sherley Anne Williams recebeu o Prêmio Stephen Henderson de Literatura e Cultura Afro-Americana por Realização Extraordinária em Literatura e Poesia. Faleceu em 1999, aos 54 anos.

Entrevistando Williams

SHERLEY ANNE WILLIAMS: Conforme viajo pelo país, ouço cada vez mais as pessoas que estavam diretamente envolvidas com o movimento negro sentirem que foram exauridas por ele e por seus efeitos. Creio que o motivo de tanta atenção ser dada agora às escritoras negras é que, enquanto grupo, cada uma à sua maneira, estamos tentando dizer: "Não, você não pode parar agora. Havia algo importante acontecendo ali, e você precisa seguir em frente mesmo perante o desconhecido". Eu me deparo com isso muito mais nas obras de escritoras negras do que em qualquer outro lugar, mesmo entre os supostos líderes de movimentos. Quando os escuto, sinto que estão sem ideias. Também sinto, o que acho um tanto assustador, que não estão falando com ninguém além deles mesmos. Mas não tenho essa sensação quando leio obras de escritoras negras ou quando as ouço falar. Ainda há o mesmo comprometimento, aquela vontade tenaz.

Ouvi Sonia Sanchez quando ela estava na Universidade Cornell. Sua obra amadureceu; ela é uma escritora muito melhor agora do que era há dez anos. Ela continuou evoluindo, e sua determinação não mudou. Vejo isso em quase todas as obras escritas por mulheres negras que leio. Elas parecem estar levando essa vontade de sobreviver para além do arcabouço de encontros com o mundo branco.

Escrever é um processo de ordenação do mundo.

Elas remodelaram essa determinação e a transformaram em um instrumento para que possamos entender nós mesmas entre nós mesmas. Em suas obras, ela retrata o mundo branco e sua opressão como pano de fundo, mas o foco é o entendimento de si mesmo, da família e da comunidade. A força se origina daí. Creio que isso tem sido uma característica das escritoras negras no decorrer dos anos. Nella Larsen, Zora Neale Hurston e Ann Petry, entre muitas outras, escreveram sobre a tentativa das pessoas negras de construir seu lugar ao sol nesse contexto branco. É como se estivessem dizendo: "Se não lidarmos com nós mesmos, não importa como lidamos com o homem branco". Com o passar dos anos, essa questão constituiu uma das principais diferenças entre as escritoras negras e os escritores negros. Além disso, essa questão é responsável por elas não serem tão prestigiadas quanto seus colegas homens. Autoras negras não lidam com os chamados "grandes temas", aqueles com os quais Ellison lidou em *Invisible Man*, com os quais Richard Wright, James Baldwin etc. também lidaram. Está tudo bem e tudo certo com esses temas, mas a pergunta ainda fica no ar: o que vamos fazer com o agora?

CLAUDIA TATE: Uma questão recorrente se refere às diferenças entre escritores negros homens e mulheres na hora de selecionar acontecimentos, temas e personagens. Em diversas ocasiões, a resposta foi que as escritoras focam nos chamados "temas menores", as relações particulares, em vez dos "grandes temas", como você os chama.

WILLIAMS: Acho que isso é verdade. Algumas escritoras tentam trabalhar com ambos. Penso, por exemplo, que Toni Morrison insere ambos os temas em sua obra. Todo aquele elemento mítico em *The Bluest Eye*, em *Sula* e em *Song of Solomon* aborda os grandes temas: amor, morte, beleza, bem e mal. Não tenho certeza se o elemento mítico realmente traz bons resultados, porque acredito que romances funcionam melhor de forma mais realista e intimista. Por exemplo, a relação entre Sula e Nel em *Sula* e aquela entre Claudia, Frieda e Pecola em *The Bluest Eye* se destacam mais do que as miudezas míticas do mal. A tentativa de Morrison de unir os dois tipos de tema, o grande e o menor, é muito importante. Isso precisa acontecer; caso contrário, precisaremos cultivar na mente do público a ideia de que mesmo os temas menores do cotidiano possuem universalidade.

C.T.: De que maneira ser mulher e negra constitui uma perspectiva particular na sua obra?

WILLIAMS: Não creio que ser mulher e negra seja algo que eu tenha em mente de forma muito calculada. Eu apenas parto do pressuposto de que qualquer coisa que eu escreva venha dessa perspectiva. Essa perspectiva pode estar ou não em evidência; isso não altera sua origem. O que eu tenho em mente é que sou uma escritora. A partir daí se presume, é claro, que eu também seja uma pessoa; e, a partir disso, que eu deva ter algum histórico racial e de gênero. Então eu simplesmente prossigo a partir desse ponto de partida.

Sinto que um escritor ou uma escritora deve transcender seu histórico de alguma maneira. O passado não pode ser a única fonte de criatividade. Por outro lado, a razão principal que me inspirou a escrever uma história foi o desejo de escrever especificamente sobre mulheres negras de baixa renda. Eu não as via como uma presença dominante em nada que eu havia lido; elas eram sempre coadjuvantes de uma história maior. Eu sentia que elas eram importantes, que alguma lição poderia ser aprendida com elas. Histórias sobre as lutas das mulheres negras e seus verdadeiros triunfos estavam em falta. Eu queria vê-las em mais histórias e senti que era capaz de escrevê-las. Essa é a origem dos meus primeiros escritos. Eu não queria escrever sobre mim mesma, uma universitária jovem e negra. Queria falar sobre elas, porque elas me educaram e me deram as ferramentas necessárias para que eu sobrevivesse neste mundo.

Meu interesse em autoras negras cresceu a partir da minha descoberta de novos autores, não necessariamente mulheres, mas os que escrevessem sobre pessoas e coisas que eu conhecia por experiência própria. Não importava que eu estivesse em Fresno, na Califórnia, e Zora Neale Hurston, por exemplo, estivesse em Eatonville, na Flórida. Era uma experiência mais profunda ler sua obra do que a de Langston Hughes ou de Sterling Brown, embora eles sejam grandes escritores. Zora Neale abordava determinadas situações de um jeito muito diferente. Hughes escreveu sobre o Norte, e Sterling está escrevendo sobre fazendeiros e meeiros. A sociedade de Zora Neale se situa bem no meio, e a minha origem é exatamente essa.

C.T.: A perspectiva do *blues* domina sua obra. Você é citada na *The Black Scholar* em alusão ao debate sobre sexismo como tendo dito: "Mas até que conheçamos o *blues* de forma íntima e analítica, não conheceremos nós mesmas".

WILLIAMS: Acredito que nós, enquanto povo preto, devemos ter consciência de que precisamos nos perpetuar e perpetuar também o que pensamos sobre nós mesmos. As pessoas brancas ocidentais fazem isso por meio da literatura, mas nós, pessoas negras, não temos isso; nós não viemos de uma tradição literária. Não temos uma literatura na qual nos vemos imortalizados. O que aprendemos com boa parte da literatura se refere às pessoas brancas. Mas, de fato, nós nos perpetuamos no *blues*.

Eu uso essa palavra para me referir a um conjunto de expressões que englobam a música popular afro-americana, de modo que, a qualquer momento, aquilo que é popular entre as pessoas negras possa ser encontrado nessa massa de canções e instrumentação. No *blues*, há uma espécie de filosofia, um modo de olhar para o mundo. Quando o pessoal da consciência negra apareceu, eles repudiavam a palavra *blues* e desprezavam qualquer coisa que fosse popular na época por causa de sua ideologia, porque essas coisas supostamente pertenciam à "época da escravidão". Essa reprovação causou uma ruptura na continuidade da nossa história preservada nessa forma de arte. Nós, como escritores, não estamos revelando o que é a filosofia. As pessoas que cantam as canções fazem isso. Os discos de *blues* de cada década explicam algo sobre a base filosófica das nossas vidas como pessoas negras. O *blues* é o alicerce da continuidade histórica para o povo negro. É um modo ritualizado de falarmos sobre nós mesmos e passarmos isso adiante. Isso era verdadeiro até os anos 1960.

C.T.: Seria o idioma do *blues* uma perspectiva natural para escritoras negras, uma vez que elas parecem se concentrar em encontros íntimos entre homens e mulheres?

WILLIAMS: As histórias antigas sobre o *blues* falam sobre relacionamentos entre um homem e uma mulher. Você pode, é claro, escrever *blues* sobre outros temas, mas, em geral, ele aborda relações íntimas. Assim sendo, serve como uma forma natural de discorrer sobre situações íntimas. Ele dá a você um formato e um cenário. Poupa um bocado de explicações. Por exemplo, o debate sobre o sexismo entre homens e mulheres negros precisa ser colocado no âmago da tradição do *blues*, para que possamos entendê-lo. As pessoas que se importam umas com as outras batem boca e compram briga, mas, ainda assim, se importam. O fato de estarmos tendo esse debate agora não significa que não nos importamos mais uns com os outros.

C.T.: Como você encaixa a escrita na sua vida?

WILLIAMS: De todos os jeitos possíveis. Antes do tempo que passei na área administrativa, nunca havia tido que encaixar a escrita na minha agenda. Eu escrevia a qualquer hora, em qualquer lugar. Podia escrever em uma sala lotada, em um trem. Não sei se era porque eu precisava, mas acho que eu me sentia confortável o suficiente para escrever em qualquer lugar. Eu podia estar em uma festa e de repente sacar minha folhinha de papel para começar a escrever. Conseguia trabalhar com a televisão ligada, com as crianças correndo para lá e para cá. Eu ficava feliz por poder fazer isso. Antes de ser administradora, não creio que eu tivesse muita noção da necessidade de reservar algum tempo para escrever, mas, agora que preciso, pode ter certeza de que vou ser bem gananciosa.

C.T.: Poderia descrever seu processo de escrita? Como você seleciona seus temas?

WILLIAMS: Meus temas me selecionam. Então vou em frente e tento trabalhar com eles. Eu tento não forçar a barra. Se for para vir, virá. Sempre tive muitos projetos em andamento, então se um deles não ia bem, eu poderia continuar uma outra coisa. Nunca trabalhei com cronogramas e não quero fazer isso. Não creio que esse seja o modo de trabalho mais produtivo para mim.

C.T.: Qual é sua responsabilidade como escritora?

WILLIAMS: Basicamente, ser a melhor escritora que posso e dizer o máximo da verdade que eu consigo ver naquele determinado momento. Simples assim.

C.T.: Há uma transição entre seu lado crítico e seu lado criativo?

WILLIAMS: Quando escrevi *Give Birth to Brightness*, Toni Morrison disse que o livro era muito masculino. Eu nunca havia pensado nisso. Era um livro crítico sobre um determinado tipo de literatura, e o fato de ser uma mulher avaliando a caracterização do herói nunca me incomodou. Eu era uma crítica e estava olhando para aqueles escritores. Que as obras fossem escritas por homens negros não me preocupava. Se eu tivesse encontrado mulheres que se encaixassem no meu tema — um determinado tipo de personagem negro heroico —, também teria tratado disso. Minha abordagem não foi dividida de acordo com o gênero.

A maneira como abordo a linguagem estabelece a distinção entre a escrita crítica e a escrita criativa. No entanto, já encontrei livros de crítica que considero verdadeiras obras de arte. O autor lança luz sobre o tópico em questão e ainda orienta o leitor na jornada de A a Z de maneiras anteriormente inexploradas. Na minha opinião, isso não difere em nada do que buscamos encontrar em um poema, um conto ou qualquer obra criativa.

C.T.: Para quem você escreve?

WILLIAMS: Penso na escrita como um processo de comunicação. Eu faço todo mundo morrer de tédio quando estou escrevendo, pois fico dizendo: "Quero que leia isto. Mudei uma palavra de ontem para hoje. Leia, veja o que você acha". É o processo de ler para as pessoas e receber o feedback delas que é importante para mim. É estar em contato com pessoas que são parte de um público específico que realmente faz diferença para mim. Acho que nunca publiquei nada que não tenha sido lido por várias pessoas, tendo elas me dado algum feedback ou não, quer eu tenha tomado alguma decisão a partir desse feedback ou não. Para mim, escrever é um processo de dizer: "Tome, leia isto aqui". Isso reforça o fato de que estou em contato com alguém além da minha própria mente.

C.T.: O que desperta seu interesse?

WILLIAMS: Meu interesse se aviva com o que está lá fora, com onde se escondem as lacunas e com a minha habilidade de preencher as que não deveriam existir. O trabalho criativo é escancarado; ele abarca seja lá o que vier à minha mente e seja lá o que eu considerar relevante para mostrar às pessoas algo sobre elas mesmas e sobre sua relação com o mundo. Eu acredito piamente que escrever tem o propósito de ensinar e encantar.

C.T.: Você já escreveu histórias a partir do ponto de vista masculino?

WILLIAMS: Algumas, mas nenhuma foi publicada. Os escritores devem conseguir fazer isso; devem ter a capacidade de se projetar em uma outra voz e ver o mundo a partir de outra perspectiva. Isso não é muito diferente do que eu tenho que fazer quando estou criando. Se eu alcançar essa projeção inicial, o personagem cria vida própria. Quando escrevi essas histórias, minha abordagem não era: "Agora vou escrever uma história sobre um homem". Era: "Agora vou escrever uma história que tem a ver com as seguintes questões". E essas questões vieram com personagens que, por acaso, eram homens ou mulheres.

C.T.: Sua obra tenta mostrar a coesão e o significado que há na vida?

WILLIAMS: Para mim, escrever é um processo de ordenação do mundo. É uma forma de trazer novas percepções, de brincar com possibilidades e soluções, tudo isso de uma forma que, no mundo real, seria impraticável. Pense só nas diferenças entre a "ordem" de um poema e um romance e o caos da vida. Saber que, se o caos não pode ser ordenado, ao menos podemos lidar com ele de forma construtiva, pode nos trazer alguma clareza. É disso que estou em busca.

C.T.: Você escreve a partir de suas experiências?

WILLIAMS: Essa pergunta não faz o menor sentido para mim, porque, seja lá qual for o tema sobre o qual eu esteja escrevendo — inspirado nas minhas próprias experiências ou algo mais imaginativo —, se o texto não avança para além da observação inicial, da imaginação inicial, então ele não funciona. Não importa o quanto a obra esteja próxima de uma autobiografia; se tudo que consigo ver é que isso aconteceu com o autor ou com a autora, essa pessoa falhou. Os contornos autobiográficos têm que representar outra coisa.

C.T.: Você tem algum conselho para jovens escritoras negras?

WILLIAMS: Nós, escritores, devemos ser mais atirados, mesmo que estejamos errados na maioria das vezes, em 99% do tempo. Esse 1% deveria ser suficiente para nos dar algum discernimento, mas é difícil se expor. Alguém tem que ser o primeiro a levar a saraivada de críticas. Temos que parar de ter medo. Eu tenho que parar de ter medo de estar errada. Não posso esperar até que tudo esteja perfeito para publicar. Não tenho esse tempo todo. Isso não quer dizer que o poema não foi trabalhado, que ele não atingiu seu potencial. O poema, o conto ou a peça não surgem do nada; eles foram trabalhados, ficaram do melhor jeito possível.

C.T.: Quando você soube que era escritora?

WILLIAMS: Saber? Sei que sou escritora agora. Sabia que era escritora no ano passado. Eu sabia disso quando decidi que escreveria no meu próprio ritmo.

Comecei a escrever contos por volta de 1966. Sempre escrevi pensando em ser publicada; nunca quis apenas enfiá-los em uma caixa de sapato qualquer. Eu acredito que escrever é um ato de comunicação. Houve uma época em que já me pareceu muita presunção da minha parte dizer: "*Eu sou escritora*". Para mim, isso era algo muito difícil de afirmar. Não é algo que eu diga de modo leviano. Envolve compromisso. Isso diz algo a meu respeito que eu não tinha certeza de que queria dizer.

Quando eu dizia às pessoas que sou escritora, isso não significava nada para elas! Era mais difícil de dizer para mim mesma do que era de ouvir para os outros. Elas encaram isso como algo natural. Basicamente, as pessoas, e eu não sabia disso, vão tomá-la por seja lá o que você disser que é. Talvez, se eu tivesse me dado conta disso, teria sido capaz de dizer que sou escritora com muito mais facilidade, mas me parecia que, se eu dissesse que era, tinha que ter algo publicado. Eu saía com as pessoas, e elas me perguntavam: "O que você faz?". Eu não falava nada. Ou dizia: "Sou professora". Mas nunca falava: "Sou escritora". Mesmo agora, digo isso com cautela.

C.T.: Da perspectiva de uma professora, a literatura afro-americana se encaixa na literatura norte-americana?

WILLIAMS: Uma das coisas que eu gostaria de ver é a verdadeira literatura norte-americana sendo ensinada neste país. Eu gostaria de ver essa literatura definida e ensinada de modo a valorizar a contribuição literária de todas as pessoas nos Estados Unidos, em vez de seguir uma abordagem arcaica que historicamente excluiu a maioria das vozes, limitando-se aos homens brancos e, em alguns casos, a algumas mulheres brancas. Estou falando de construir uma nova perspectiva. Em algumas universidades, isso está acontecendo, ainda que muito lentamente.

A cultura é inculcada nas pessoas por meio das ciências humanas, e nada aborda o novo mundo como ele realmente é. A expressão "novo mundo" não nos causa nenhuma reação, e deveria, não só porque ele foi uma imensa força motriz na história, mas porque é possível que estejamos vivendo em um *novo* mundo. Desse modo, eu vejo a literatura afro-americana como intrinsecamente relacionada à literatura anglo-americana. De certa forma, é impossível entender uma sem ter algum conhecimento da outra. Ao mesmo tempo, eu gostaria de ver a literatura afro-americana como um subgrupo da literatura norte-americana. Ou seja, vê-la sendo ensinada como parte da vitalidade literária, mas também sendo reconhecida como detentora de uma vitalidade única, uma perspectiva e um ponto de vista próprios.

Uma das coisas de que mais gosto na minha obra, tanto as que foram publicadas quanto as que não foram, é que não tive medo de experimentar. Não havia barreiras nos anos 1960 e no início dos anos 1970, e isso era muito empolgante. Apesar das restrições do movimento da consciência negra, foram abertos novos meios de nos explorarmos. Isso foi ótimo. Não sei se esses meios existem agora. Digo isso porque não li muitos escritores jovens para verificar se isso ainda é uma realidade. Sei que isso ainda reside nos escritores da minha geração. Por exemplo, quando leio os romances de Toni Morrison e de Alice Walker, há um senso de descoberta, uma noção de que esse é um território não mapeado e que elas estão nos guiando através dele. Isso transcende o domínio das habilidades técnicas. É sua habilidade narrativa singular que nos leva a lugares na literatura onde podemos nunca ter estado antes. Isso é incrível. Talvez a ausência de mulheres como uma força motriz na literatura negra no início do século XX tenha empobrecido a literatura, pois não havia diálogo.

Vozes brasileiras

que transcenderam o tempo

Cidinha da Silva

Exuzilhar

A coletânea *Exuzilhar* é um verdadeiro cruzo entre a voz da cronista Cidinha da Silva e as questões políticas da sociedade brasileira. Com textos líricos e mordazes, a autora discute questões contemporâneas como o racismo, a intolerância religiosa e a desigualdade racial e de gênero sem, contudo, perder sua conexão sólida com a tradição ao escrever sobre ancestralidade e africanidades. Cada página deste livro é um convite à reflexão sobre a complexa tapeçaria da herança africana e um aceno reverente às lutas contemporâneas por justiça e igualdade. Escrito por uma das vozes negras mais prestigiadas do Brasil, *Exuzilhar* é um testemunho poderoso da cultura negra.

Cida Bento

O Pacto da Branquitude

Ao longo de sua jornada acadêmica, Cida Bento se dedicou a desvendar um padrão de comportamento racista que persiste de maneira silenciosa em nossa sociedade. O chamado "pacto narcísico da branquitude" revela a existência de um acordo não verbalizado entre pessoas brancas destinado a preservar seus privilégios e a perpetuar sua posição de poder. Em *O Pacto da Branquitude*, Cida Bento nos conduz por uma análise necessária das dinâmicas raciais que permeiam nossa sociedade, desmistificando a ilusão da meritocracia e lançando luz sobre as discriminações sistêmicas em processos seletivos e nas esferas corporativas. Desafiador e provocativo, *O Pacto da Branquitude* não apenas expõe a complexidade do racismo estrutural, como também o torna acessível a todas as pessoas que desejam estudar sobre o letramento racial.

Carolina Maria de Jesus

Quarto de Despejo

O diário de Carolina Maria de Jesus, que retrata seu cotidiano com seus filhos na favela do Canindé, em São Paulo, é uma janela para a realidade impiedosa da pobreza. A escritora, que nunca havia cogitado se tornar o foco de um jornalista, guardava suas palavras no barraco em que vivia, revelando em dezenas de cadernos sua visão da favela e de seus moradores. Em *Quarto de Despejo*, ela usa sua voz ativa e política para pintar o retrato de um Brasil que, até hoje, mais de sessenta anos depois, ainda luta contra a pobreza e a desigualdade social, mostrando como as heranças da colonização estão presentes em nossa sociedade até hoje. Através de seus escritos, Carolina Maria de Jesus nos transforma em seus amigos íntimos, compartilhando suas experiências de maneira não idealizada e nos ensinando de forma não romântica a pensar mais no hoje e pouco no amanhã.

Lélia Gonzalez

Lugar de Negro

Coescrito pelo sociólogo Carlos Hasenbalg, *Lugar de Negro* traz uma análise instigante sobre a questão racial no Brasil. O título do livro sugere uma reinterpretação do conceito de "lugar natural" inicialmente aventado por Aristóteles, aplicando-o ao contexto da divisão racial persistente nas estruturas socioeconômicas brasileiras. Com sua prosa intimista, Lélia Gonzalez questiona o mito da democracia racial promovido durante a ditadura ao realçar as discrepâncias entre os lugares ocupados por pessoas brancas e pessoas negras. *Lugar de Negro* é uma obra essencial para compreender a história do movimento negro e as dinâmicas de raça e classe no Brasil a partir da perspectiva de uma das intelectuais mais influentes do país.

Beatriz Nascimento

Uma História Feita por Mãos Negras

A coletânea *Uma História Feita por Mãos Negras* reúne os principais artigos, ensaios e resenhas escritos entre 1974 e 1994 da historiadora, professora, poeta e ativista antirracista Beatriz Nascimento.

A escritora, que se dedicou a resgatar a história do negro no Brasil, defendia a importância de que a narrativa negra fosse escrita por pessoas negras. Tal posicionamento tinha como objetivo romper com séculos de invisibilidade e promover a produção cultural negra, frequentemente apagada pelo racismo das classes dominantes. Além de incluir textos que abordam as transformações políticas e sociais que ocorreram a partir da década de 1980, *Uma História Feita por Mãos Negras* convida o leitor a mergulhar nas reflexões pessoais da autora sobre a diáspora e o movimento negro, bem como a compreender o quilombo como símbolo de resistência e parte vital da identidade negra.

Ana Maria Gonçalves

Um Defeito de Cor

Um Defeito de Cor é um retrato doloroso e comovente da escravidão no Brasil. A obra narra a história de Kehide, uma mulher que, em sua velhice, retorna da África para o Brasil a fim de encontrar seu filho perdido. A narrativa acompanha a vida de Kehide, revelando as tragédias que ela enfrentou ao longo de sua vida. Nesta obra-prima, Ana Maria Gonçalves frisa a importância do aquilombamento entre pessoas negras, mostrando como Kehide sempre contou com seus parentes quilombolas para se manter viva e lutar por sua liberdade. Apesar das origens e crenças diversas, o grupo se une para combater a escravidão. Com uma narrativa original e envolvente, *Um Defeito de Cor* é uma obra indispensável para incitar reflexões sobre o racismo no Brasil.

Neusa Santos Souza

Tornar-se Negra

Tornar-se Negra discute a complexa interseção entre o racismo e a psicanálise. Com base em sua bagagem como psiquiatra e psicanalista, Neusa Santos Souza empreende uma análise pungente sobre o impacto emocional de ser negro em uma sociedade dominada pela hegemonia branca, destacando a importância de afirmar a identidade negra como um ato de autonomia individual. A autora denuncia a violência racista que apaga a identidade negra, o que leva muitas pessoas a internalizarem a branquitude, passando a desejar a extinção de sua negritude em busca de aceitação social. *Tornar-se Negra*, obra valiosíssima aos estudos raciais do Brasil, é fundamental para compreender as repercussões psicológicas do racismo e do embranquecimento.

Sueli Carneiro

Dispositivo de Racialidade

Em *Dispositivo de Racialidade*, Sueli Carneiro aplica os conceitos de dispositivo e biopoder de Michel Foucault **às** relações raciais. Nesse contexto, ela introduz o conceito de "dispositivo de racialidade", que destaca a dualidade entre o que é considerado positivo e negativo, utilizando a cor da pele como um critério para identificar o padrão social "normal", representado pela branquitude. Ao estabelecer conexões com a teoria do contrato racial de Charles Mills, Sueli Carneiro expõe como esse dispositivo, baseado na conivência em relação à subordinação social e na exclusão social e intelectual de pessoas negras, beneficia exclusivamente os brancos. Destacando a resistência negra como uma resposta fundamental a esse sistema de poder, *Dispositivo de Racialidade* solidifica Sueli Carneiro como uma das maiores intelectuais da atualidade e uma das mais importantes ativistas do movimento negro brasileiro.

Djamila Ribeiro

Quem Tem Medo do Feminismo Negro?

Quem Tem Medo do Feminismo Negro? reúne um longo ensaio autobiográfico e uma seleção de artigos de Djamila Ribeiro. A filósofa e escritora oferece uma análise de temas como interseccionalidade, empoderamento, racismo estrutural e racismo institucional e compartilha sua vivência pessoal como filha de um estivador, ativista e comunista que a engajou desde cedo às lutas do movimento negro. Neste livro, a autora habilmente retrata situações cotidianas, como a crescente intolerância em relação às religiões de matriz africana e os ataques direcionados a mulheres negras, além de discorrer sobre o impacto das redes sociais, as políticas de cotas raciais e a rica história do feminismo negro. A prosa instigante de *Quem Tem Medo do Feminismo Negro?* o torna uma leitura essencial para quem busca compreender as questões raciais que moldam nossa sociedade e a luta contínua das mulheres negras.

Maria Firmina dos Reis

Úrsula

Publicado em 1859, ***Úrsula* é uma** das grandes obras do cânone literário brasileiro. Escrita por Maria Firmina dos Reis, esta obra pioneira é considerada o primeiro romance publicado por uma mulher no Brasil, bem como o primeiro romance abolicionista da literatura brasileira e o primeiro da literatura afro-brasileira. A trama narra a história de amor entre Úrsula e Tancredo, jovens cujas vidas são marcadas por tragédias familiares, mas que se destacam por sua pureza e seu altruísmo. À medida que o destino os aproxima, uma luta contra a escravidão se desenrola em paralelo. Com sua escrita inovadora, Maria Firmina dos Reis transforma ***Úrsula*** em muito mais do que apenas uma narrativa emocionante; o livro **é** uma crítica contundente ao sistema escravista e à crueldade contra os escravizados.

Geni Guimarães

A Cor da Ternura

A Cor da Ternura mergulha no universo lúdico da protagonista Geni, explorando seu mundo repleto de dúvidas, temores, esperteza, delicadeza e amor à medida que ela enfrenta os desafios da vida infantil. Ao longo de sua jornada, Geni aprende a fortalecer sua identidade e a desenvolver uma força pulsante que a impulsiona a seguir em frente e a investir em sua realização pessoal e profissional. *A Cor da Ternura* nos presenteia com momentos cristalinos que capturam com delicadeza a resiliência da personagem. Geni Guimarães escreve de maneira simples e potente para enfatizar a importância da afirmação da negritude, a luta contra a discriminação racial e a solidariedade entre mulheres.

Ruth Guimarães

Contos Negros

Resultado de um extenso trabalho de pesquisa, *Contos Negros* é uma coletânea que lança luz sobre a riqueza cultural do Brasil. Com histórias que remontam a tradições brasileiras e africanas, o livro transporta o leitor para um mundo onde os animais falam, conspiram e nos ensinam belas lições morais. Ruth Guimarães, especialista em folclore e contista habilidosa, capturou a essência das narrativas transmitidas pelo povo, preservando a autenticidade de suas origens. Seu trabalho é um tributo à infância que passou em uma fazenda no sul de Minas Gerais, onde as fábulas de lobisomens, mulas sem cabeça e bruxas povoaram sua memória e a inspiraram a escrever. *Contos Negros* é uma colagem de narrativas em que cada recorte contribui para a feitura de um intricado retrato da identidade cultural brasileira.

Conceição Evaristo

Canção para Ninar Menino Grande

No diálogo envolvente entre Conceição Evaristo e Mano Brown no podcast *Mano a Mano*, a autora expõe as profundezas de seu livro *Canção para Ninar Menino Grande*, revelando que "a lágrima de um homem vai cair", como já cantou o Racionais MC's. Ao tocar na solidão e nas contradições que permeiam a masculinidade dos homens negros, a autora evidencia como as expectativas sociais moldam e muitas vezes restringem a expressão emocional desses homens, o que acaba por impactar suas relações com as mulheres negras. Através de sua análise perspicaz e amorosa, Conceição Evaristo nos faz refletir sobre as feridas da infância, as cicatrizes do patriarcado e a importância de compreender e desconstruir estereótipos para que relacionamentos mais saudáveis e igualitários possam ser construídos.

Carla Akotirene

Interseccionalidade

Interseccionalidade é uma leitura crucial para uma educação antirracista. Voz ilustre nos debates sobre feminismo negro, racismo estrutural e equidade de gênero, Carla Akotirene oferece uma abordagem didática sobre a interseccionalidade. Ancorada na perspectiva da mulher negra, a autora defende que a interseccionalidade é um conceito essencial que nos permite compreender a interconexão inextricável do racismo, do capitalismo e do patriarcado, salientando a necessidade de reconhecermos as diversas experiências das mulheres, especialmente as negras, e abraçar as interseções únicas que moldam suas vidas. *Interseccionalidade* é uma obra que inspira mulheres negras a reconhecerem sua potencialidade e que urge os leitores a construir um movimento feminista mais inclusivo, capaz de desafiar as estruturas de opressão presentes em nossa sociedade cisheteropatriarcal branca.

AGRADECIMENTOS

Gostaria de agradecer ao Programa de Pesquisa da Faculdade de Ciências Sociais, Humanidades e Educação da Universidade Howard, administrado pela dra. Lorraine A. Williams, vice-presidente de assuntos acadêmicos, e pelo sr. Vernon Jones, analista de pesquisa do gabinete da vice-presidente. À dra. Estelle W. Taylor, presidente do departamento de inglês, que compreendeu as exigências da dedicação exclusiva à pesquisa e me incentivou nos momentos de incerteza. À sra. Constance Stokes, Janet Sims, toda a equipe do Centro de Pesquisa Moorland-Spingarn e E. Ethelbert Miller e Curvin Simms, do Centro de Recursos Afro-americanos, por sua assistência na pesquisa. Ao dr. Stephen Henderson, diretor do Instituto de Artes e Humanidades, e sua assistente administrativa, Juliet Bowles. A Michael Miller e Harold Washington, da Audio-Visual Aids. Aos meus amigos e colegas da Howard, especialmente aos professores Paul Logan, Al Frost, Pat Jackson, Christian Filistrat e Beverlee Bruce, que me convenceram de que o fim estava chegando, mesmo quando eles não conseguiam enxergá-lo. E aos professores Michael S. Harper, da Universidade Brown, Alan Heimert, da Universidade de Harvard, e Arthur P. Davis, da Universidade Howard, pelo apoio ao meu trabalho.

Também gostaria de expressar minha gratidão às minhas datilógrafas Ann Goldman, Cynthia Parker, Linda Jabari, Karen Murdock, Sally McCoy e, particularmente, Alice Snead, que datilografou boa parte deste manuscrito. Aos meus assistentes de pesquisa Wahneema Lubiano e Reginald Robinson por seu excelente e árduo trabalho. Às minhas babás Kay Oyarzo, Catherine Gibbs e Liza Samuels. E a Mary Helen Washington, editora de *Black-Eyed Susans* e de *Midnight Birds*, por seus conselhos no início do projeto.

Sou grata à Bolsa Nacional para as Humanidades e especialmente a Mary Jaffe por prover os recursos para a realização deste projeto. Sou muito grata às mulheres deste volume, pois sem sua colaboração e seu encorajamento, não teríamos esta coletânea de entrevistas.

Meus agradecimentos seriam incompletos se eu não mencionasse meus pais, Harold e Mary Tate, meu irmão Harold e minha avó Mozella Austin, que me acompanharam neste projeto e cuja fé em mim era inabalável, mesmo que a minha não fosse, e meus filhos, Read e Jerome.

Este projeto tornou-se possível com o apoio parcial do Programa de Pesquisa da Faculdade de Ciências Sociais, Humanidades e Educação do gabinete do vice-presidente para assuntos acadêmicos da Universidade Howard e com o apoio parcial da Bolsa Nacional para as Humanidades.

"Cresci com a certeza de que queria ser escritora. Desde quando era menina, os livros me brindaram com vislumbres de mundos novos, diferentes daquele ao qual eu estava mais acostumada. Como terras exóticas e singulares, os livros me proporcionaram aventuras, novos jeitos de pensar e de ser. Acima de tudo, eles me apresentaram uma perspectiva distinta que quase sempre me forçava a sair da zona de conforto. Eu me maravilhava com a capacidade dos livros de oferecer pontos de vista diferentes, das palavras impressas nas páginas poderem me transformar, me mudar e alterar minha mentalidade."

viva bell hooks e seu legado infindo

Claudia Tate (1947-2002) foi uma professora de língua e literatura inglesa e de estudos afro-americanos na Universidade de Princeton, conhecida por suas inovadoras contribuições para a crítica literária afro-americana. *Vozes Negras: A Arte e o Ofício da Escrita* foi seu primeiro livro.

DARKLOVE.

"A gente combinamos de não morrer."

— CONCEIÇÃO EVARISTO —